Karina Lübke
Annette Franklin-Stokes
Krisenkönigin

Zu diesem Buch

Ob selbst- oder fremdverschuldet, lokal oder global – eine neue Krise ist wie ein neues Leben! Wenn sich mal wieder alles gegen Sie zu wenden scheint, hilft dieses Buch, kühlen Kopf und Humor zu bewahren oder neue Perspektiven zu gewinnen. Lesen und lernen Sie: Nette Männer zu lieben, mit kleinem Geld in großem Stil zu leben, Nervenkrisen selbst zu bewältigen, Sorgen rückstandslos zu entsorgen, sich zu trennen ohne zu verlieren, (S)Exfreunde als Handwerker zu recyceln, Altkleidersammlungen in Vintage-Kollektionen zu verwandeln – und vieles Überlebensnotwenige mehr.

Karina Lübke, Autorin von »Bei aller Liebe« und »Kindergericht«, bekam ihre erste Krise zur Geburt. Es folgten u. a. Schulkrisen, No-Future-Krisen, Sinn- und Sonntagnachmittagskrisen. Zwischendurch schrieb sie als Kolumnistin für *Tempo* und als freie Autorin für *SZ-Magazin* und *DIE ZEIT*. Neben ihren Krisen bemuttert sie auch zwei Kinder.
Annette Franklin-Stokes kennt sich mit Katastrophen und Frauen aus: Sie lebte erfolgreich in den Krisenstützpunkten London und New York und war lange stellvertretende Chefredakteurin der Frauenzeitschrift *Petra*. Karriere plus Kind und eine Scheidung plus Aufbau einer Kommunikationsberatung gaben ihr den letzten Schliff als Krisenexpertin.

Karina Lübke
Annette Franklin-Stokes

Krisenkönigin

Mit List und Glamour gegen die Tücken des Lebens

Piper München Zürich

Mehr über unsere Autoren und Bücher:
www.piper.de

Mix
Produktgruppe aus vorbildlich bewirtschafteten
Wäldern und anderen kontrollierten Herkünften
www.fsc.org Zert.-Nr. GFA-COC-001223
© 1996 Forest Stewardship Council

Originalausgabe
Februar 2011
© Piper Verlag GmbH, München 2011
Umschlagkonzeption: semper smile, München
Umschlaggestaltung: Guter Punkt, München | www.guter-punkt.de
Umschlagabbildung: Julia Pelzer, Hamburg / kombinatrotweiss
Satz: Kösel, Krugzell
Papier: Munken Print von Arctic Paper Munkedals AB, Schweden
Druck und Bindung: CPI – Clausen & Bosse, Leck
Printed in Germany   ISBN 978-3-492-25948-4

INHALT

EINSTIEG

Wir denken von Ihnen nur das Beste. Wenn wir unser Buch nicht kennen würden, glaubten wir nie, dass Sie es überhaupt bräuchten. Denn wir sind sicher, dass Sie Ihr Leben meistens im Griff haben.

Bei *Wer wird Millionär?* kämen Sie auch ohne Joker bis zur Zweihunderttausend, na, sagen wir Hundertfünfundzwanzigtausend-Euro-Frage. Sie recyclen Ihr Glas und Papier. Sie kennen etwa zehn Sexstellungen, Rezepte und Frisuren und praktizieren jeweils drei davon regelmäßig. Sie sind nicht nur von außen, sondern auch innen attraktiv. Wahrscheinlich haben Sie einen Beruf, mit etwas Glück sogar eine Berufung. Sie sprechen mindestens so gut Englisch wie der deutsche Außenminister, lesen und verstehen auch mal komplexere Texte als Blogs und Zeitschriftenartikel, Sie gehen zum Yoga und zu den wichtigsten Vorsorgeuntersuchungen. Sie haben eine gute Freundin, mit der Sie alles besprechen können, und eventuell sogar einen Mann, der Ihnen tatsächlich zuhört. Sie lieben schöne Dinge und Humor, der über den Witz des Tages hinausgeht. Sie spenden Ihren Freundinnen Trost und ab und zu auch noch etwas Geld für SOS-Kinderdörfer. Zusammenfassend: Sie bemühen sich, ein guter Mensch zu sein – und fragen sich, wieso das Leben Sie trotzdem manchmal so schlecht behandelt.

Hier kommt unser erster Tipp: Nehmen Sie es nicht persönlich!

Krisen überfallen unser durchplantes Leben wie eine Bande ungeladener Gäste eine Party: wenn man sie schon nicht 'rausschmeißen kann, sollte man ihnen einen Drink in die Hand drücken, sie ins Geschehen einbeziehen und als souveräne Gastgeberin die Kontrolle behalten.

Erkennen Sie die Anzeichen, wo man sich ducken, kämpfen oder lieber lachen – und mit welcher Strategie das am besten gelingt. In der Krisenkönigin finden Sie geballte Lebensweisheit mit praktischen Anwendungsvorschlägen, Charme und viel schwarzem Humor.

Dieses Buch ist Ihre Sturzflugbegleiterin. Es trainiert und empfiehlt Rettungspositionen für die wichtigsten Lebensschieflagen – Von der alltäglichen Nervenkrise über kosmetische, häusliche, amouröse, erzieherische Krisen bis zur großen bösen Finanzkrise, die im Moment auf allen Konten grassiert, entschärfen wir Krisengebiete aller Art. Ob nun selbst- oder fremdverschuldet, lokal oder global: Krisenkönigin hilft, kühlen Kopf, Lebenslust und Selbstbewusstsein zu bewahren, wenn das Leben einen überrollt und sich gegen einen zu wenden scheint.

Das spart Zeit, Nerven, Tränen, Therapeuten und eine Menge Lehrgeld.

Wir finden, Krisen sind besser als ihr Ruf: Eine neue Krise ist wie ein neues Leben! Sie bietet immer auch Wahlmöglichkeiten und zwingt mit sanftem Druck, sich stets weiterzuentwickeln, neue Wege zu beschreiten, und zu guter Letzt dazu, ein echtes, aufregendes Leben gehabt zu haben, statt nur eines sauberen Lebenslaufes.

»Mögest Du in aufregenden Zeiten leben« – dieser chinesische Spruch ist dort ein ernst- wie liebgemeinter Wunsch. Damit man den Enkeln später was zu erzählen hat – und sogar ein paar Lebensweisheiten weiterzugeben.

Nach der Lektüre der Krisenkönigin wissen Sie, wie man nette Männer lieben lernt, mit Kleingeld in großem Stil lebt, Nervenkrisen selber heilt, schön älter wird, Sorgen rückstandslos entsorgt, Ehen verlässt, ohne dabei zu verlieren, Kinder pflegeleicht aufzieht, Reden auf Familienfesten hält, ohne das Erbe zu gefährden, Exfreunde als Handwerker recycelt, aus Altkleidersammlungen Vintage-Kollektionen zaubert und vieles mehr.

KRISENMANAGEMENT

ALL-TAG & KOM-MUNI-KATI-ON

ERSTE HILFE
SCHNELL WIRKSAME KLASSIKER

Natürlich wirken diese bekannten Zaubersprüche besser, wenn a) die Mutter, b) die beste Freundin oder c) der Hausarzt Ihnen damit neuen Mut zusprechen und dabei aufmunternd und mitfühlend auf den Rücken klopfen – aber mit Hilfe dieser seit Urzeiten bewährten Standards können Sie sich notfalls auch selbst gut zureden. Hier unsere Top 13:

»Muss ja!«

»Du, vielen Leuten geht's noch so viel schlechter.«

»Es geht immer irgendwie weiter.«

»Was einen nicht umbringt, macht einen härter.«

»Hauptsache gesund!«

»In vier Wochen lachst du darüber.«

»Ach, komm, morgen sieht die Welt schon ganz anders aus.«

»Du bist doch noch so jung!«

»Alles hat einmal ein Ende.«

»In hundert Jahren ist sowieso alles scheißegal.«

»Es wird nichts so heiß gegessen, wie es gekocht wird.«

»Das Leben ist kein Ponyhof.«

»Wer weiß, wozu es gut ist.«

Lassen Sie sich bei akuten Problemen eine maßgeschneiderte Auswahl unserer Top 13 von Mutter oder Freundin stündlich als SMS aufs Handy schicken.

SICH SORGEN, ABER RICHTIG

TRENDIGE GRÜBELEIEN FÜR DIE
DUNKLEN STUNDEN ZWISCHEN
ZWEI UND VIER UHR MORGENS

Wer unbedingt kostbare Lebensfreude – und -zeit – mit Sorgen vergeuden will, sollte thematisch wenigstens auf dem neuesten Stand schlimmer Dinge sein. Was gestern noch schlaflose Nächte bereitete, ist heute vielleicht schon von der nächsten schlechten Nachricht überholt? Anbei das KK Sorgen-Update zum Vor- und Nachsorgen für die schlaflosen Stunden zwischen zwei und vier Uhr morgens.

out:	in:
Handymastenstrahlung von Dächern	radioaktive Radonstrahlung aus Böden
sich nicht binden können	sich nicht trennen können
Läusealarm an der Grundschule	Amokalarm am Gymnasium
die letzte Vorsorgeuntersuchung	die nächste Vorsorgeuntersuchung
Monster unter dem Kinderbett	Teenagerfreundin/-freund im Kinderbett
Job-/Gesichtsverlust durch Jüngere	Job-/Gesichtsverlust durch Inder
Acrylamid im Keks	Kohlehydrat im Keks
explodierende Kernkraftwerke, Sehenswürdigkeiten und Flugzeuge	explodierende Vulkane
zu viel Sex, zu wenig Zeit	zu wenig Sex, zu viel Zeit
Sorge, dass Menstruation überfällig	Sorge, dass Menstruation nie wieder fällig

MIT PAL-SCAN
PROBLEME SORTIEREN

GLOBAL ODER EGAL
WAS GEHT SIE WIRKLICH ETWAS AN?

Sie sind also der problembeladene Frauentyp, der sich um alles sorgt und nachts wachliegt, geplagt von quälenden Gedanken an die Schicksale der Menschen in Kirgisien oder der Wale im Meer vor Japan? Dann haben wir ein Lösungsangebot: Schicken Sie Ihre Sorgen durch den PAL-Scan™ – und vergessen Sie danach gut die Hälfte. PAL steht nämlich für »Problem anderer Leute« Die PAL™-Klassifizierung hilft zu erkennen, welche Sorgen Sie sofort entsorgen können.

PAL-Stufe 1: Vergessen Sie's. Es geht Sie nichts an, Sie können es ohnehin nicht ändern.
PAL-Stufe 2: Behalten Sie's im Blick, während sich (hoffentlich!) Profis darum kümmern.
PAL-Stufe 3: Gehen Sie in die Offensive. Tun Sie, was in Ihrer Macht steht, auch wenn es nicht viel ist. Und schlafen Sie gut.

Fragen Sie sich: Wo haben Sie persönlich die Möglichkeit, einzugreifen und Dinge zum Besseren zu wenden? Was bedrückt dagegen nur grundlos und lässt Sie handlungsunfähig, wütend, ängstlich, traurig und hilflos zurück? Dem sollten Sie dringend die Aufenthaltsgenehmigung in Ihrem problemübervölkerten Kosmos entziehen. Oder zumindest weiter an den äußeren Rand schieben.

Einige Beispiele:
Irak und Nordkorea haben vielleicht schon die **Atombombe:** PAL-Stufe 2

Griechenlands Staatsbankrott ist erst der Anfang und wird den Euro samt Deutschland mit in die Pleite reißen: PAL-Stufe 1 (Hier können Sie gar nichts machen. Außer nach Griechenland zu ziehen, dem guten Geld hinterher.)

Genkartoffeln, Mais, Soja etc. werden in Deutschland angepflanzt: PAL-Stufe 3 (Greenpeace oder Foodwatch beitreten oder finanziell unterstützen; sich weitgehend informieren; Petitionen unterschreiben, geht auch im Internet; möglichst nur bei regionalen Biobauern kaufen und diese unterstützen.)

Anstehende Volkszählung: PAL-Stufe 1 (Sich darum zu sorgen wäre recht altertümlich. Jeder ist sowieso hundertfach durchgegoogelt oder gibt seine Lebensumstände freiwillig in sozialen Netzwerken und für die Teilnahme an billigen Gewinnspielen preis. Siehe auch: Kapitel TMI, S. 31)

Ausstieg aus dem Atomkraftausstieg: PAL-Stufe 3 (Demonstrieren Sie – siehe Demo-Dating, Seite 90 –, und organisieren Sie sich in Internetgruppen; sparen Sie Strom, und beziehen Sie den Rest von einem Ökostromanbieter. Vielleicht können Sie Solarzellen anbringen, etwa auf dem Dach Ihres Hauses oder in Ihrer Haarspange?)

Auslaufende Ölquelle vor Amerika: PAL-Stufe 2 (Sie können versuchen, Ihren Energiekonsum zu verringern, das Auto abschaffen, BP boykottieren. Gegen das auslaufende Öl können Sie wenig tun. Das schaffen ja nicht mal die Verursacher. Nur die ganz Engagierten opfern ihren Jahresurlaub, um verölte Vögel zu shampoonieren. Respekt!)

Aschewolkenfeinstaub aus Vulkanen: PAL-Stufe 1 (Sie können gar nichts machen. Nicht mal fliegen.)

PERSÖNLICHER PAL-SCAN:

Schreiben Sie hier all die Dinge auf, um die Sie sich so sorgen. PALisieren Sie diese und bagatellisieren anschließend, was mit Ihrem Gewissen vereinbar ist. Wiederholen Sie die Übung von Zeit zu Zeit, und genießen Sie, wie manche Sorgen sich von alleine erledigen.

→ *Das schöne Jugendstil-Schwimmbad bei Ihnen um die Ecke soll einem weiteren Shopping-Center weichen. PAL-Stufe:*

→ *Ihr Patenkind ist schlecht in der Schule und droht sitzenzubleiben. PAL-Stufe:*

→ *Waisenkinder suchen ein Zuhause. PAL-Stufe:*

→ *Tsunamigefahr im Indischen Ozean. PAL-Stufe:*

→ *Der Hersteller Ihrer Kosmetikmarke arbeitet mit Tierversuchen. PAL-Stufe:*

→ *Das Kind Ihrer Freundin ist extrem verzogen. PAL-Stufe:*

→ *Die Russen machen schmutzige Waffengeschäfte mit Libyen. PAL-Stufe:*

→ *Ihr neuer Chef macht schmutzige Geschäfte mit einem Lieferanten. PAL-Stufe:*

→ *Bei Ihren Nachbarn ist eingebrochen worden. PAL-Stufe:*

SURVIVAL-CAMP DER LIFESTYLE-DIKTATUR

ALLTAGSTRAINING FÜR ÜBERZIVILISIERTE

Das Problem: Sie wissen zu viel. Über all die Gefahren, die Ihren höchst zivilisierten, kultivierten und optimierten Lebensstil täglich bedrohen. Die größte Gefahr übersehen Sie dabei allerdings, nämlich vor lauter Angst und Überinformiertheit immer pessimistischer, überempfindlicher und verschrobener zu werden. Da hilft nur Abhärtung. Heute können Sie auch anders! Willkommen im Survivalcamp der Lifestylediktatur. Es gibt so viele Dinge falsch zu machen, leben Sie los:

- *Duschen Sie richtig heiß, lange und genussvoll. Ohne kalte Güsse hinterher.*

- *Trinken Sie schwarzen Kaffee oder Espresso, ohne ein Glas Wasser dazu.*

- *Gießen Sie grünen Tee mit einer Wassertemperatur über 70 Grad auf. Ha!*

- *Sitzen Sie den ganzen Vormittag lang gemütlich mit übereinandergeschlagenen Beinen da.*

- *Gehen Sie in der Zeit zwischen 13 und 16 Uhr in die Sonne/ an den Strand.*

- *Essen Sie ein Baguette. Mit Butter.*

- *Essen Sie nach 17 Uhr Süßigkeiten aus weißem Zucker.*

- *Benutzen Sie abends nach dem Zähneputzen keine Zahnseide.*

- *Schminken Sie sich vor dem Zubettgehen nicht ab.*

- *Nehmen Sie keine zusätzlichen Vitamine und Mineralstoffe ein.*

- *Schlafen Sie erst nach 12 Uhr nachts ein.*

- *Gehen Sie bei Rot über eine Fußgängerampel.*

- *Ärgern Sie sich mal so richtig heftig.*

- *Meiden Sie unbedingt Sojaprodukte.*

- *Kaufen Sie Obst und Gemüse aus Spanien und Holland beim Discounter. Essen Sie es.*

- *Nehmen Sie den Fahrstuhl statt der Treppe.*

- *Benutzen Sie keine Spülung nach dem Haarewaschen. Föhnen Sie dann Ihre Haare heiß.*

- *Cremen Sie sich nach der Gesichtsreinigung mit Nivea ohne LSF 15 ein.*

- *Ziehen Sie sich beim Ankleiden einen Slip und einen BH an, die nicht zusammenpassen und sich durch die Kleidung abzeichnen.*

- *Streicheln Sie einen Hund, und waschen Sie sich hinterher nicht sofort die Hände.*

- *Fummeln Sie sich mit den Händen im Gesicht herum.*

- *Genießen Sie Beuteltee aus nicht biologischem Anbau statt losem Tee aus Öko-Produktion.*

- *Ziehen Sie zu Ihrem neuesten Outfit Schuhe aus der vorletzten Saison an. Für Fortgeschrittene: farblich unpassend.*

- *Gehen Sie statt zu Ihrem Herrn Professor Wesseling mal bei sich ums Eck zum praktischen Wald-und-Wiesen-Arzt ohne Zusatzausbildung in Homöopathie und Akupunktur.*

- *Verzichten Sie bei den ersten Sonnenstrahlen auf Ihr XXL-Sonnenbrillenschutzschild.*

- *Essen Sie Pommes frites, Chips, Kemms braune Kuchen, getoastete Sandwiches oder etwas Ähnliches mit Acrylamid.*

- *Setzen Sie sich zu nah vor den Fernseher, oder hocken Sie sich in ergonomischer Fehlposition vor Ihren Computerbildschirm.*
- *Essen Sie Ihren Lunch hastig im Stehen. Kauen Sie nicht jeden Bissen gut durch.*

Sie haben das alles tatsächlich überlebt? Sieh an, sieh an. Sie sind ja hart im Nehmen. Chuck Norris, der in unserer Jury sitzt, hebt gerade beide Daumen. Was, Sie hatten sogar Spaß bei all den verbotenen Dingen? So gefährlich scheint das moderne Leben dann doch nicht zu sein. Und da Sie nun abgehärtet sind, hier noch eine abenteuerliche Insider-Information: Sterben müssen wir alle irgendwann, sogar die, die täglich ihren vorschriftsmäßig 67 Grad warmen Grüntee getrunken haben (siehe auch Kapitel »Bonjour, Tristesse«, »Letzte Vorstellung«).

RÜCKTRITT ALS FORTSCHRITT
ABGEHEN, WENN NICHTS MEHR GEHT

Sie haben keine Lust und keine Kraft oder keine Zeit mehr? Sie haben es satt, permanent missverstanden und despektiert zu werden? Alle hacken auf Ihnen herum, kritisieren Ihre Bemühungen? Nicht weinen – ab heute wird zurückgetreten! Bischöfin Käßmann hat's vorgemacht, dann kam Bundespräsident Horst Köhler, der Hamburger Bürgermeister Ole von Beust und die evangelische Bischöfin Jepsen folgten. Das können Sie auch! Statt einfach nur hinzuschmeißen, berufen Sie ein offizielles Plenum ein und formulieren eine schöne Rücktrittserklärung. So sind Sie ratzfatz aus der Sache raus. Das Gute am Rücktritt: Sie nehmen einen kleinen Vorfall, den Sie eigentlich aussitzen könnten, zum Anlass für den eleganten Ausstieg. Statt als Verliererin stehen Sie hochmoralisch als unangefochtene Krisenkönigin da.

RÜCKTRITTSFORMULAR

Hiermit erkläre ich meinen sofortigen/monatlichen Rücktritt von meinem Amt als Hausfrau/Sündenbock/Sexualobjekt mit sofortiger Wirkung.

Ich habe den Abwasch/einen schweren Fehler/Position 69 nicht gemacht. Meine Kochkünste/Prügeleien/Blow Jobs sind böswillig missverstanden worden und auf heftige Kritik gestoßen.
Diese Kritik entbehrt jeder Rechtfertigung! Sie lässt den notwendigen Respekt für meine Haushaltsführung/meine seelische Disposition/meinen Intelligenzquotienten vermissen.
Ich habe mich redlich bemüht, meinen Posten nach bestem Wissen und Gewissen und mit all meiner Kraft auszufüllen. Ich möchte mit diesem Schritt weiteren Schaden von meiner Familie/meinem Konto/Seelenleben abwenden.
Ich danke den Menschen in meinem Umfeld/in Deutschland/in meinem Bett, die mir guten Willen/Vertrauen/Geld entgegengebracht und meine Arbeit/ meine Dummheit/meinen Drogenkonsum unterstützt/finanziert haben. Ich bitte sie um Verständnis für meine Entscheidung!
Es war mir eine Ehre, meinem Mann/der Öffentlichkeit/meinem Chef als ehrenamtliche Putzfrau/betrogene Bürgerin/unterbezahlte Geliebte dienen zu dürfen. Und auch, wenn ich das jetzt natürlich nicht sagen darf, hoffe ich sehr, dass nach meinem Weggang nun alles rapide den Bach runtergeht, meine Künste schmerzlich vermisst werden und man viel zu spät merkt, dass ich eigentlich unersetzlich/unsterblich/unbezahlbar bin.

Hochachtungsvoll, Euphorisch, Hämisch

Unterschrift

Treten Sie auf die Rücktrittsbremse, bevor es zum Burnout kommt! Schwarzes Outfit und tränenglänzende Augen wirken bei Ihrer offiziellen Abschiedsrede authentisch. Anschließend den Überraschungsmoment nutzen und nix wie weg! Allerdings sollten Sie darauf vorbereitet sein, den Dienstwagen nicht mehr nutzen zu können (egal, mit wie viel Promille) und überraschend schnell ersetzt zu werden – im schlimmsten Fall von einer, die Ihnen nicht das Wasser reichen könnte.

JUST SAY NO!

SCHNELLKURS IM NEINSAGEN

Elton John (»Sorry seems to be the hardest word«) hatte unrecht: Für Frauen scheint nicht »sorry« das am schwersten auszusprechende Wort, sondern ein absolut endgültiges, verhandlungsunfähiges, schlichtes Nein. Non. No.

Einfach nein sagen – statt des üblichen »mal sehen«, »vielleicht«, »hmmmm ...«, »irgendwie krieg ich's schon noch unter«, »jooaa ...«, »wenn's sein muss«, »notfalls ...«, oder »meinetwegen«. Nein, ganz klar und einfach: nein.

Gerade Frauen werden dazu erzogen, stets freundlich, hilfsbereit und möglichst allen gefällig zu sein. Besonders gemein sind deshalb Anfragen, die moralisch unter Druck setzen oder das gewollte Ja mit einer Schmeichelei ködern. Zudem machen Frauen sich selbst Druck, indem sie ihr falsches Power-Selbstbild bedienen, alles locker schaffen und ermöglichen zu müssen.

Ein Nein gleicht da einer Kapitulation. Doch bedenken Sie: Wer nicht nein sagt, stolpert schnell in die nächste hausgemachte Krise und muss vielleicht als Nächstes schon »Burnout« oder Rücktritt (siehe vorheriges Kapitel) sagen.

Schonen Sie Ihre Reserven, und senken Sie Ihre emotionale Schmerzgrenze. Gehen Sie in den Widerstand, und trainieren Sie Ihre psychischen Abwehrkräfte. Sie werden feststellen, dass Sie sich so nicht nur viel mehr Freiräume im Leben verschaffen, sondern im Zweifelsfall auch noch Respekt bei den Menschen, denen Sie eine Absage erteilt haben.

NEINSAGEN FÜR ANFÄNGER

→ *Können Sie mir sagen, wie spät es ist? NEIN.*

→ *Ist es heute nicht sehr heiß? NEIN.*

→ *Haste mal ne Kippe für 'nen ehrlichen Punk? NEIN.*

→ *Wollen Sie unsere goldene Kundenkarte und sagenhafte drei Prozent sparen? NEIN.*

→ *Trinkst Du noch ein Glas mit? NEIN.*

→ *Darf man bei Dir rauchen? NEIN.*

→ *Kannst Du mich schnell noch rumfahren? NEIN.*

→ *Wollen Sie nicht beim Kirchenbasar einen Bastelstand betreuen? NEIN.*

→ *Kann ich zu Deiner Party schon früher kommen? NEIN.*

→ *Holst Du meine Hemden aus der Reinigung? NEIN.*

→ *Hast Du die Nachrichten gesehen? NEIN.*

→ *Hätten Sie kurz Zeit, an unserer Umfrage teilzunehmen? NEIN.*

→ *Komm heute Abend vorbei, wir wollen Dir Urlaubsfotos von unserem FKK-Urlaub auf Rügen zeigen! NEIN.*

→ *Wollen Sie eine Tüte? NEIN.*

Üben Sie anhand unserer Liste klassischer Fragen ein deutliches »Nein«. Sagen Sie es laut! Ohne weitere Begründungen, Erklärungen und Entschuldigungen. Yes, you can!

NEINSAGEN FÜR FORTGESCHRITTENE

→ *Können meine Kinder übers Wochenende zu euch kommen?*
Die mögen Dich doch so gerne! NEIN.

→ *Hilfst Du mir beim Umzug? NEIN.*

→ *Ist mein neuer Freund nicht toll? NEIN.*

→ *Den kurzen Rock kann ich in meinem Alter doch noch tragen?*
NEIN.

→ *Wollen wir uns die Vorspeise teilen? NEIN.*

→ *Willst Du nicht unser Elternvertreter/Protokollführer werden?*
NEIN.

→ *Kannst Du mir kurz mal meinen neuen Mail-Account einrich-*
ten? NEIN.

→ *Wollen Sie nicht gleich auch die passenden Lacklederpflege/das*
Wildlederspray/die Ballenschoner/Schuhspanner für Ihre neuen
Schuhe mitnehmen? NEIN.

→ *Können Sie das bitte kurz mal anprobieren, Sie haben die*
gleiche Kleidergröße wie meine Tochter. NEIN.

→ *Fisch ist doch so gut wie vegetarisch, oder? NEIN.*

→ *Kannst Du mir deine Manolos/Dein Abendkleid/Dein Auto/*
1000 Euro leihen? NEIN.

→ *Guten Tach, wollen Sie Ihre Messer schleifen lassen? NEIN.*

→ *Kann ich noch kurz mit hochkommen? NEIN.*

→ *Ach, wir haben doch früher alle gekokst, gekifft und nix aus-*
gelassen, was? NEIN.

→ *Kann ich mal schnell Ihr Handy benutzen? NEIN.*

→ *Wollen Sie Frisurmodell für uns werden, Donnerstags schneiden*
immer die Azubis? NEIN.

→ *Hätten Sie Zeit, mit uns über das Wort Gottes zu diskutieren?*
NEIN.

NEINSAGEN FÜR PROFIS

→ *Willst Du nicht unsere alten Eltern aufnehmen? Heim ist derart teuer, und Du bist wegen der Kinder sowieso zu Hause ... NEIN.*

→ *Kannst Du mir eine gefakte Rechnung schreiben, ich brauche ein weiteres überteuertes Angebot, um den Etat zu kriegen. NEIN.*

→ *Die DDR hatte als Staatsform doch eigentlich auch viel Gutes! NEIN.*

→ *Lass Dir doch von Deinen Eltern schon mal Deinen Erbteil vorzeitig auszahlen, Schatz. NEIN.*

→ *Er wird doch bestimmt anrufen, oder? NEIN.*

→ *Schatz, traust Du mir etwa nicht zu, dass ich die Ikea-Küche alleine aufbauen kann? NEIN.*

→ *Sieht doch aus wie echt, oder? (Gilt für falsche Louis-Vuitton-Taschen, Fingernägel, Pseudo-Brillanten, Extensions, angeklebte Wimpern, Lederimitatsofas, Designmöbel-Fakes, gefälschte Personalausweise.) NEIN.*

→ *Frau Meier, bringen Sie doch meine Powerpoint-Präsentation bis morgen früh in Form, und schicken Sie mir später ein zitierfähiges Memo dazu, ja? NEIN.*

→ *Kannst Du die Musik mal leiser drehen? NEIN.*

→ *Ich glaube, mein Freund ahnt, dass ich ihn betrüge – Du gibst mir doch für nächstes Wochenende ein Alibi? NEIN.*

→ *Wir sind eine arme kleine Wanderzürküs – gäben Sie ein bischen Spändää für unsär alte Zebra und der dürre, struppigäs Ponnies? NEIN.*

→ *Sind Manieren nicht total spießig? NEIN.*

→ *Schöööönen guten Tag, Frau Meier, hier ist Ihr Mobilfunkanbieter – hätten Sie Zeit, ein paar neue fantastische Tarifangebote durchzusprechen? NEIN.*

→ *Deine Freunde sind doch auch meine Freunde! Gib mir mal die Telefonnummer von Deinem Agenten – ich hab da eine superlustige Buchidee über eine Romanheldin namens Pimpernelle Pissnelke und ein kleines Zwergelein und ein Bärchen, die eines schönes Tages ... NEIN.*

NEINSAGEN FÜR ABGEBRÜHTE

→ *Wollen Sie Vorstandsvorsitzende von BP/Bundespräsidentin von Deutschland werden? NEIN.*

→ *Willst Du ein Kind von mir? NEIN.*

→ *Kannst Du für meinen neuen Kredit bürgen? Sonst bin ich erledigt! NEIN.*

→ *Kettest Du Dich mit uns Freitagnacht um ein Uhr ans Atomkraftwerk fest, um für den Ausstieg aus der Kernkraft zu demonstrieren? NEIN.*

→ *Bist Du gekommen? NEIN.*

→ *Soll ich meine Mutter von Dir grüßen, Schatz? NEIN.*

→ *Freust Du Dich auch schon so auf die Bundesliga? NEIN.*

→ *Liebst Du mich noch? NEIN.*

Lust am Neinsagen bekommen? Dann steigern oder mildern Sie Ihr Nein durch das Setzen von verbalen Nuancierungen:

Nö. (eiskalt und bestimmt)
Nee, echt nicht. (leicht genervt)
Nein, ganz bestimmt nicht. (firm)
Nein, nein und nochmals nein! (vehement)
Nein, verdammt noch mal! (wütend)
Wie oft muss ich noch nein sagen? (extrem genervt)

Welchen Teil von Nein genau hast du jetzt nicht verstanden?
(zynisch und unnachgiebig)

Merke: Werden Forderungen nach Geld oder Zigaretten unter
Zuhilfenahme einer Schusswaffe oder eines Messers vorgetragen,
ist ein schlichtes »Nein« immer die falsche Antwort.

KRISEN-PR

PROBLEME, HÜBSCH VERPACKT

Wenn sich das Schicksal mal wieder nicht an Ihren Plan gehalten
und einen Bereich Ihres Lebens in Schutt und Asche gelegt hat,
sollten Sie zumindest nach außen eine strahlende Fassade wahren, die Mitmenschen keine Angriffsfläche für Klatsch bietet.
Denn, so das wahre Sprichwort: Nobody likes a loser. Misserfolge
schrecken potenzielle Geschäfts- und Lebenspartner ab und ziehen höchstens Missgünstige an, die sich wie Aasgeier an den
Überresten Ihres Schicksals weiden wollen.

Egal, ob Sie gerade von Ihrem Freund verlassen wurden, Ihr
Kind von der Schule geflogen ist, der Führerschein von der Polizei
einbehalten wurde oder Ihr neuer Traumjob sich als Albtraum
entpuppt – als Krisenkönigin verhalten Sie sich würdevoll und
beantworten neugierige Rückfragen souverän und mit diplomati-
schem Geschick. Denken Sie daran: Die Darstellung jeder noch so
misslichen Lebenslage ist lediglich eine Frage der Interpretation
und gekonnter Umverpackung. Nachdem die Legende lebt, briefen Sie auch unbedingt Ihren Krisenstab in allen Details, damit
jeder das Gleiche weitererzählt.

Lernen Sie von den Hollywoodstars, Politikern und großen
Konzernen, die auch die größten Desaster noch als selbstbestimmte Fortschritte zum Besseren darstellen und damit nie zu
den Verlierern gehören. (Siehe auch Kapitel »Rücktritt als Fortschritt«.) Aber übertreiben Sie nicht: Niemand würde BP glau-

ben, dem struppigen Meeresgetier täte eine schöne Ölpackung sicher mal gut. Oder Jennifer Aniston, sie wolle sowieso keine Kinder und John Mayer sei doch viel zu jung und unreif für sie gewesen.

Seien Sie Ihre eigene Publizistin, Agentin oder PR-Agentur. Überlegen Sie, am besten mit Ihrer verschwiegenen Freundin zusammen, wie Sie aus dem aktuellen Fehlschlag ein hieb- und stichfestes Communiqué für die an Ihrem Leben ach-so-interessierte Allgemeinheit dichten können.

Hier eine beispielhafte Zusammenstellung diplomatischer Notausgänge und Halbwahrheiten, die als schusssichere Weste dienen, um heil durch den Hagel von neugierigen Nachfragen, spitzen Kommentaren und scharfen Blicken zu kommen:

- *Er hat sie mit einer Jüngeren betrogen.*

  Krisen-PR: Er war Ihnen deutlich zu kindisch. Sie haben schon vor einiger Zeit gemerkt, dass Sie beide unterschiedliche Interessen verfolgen. Es war Ihnen zu blöd, die ganze Zeit mit ihm Sesamstraße und Wrestling-Shows zu sehen, statt Arte-Dokumentationen. Sie haben ihm erklärt, für seinen infantilen Lebensstil müsse er sich eine Jüngere suchen. Sie bräuchten einen reifen Mann, der mit Ihnen auf Augenhöhe sei.

- *Das ebay-Schnäppchen, das Ihre nächste Designertasche sein sollte, stellt sich als Fälschung heraus.*

  Krisen-PR: Sie legen sich gerade eine Sammlung von Designer-Fakes an, da Sie für das *Museum of Modern Art* eine Ausstellung über Imitationen kuratieren werden und später vielleicht Ihre Doktorarbeit darüber schreiben wollen.

- *Sie haben gerade erfahren, dass Sie schwanger sind, wollen aber nicht darüber reden, da Sie den Erzeuger nur flüchtig kennen.*

Nun lehnen Sie in Gesellschaft jedes Glas Alkohol ab, das Ihnen angeboten wird.

Krisen-PR: Sie haben vor Kurzem ein verdorbenes Muschelgericht gegessen, nun habe Ihr Arzt Ihnen eine Leberdiät verordnet. Vor allem, da Sie erst letzte Woche einen Organspenderausweis beantragt haben.

■ *Er hat Sie angebrüllt und Ihr Konto missbraucht. Daraufhin haben Sie ihn vor die Tür gesetzt.*

Krisen-PR: Sie haben endlich gemerkt, dass Ihnen Feinsinnigkeit und Intelligenz im Leben wichtiger sind als ein testosterongetriebener Sexgott. Sie haben ihm Geld für eine Therapie gegeben. Nun kommen Sie endlich wieder zu anderen Dingen, als sechsmal am Tag zu kommen.

■ *Sie sind betrunken Auto gefahren, mussten pusten, und die Polizei hat Ihren Führerschein einbehalten.*

Krisen-PR: Angesichts der schlechten Nachrichten über die Umwelt haben Sie sich entschlossen, in Zukunft eigenhändig zur Rettung des Planeten beizutragen. Deshalb verzichten Sie freiwillig auf Ihr Auto – zunächst für die Dauer einer Testphase von drei Monaten.

■ *Sie wurden gefeuert.*

Krisen-PR: Ihr Arbeitgeber hat dummerweise mitbekommen, dass Sie mit der Konkurrenz in Verhandlungen über einen neuen, viel besseren Job und kurz vor dem Abschluss stehen. Da hat er Sie als Trägerin von Betriebsgeheimnissen und Insider-Informationen aus der Führungsebene aus Sicherheitsgründen freigestellt.

■ *Ihr Kind ist von der Schule geflogen.*

Krisen-PR: Die Schule war von Anfang an nicht das Richtige. Dort trug man weder der kreativen Persönlichkeit noch der musikalischen Orientierung oder dem Freiheitsdrang

Rechnung, so dass die Leistungsmotivation bereits stark gelitten hat. Sie suchen nun in Ruhe eine Einrichtung, die das Potenzial Ihres Kindes erkennt und fördert.

■ *Der Urlaubsflirt vom Surfurlaub auf Fuerteventura, von dem Sie Ihrem Freundeskreis vorgeschwärmt haben, kommt Sie besuchen und ist plötzlich ohne den Sonnnenuntergang im Rücken überhaupt nicht mehr attraktiv.*

Krisen-PR: José ist der deutschen Sprache nicht mächtig und deshalb leider viel zu scheu, um Ihre Freundinnen kennenzulernen. Vor lauter Heimweh wird er schon morgen zurückreisen. Ein Leben jenseits von Fuerte kann er sich ohnehin nicht vorstellen – Sie sich aber den Job als Kellnerin im Restaurant seines Vaters erst recht nicht.

■ *Sie sind glücklich verheiratet und im besten Alter für Nachwuchs. Jeder erwartet, dass Sie schwanger werden. Aber Sie haben keine Lust auf Kinder. Auf die dauernden Forderungen aus dem Familienkreis nach Enkeln/Neffen/Erben allerdings noch weniger.*

Krisen-PR: Sie würden liebend gerne Mutter werden, aber Ihre aufrichtigen Bemühungen haben einfach noch keine Früchte getragen. Sie und ihr Partner entstressen jetzt erst mal und fliegen für einen Monat zu einer Fruchtbarkeitskur auf die Malediven. Wenn vielleicht jemand dazu finanziell beitragen wolle …

RETTUNGSMASSNAHMEN:
DIE ZEHN GOLDENEN REGELN DER KRISEN-PR

→ **Merk-Satz:** *Schaffen Sie eine Kernaussage: ein Statement (nicht länger als einen Satz), das Sie ständig wiederholen und sich andere leicht merken können. (»Ich habe die Trennung eigentlich schon länger herbeigesehnt« oder »Der Job hat mir keine Aufstiegschancen mehr geboten«.)*

→ **Method acting:** *Seien Sie überzeugend. Tragen Sie das, was Sie zu sagen haben, mit fester Stimme vor. Denken Sie daran: 80 Prozent aller Kommunikation ist nonverbal, das heißt, der Inhalt zählt im Zweifelsfall weniger als Ihre Stimmlage und Ihre Körpersprache.*

→ **Short story:** *Fassen Sie sich kurz. Je mehr Sie Ihre Geschichte ausschmücken, desto unglaubwürdiger wirkt sie. Ranken Sie eine knappe Legende um das Geschehene. Halten Sie dennoch ein paar glaubwürdig klingende, blumige Details für Nachfragen bereit.*

→ **Achtung, Fallhöhe:** *Je mehr Sie vorgeben, perfekt zu sein, desto eher kommt Schadenfreude auf, wenn Sie stürzen. Geben Sie daher lieber ab und zu kleine Missgeschicke preis – das macht Sie sympathisch und zieht andere auf Ihre Seite.*

→ **Same/Same:** *Erzählen Sie allen dieselbe Version, und achten Sie auf Abstufungen bei der Preisgabe emotionaler Befindlichkeiten: Die interessieren vielleicht Ihre engsten Freundinnen, aber bestimmt nicht Ihre Chefin.*

→ **Keine Ausnahmen:** *Verlassen Sie sich nicht auf »gute« Freundinnen, denen Sie unter dem Siegel der Verschwiegenheit die Wahrheit erzählen. Ehe Sie sichs versehen, weiß Ihr ganzer Bekanntenkreis, was Sache ist, beziehungsweise hat es jemand auf Facebook gepostet oder gebloggt.*

→ **Keine schmutzige Wäsche:** *Reden Sie nicht schlecht über andere. Zeigen Sie sich supersouverän statt übersensibel.*

→ **Ablenkungsmanöver:** *Das Beste, was Ihnen jetzt passieren kann, sind entweder gute Nachrichten aus Ihrem eigenen Leben. Oder noch schlechtere aus dem Bekanntenkreis. Stürzen Sie sich auf diese, blasen Sie sie auf, und verstecken Sie sich dahinter.*

→ **I wear my sunglasses at night:** *Egal, wie gebeutelt Sie auch sein mögen, gehen Sie nie verheult und ungeschminkt aus dem Haus. Und falls Sie doch mal schnell zum Supermarkt müssen: Die Diva-Sonnenbrille ist jetzt Ihre beste Camouflage. Sie wissen nie, wen Sie treffen.*

→ **Heilfaktor Zeit:** *Machen Sie nicht zu viel Wind um die Sache. Je seltener Sie das Thema aufbringen, desto schneller ist es wieder vorbei.*

TMI – TOO MUCH INFORMATION
DAS WOLLTE ICH GAR NICHT WISSEN

Früher gab es ein Phänomen, das man sich heute heftig zurückwünscht: die verschlossene Gesellschaft. Die Menschen waren eher wortkarg, machten viele Dinge mit sich selbst aus, man wusste generell wenig voneinander. Wer mehr wissen wollte, engagierte einen Privatdetektiv.

Heute googelt man seine Mitmenschen, und alles, was man danach noch nicht weiß – und es auch nie erfahren wollte! – liefern Sie beim nächsten Treffen, Essen, vor der Konferenz, am Kaffeetisch oder am Computerbildschirm überraschend freiwillig im Übermaß nach. Im Zeitalter von Facebook, Myspace, Places und Youtube haben Bekundungen über das eigene Leben und Befinden Hochkonjunktur. Tägliche Liveberichterstattungen aus dem physischen wie psychischen Innenleben scheinen der moderne Königsweg, um Persönlichkeit und Image zu definieren und 15 Minuten öffentlicher Aufmerksamkeit zu erzwingen. Blogger und Selbstmitteilungsjunkies rücken so in die Nähe von Stars, deren alltägliche Allüren und Gewohnheiten ungezählte Klatschblätter füllen. Paris Hiltons Schuhübergröße (43) steht da scheinbar gleichwertig neben Katrins Diätversuchen per Metabolic Balance.

Doch wer, verdammt noch mal, will das wissen? Der westliche Mensch ist einer dauerhaften Informationsinfusion ausgesetzt, die für einen gigantischen Infokater reicht. Laut Forschern ist ein deutscher Bürger im Schnitt 11,8 Stunden täglich mit der Aufnahme von Daten beschäftigt; mehr als 34 Gigabyte an Informationen nimmt ein durchschnittlicher US-Amerikaner laut einer Studie der University of California bei der Mediennutzung täglich auf. Wer hat da bitte noch Platz für die Abführmethoden vor der Magendarmspiegelung einer Bekannten, die man zufällig auf der Straße trifft und oberflächlich leider gefragt hat, wie es ihr geht? Nun verlässt man sie mit der Zusatzinformation, dass diese Untersuchung in Hamburg »große Hafenrundfahrt« genannt wird. Danke!

Wenn Sie also andere für sich interessieren wollen, lassen Sie ihnen Spielraum für Spekulation. Gehen Sie auf TMI (kurz für »Too Much Information«)-Diät! So beugen Sie Übersättigung vor. Bitten Sie auch Ihr geschwätziges Umfeld zur Zurückhaltung in punkto Selbstauskünften. Schlimmstenfalls, wenn zarte Hinweise nicht fruchten (funktionieren nur bei schwachem TMI-Befall wie »Ich hab schon Mundgeruch vor Hunger/gerade meine Tage gekriegt«), rufen Sie laut bis schrill: »Bit-te! TIEH-EMM-EIH!« Praktisch wäre ein Stoppschild wie am Bankschalter mit der Aufschrift: »Bitte wahren Sie Diskretionsabstand!«, am besten auch noch als T-Shirt-Aufdruck. Und zusätzlich auf einer roten Karte, für die Handtasche.

Wichtig ist die feine Differenzierung von Informationen und den entsprechenden Adressaten/Empfängern. Bloß, weil Sie 476 Kontakte auf Facebook haben, macht das noch längst nicht 476

Freunde. Hey, manche davon kennen Sie noch nicht einmal! Unterscheiden Sie also streng zwischen Familie und engsten Freunden (hier und sonst nirgends wäre die Information über eine Magendarmspiegelung angebracht) und dem Rest der persönlichen Informationsnahrungskette. Was geht wen an? Die Sendetabelle 34/35 hilft Ihnen bei der Kommunikationsnavigation.

DARF ICH BITTE AUSREDEN?

LÜGE LIEBER UNGEWÖHNLICH

Multitasking und viele Termine führen dazu, dass die moderne Frau bei Verabredungen öfter ins Straucheln kommt – seien nun der Job, das Kind, der Telefonanruf einer Freundin, die verworfene Stylingalternative oder die Parkplatzsuche schuld. Eine gute Ausrede muss her! Und die sind besser als ihr Ruf. Gute Nachricht bringt eine neue Erkenntnis über Schwindler. Ungelogen: Im Erfolgsfall wird diesen nämlich Kreativität und Intelligenz attestiert. Die schlechte Nachricht: Vom Belogenen wird diese schöne Geistesleistung leider selten gewürdigt.

Sehen Sie also besser zu, dass Sie nie überführt werden. Bitte keine billigen Schulkindlügen à la »Mein Wecker hat zu spät geklingelt« oder »Der Bus ist ausgefallen«. Ebenfalls unter Ihrem Niveau: Langweilige Klischees wie »Ich stand im Stau« oder »Mein Akku war leer«. Da können Sie gleich sagen: »Ich bin total unorganisiert und mit dem Job überfordert«.

Das können Sie besser! Lüge lieber ungewöhnlich: Bauen Sie aktuelle Ereignisse und farbige Details ein, dazu etwas Selbstironie, eine Prise echter Verzweiflung. Sprechen Sie den Text ein paar Mal laut vor sich hin. Und denken Sie beim offiziellen Vortrag immer daran, Ausrede und Körpersprache entsprechend zu synchronisieren.

PERSÖNLICHER INFORMATIONSVERTEILER

Adressaten: / **Themen:**	Intimrasur	Mammografie	One-Night-Stands	Gehalt	Rezepte	Bikinifotos	erotische Träume
Engste Freunde							
Familie							
gute Freunde							
Bekannte							
Urlaubsbekanntschaften							
Nachbarn							
Kollegen							
Partybekanntschaften							
Gemüsemann							
Friseur							
Kosmetikerin							
Kellner des Lieblingscafés							
Bankbeamter							
Steuerberater							
Fitnesstrainer							
Apothekerin							
Hausarzt							
Chef							
Facebook-Freunde							
Mann, den man neulich kennengelernt hat							
Kindergärtnerin/Klassenlehrerin des Kindes							
Kummerkastentante der Lieblingszeitschrift							
Straßenmusiker							
Abonnent(inn)en des eigenen Blogs							
Klatschreporterin der lokalen Tageszeitung							
Tagesschau							
Bundeskanzleramt							
Gesundheitsamt							

unregelmäßige Menstruation	Macken des Freundes	Arztuntersuchungen im Detail und deren Ergebnisse	Kopflausbefall der Kinder	letzte Affäre mit verheiratetem Mann	dezidierte Meinung zu tagespolitischem Geschehen oder Rechtsradikalen	eingewachsene Zehennägel	Hygienetipps aus dem Haushalt	Darmtätigkeit	Kontostand	Familiendramen	Ablauf der letzten Vereinssitzung	Entzücken über das eigene Baby oder Haustier	Steuerhinterziehung

WENN SIE DIE DEADLINE REISSEN

- »*Meine Festplatte ist abgestürzt. Ich musste meinen Laptop zu einem Spezialisten geben, der das Ganze erst mal rebootet.*«

- »*Die Handwerker waren im Haus: Der Internetzugang und die Telefonleitung wurden durch Bauarbeiten beschädigt. Mein Gott, ich war Tage offline! Ein Alptraum.*«

- »*Das schwarze Loch hat das Manuskript/die Präsentation/das Architekturmodell geschluckt! Ich werde jetzt das CERN verklagen, die werden sich umsehen!*«

- »*Im Kino wurde mein Handy gestohlen, da war alles drauf, die ganzen Telefonnummern, Ansprechpartner und Links, die man für die Recherche gebraucht hat. Ich bin nahe am Nervenzusammenbruch!*«

- »*Ich leide unter schwerer Easiophobie, also der Angst, zu schreiben.*« (*Tipp: Legen Sie sich alternativ eine kleine, aber schlagkräftige Liste von passenden Fachbegriffen und Phobien zurecht. Klinisch bewiesen sind u.a. die Panik vor Blockflöten, Clowns, Sex und endlos vielen Dingen mehr.*)

WENN SIE IM JOB ODER ZU EINER EINLADUNG ZU SPÄT KOMMEN

- »*Ich übe Entschleunigung.*«

- »*Meine Putzfrau hat mich aus Versehen eingesperrt, und ich musste aus dem Fenster auf den Balkon meines Nachbarn klettern.*«

- »*Mein Fahrrad ist gestohlen worden, ich musste erst zur Polizei.*«

- *Nutzen Sie aktuelle Ereignisse wie die Umstellung auf Sommer- oder Winterzeit, eine Demonstration oder eine Feuerwehr-*

sperre: »*Ich komme mit der Umstellung noch nicht zurecht*«;
»*Bei uns war vom Marathon noch alles abgesperrt, puuh, ein
Generve.*«

■ *Behaupten Sie, Sie hätten den Namen des Lokals verwechselt –
geht besonders gut bei Italienern:* »*Ich dachte, wir treffen uns
bei ›Da Roselli‹, ich habe stundenlang da auf euch gewartet, bis
ich drauf kam, dass du vielleicht ›Da Rosetti‹ meintest.*«

TABULÜGEN

Schwindeln ist moralisch fragwürdig genug, doch es gibt eindeutige
Grenzen. Sie sollten auf keinen Fall einen der folgenden Flunker-Faux-
pas begehen:

■ *Krankheiten von Angehörigen erfinden:* »*Meine Mutter musste
wegen eines Magengeschwürs ins Krankenhaus, und ich musste
nach Hause fahren.*« *Das bringt Pech und zieht eventuell tatsächlich eine Krankheit des Betreffenden nach sich. (Siehe auch
Kapitel* »*Mail an Gott*«*, Stichwort Karmaverstopfung)*

■ *Unglücke erfinden, von denen andere betroffen sein könnten
und die wichtig genug wären, um am nächsten Tag in der
Tageszeitung zu stehen:* »*Meine U-Bahn ist entgleist*« *oder*
»*totaler Stromausfall im ganzen Viertel*«*.*

MÄNNER IN HAUSHALTS-
ABWEHRHALTUNG

WER? – ICH?

Es war einmal … Ehe Sie mit Ihrem Partner zusammenzogen,
glaubten Sie, einen selbstständigen, modernen Mann zu lieben,
der den Haushaltsalltag in manchen Fällen vielleicht suboptimal,

aber insgesamt erfolgreich bewältigte. Beim Zusammenziehen gingen Sie automatisch davon aus, dass Sie beide sich die häuslichen Pflichten künftig paritätisch aufteilen würden. Doch der Mann tut nichts. Er will nur spielen. Oder lesen. Oder vor dem Computer sitzen. Oder was zu essen. Er ignoriert alle zarten Bitten und Hinweise. Sprechen Sie ihn endlich direkt darauf an und verlangen Mitarbeit beim ewigen Aufräumen, Putzen, Waschen, Bügeln, Kochen, Bettenbeziehen, steht seine Abwehr wie die der serbischen Nationalelf. Eine automatisierte Verteidigungsstrategie, härter zu durchbrechen als die des Pentagon.

TYPISCHE BARRIKADESÄTZE

- »*Ich mache es später.*«

- »*Ich kann das schmutzige Geschirr nicht in die Spülmaschine stellen, die ist noch total voll mit sauberem Geschirr!*«

- »*Um was soll ich mich eigentlich NOCH alles kümmern?!*«

- »*Also bitte … wenn es DICH stört … MICH nicht!*«

- »*Du hörst dich an wie deine Mutter!*«

- »*Man darf doch wohl mal EINEN Moment Ruhe haben, oder?*«

- »*Ich mache ganz sicher mindestens so viel wie du!*«

- »*Wie bezieht man denn Betten?*«

- »*Wozu habe ich Dich eigentlich (geheiratet)?!*« (Nein, das traut sich keiner zu sagen. Aber Sie können es ihn denken hören.)

Nehmen Sie solche Sätze nicht persönlich. Es handelt sich hier um uraltes, männliches Kulturgut zur rituellen Abwehr anstrengender und langweiliger Anforderungen. Ignorieren Sie die offensive, mehr oder weniger gekonnte Zurschaustellung verletzter Gefühle und den (noch) stummen Vorwurf respektlosen Verhaltens dem Hausherrn gegenüber. Es ist wie bei der Kindererziehung: Bleiben

Sie konsequent! Belohnen Sie kooperatives Verhalten. Verlangen Sie nicht, dass er bei der Hausarbeit eine Schürze trägt. Und legen Sie ihm die Studie ins Blickfeld, bei der amerikanische Wissenschaftler herausgefunden haben, dass Männer, die viel mit im Haushalt anfassen, auch ihre Frauen am häufigsten anfassen dürfen und den meisten Sex haben. Wenn Mann sich Staubsaugen als eine Art Vorspiel vorstellen kann, ist er leichter zu motivieren. Übersehen Sie die runden Ecken für die Dauer der Probezeit einfach, okay? Nach etlichen staubsaugerartigen Blowjobs zur Belohnung und angemessener Einarbeitungszeit bekommen Sie vielleicht sogar irgendwann kostbare Raritäten zu hören, wie:

- *»Schatz, das Milchkännchen von dem Meissen-Geschirr kommt doch in das oberste Regal, oder?«*

- *»Brauchen wir eigentlich nicht mal wieder neue Wasserkisten? Hol ich morgen.«*

- *»Oh, der Müll riecht schon etwas streng – ich bringe ihn mal kurz runter.«*

- *»Diesen Stapel sauberer Wäsche auf dem Sofa räum ich vielleicht noch schnell weg, bevor die Gäste kommen.«*

- *»Sind die Rotweingläser nicht eher was für die Handwäsche? Ich spül die mal mit Palmolive Sensitive ... Hast du mein fusselfreies Leinenhandtuch gesehen, Schatz?«*

- *»Ach herrje, schon wieder kein supersoftes Toilettenpapier mehr auf der Gästetoilette – ich geh noch mal kurz los.«*

- *»Klar kann ich das Computerspiel auch später weiterspielen, nachdem wir die Betten bezogen haben.«*

Wenn Sie je so etwas zu hören bekommen, lassen Sie es uns unbedingt wissen. Falls Sie sich aus irgendeinem anderen Grund trotzdem scheiden lassen wollen – wir hätten da Interesse an Ihrem Mann.

KURZ UND KRYPTISCH

DA HABEN SIE DEN BUCHSTABENSALAT!

Welche Abkürzungen kennen Sie? Wenn es gerade mal u.A.w.g., PMS, SMS und MfG sind, reicht das nicht, um heute mitreden und -chatten zu können. HGW! Denn KK nennt Ihnen FYI u.U. wichtige und international gebräuchliche Abkürzungen im modernen Schriftverkehr zwischen Handy und Internet. HF! HTH!

LOL	Laughing out loud
ROFL	Rolling on the floor with laughter
WTF	What the fuck?!
HDGDL	Hab dich ganz doll lieb
4U	For you
asap	as soon as possible
BG	Breites Grinsen
FG	Fettes Grinsen
BTW	by the way = übrigens
C6	cybersex
CU	see you
EOD	end of discussion
FAQ	frequently asked questions
FIY	for your information
C & P	copy & paste
BF	boyfriend
GF	girlfriend
GTG	gotta go
GIYF	google is your friend = schau selber im internet nach
GN8	good night
HF	have fun
HTH	hope this helps
IC	I see
MOF	Mensch ohne Freunde
N1	nice one
ncnp	no comment no problem
OMG	oh my god!
OMFG	oh my fucking god!
pls	please

thx	thanks
ttyl	talk to you later
SO	significant other (partner)
SRY	sorry
U	you
XD	zum Totlachen
Y?	why?
YMMD	you made my day

BIS (RELATIV) BALD!

WIR SEHEN UNS –
FRÜHER ODER SPÄTER

Nur sehr junge Menschen, Uhrmacher und Physiker halten die Zeit für objektiv messbar. Frauen wissen aus Erfahrung, dass Minuten wie Stunden und umgekehrt wirken können; »gleich«, »in einer halben Stunde«, »bald« usw. alles Mögliche bedeuten mag – je nachdem, wer das sagt. Und in welchem Zusammenhang. O tempora, o mores, was für Zeiten, was für Unsitten! Es kann viel Energie und Zeit kosten, vage Verabredungen und Aussagen zu interpretieren. Sparen Sie sich beides und versuchen Sie es mit der Übersetzungshilfe auf der nächsten Seite.

ZEITREISE DURCH DIE VARIABLEN IM KOMMUNIKATIONSVERHALTEN

diffuse Zeitangaben	Mann:	Frau:	Zeitleiste subjektiv Kind:	Chef:	Handwerker:
»Bald«	Wahrscheinlich in den nächsten 14 Tagen.	Bis spätestens morgen Abend.	So lange, wie sie mich noch nicht volle Kanne anschreit.	In einer halben Stunde spätestens.	Frühstens in sechs Wochen.
»Ganz bald!«	Nächste Woche, wahrscheinlich.	Heute noch.	Wenn's was Schönes ist, sofort.	Wenn die Sekretärin ihn nicht daran erinnert, gar nicht.	Frühstens in sechs Wochen.
»In etwa zwei Minuten.«	Bis ich in aller Ruhe mit dem fertig bin, was immer ich hier mache.	In maximal dreieinhalb Minuten.	Ja ja.	In etwa einer halben Stunde.	Frühstens in sechs Wochen
»Gleich.«	Es kann bis zu fünf Stunden dauern.	Nicht länger als 15 Minuten.	Gleich ist nicht sofort. Bis heute Abend also.	Sofort, in zwanzig Sekunden ist es zu spät.	Frühstens in sechs Wochen.
»Später.«	Alles bis zu einem Jahr.	Spätestens bis Ende des Tages.	Nie, ich hab's vergessen.	Wahrscheinlich gar nicht.	Frühstens in sechs Wochen.
»Demnächst.«	Wenn du es nicht wieder ansprichst, werde ich das Thema nie wieder anschneiden.	Wenn ich unwahrscheinlicherweise mal irgendwann Lust dazu haben sollte.	In den nächsten Tagen.	In diesem Berufsleben nicht mehr.	Frühstens in sechs Wochen.

EINE SORGE WENIGER

BALLAST ABWERFEN,
LEICHTER LEBEN

Sie fühlen sich überwältigt von den kleinen und großen Sorgenkindern des Alltags? Befreien Sie sich und Ihr Heim, Ihr Hirn, Ihren Computer, Ihre Wohnung. Werfen Sie die Stressfaktoren und Karteileichen über Bord. Und zwar nicht irgendwann, sondern sofort. Ja, bis heute Abend, spätestens bis morgen Mittag.

HEUTE IST EIN GUTER TAG, UM ...

→ *... alle offenstehenden Rechnungen zu zahlen, die Sie sich leisten können/Ihre Finanzen grob in Ordnung zu bringen/sich ein hübsches Haushaltsbuch anzulegen. (Siehe Kapitel »Das bisschen Haushalt«)*

→ *... tote E-Mail-Accounts zu löschen, an die sowieso nie einer schreibt.*

→ *... alle Facebook-Visagen, die Ihnen ohnehin nichts bedeuten, zu entfreunden. Es sei denn, die sind zu schön zum Löschen. Behalten Sie nur die allerschönsten oder prominentesten zum Portfolio-Pimpen.*

→ *... Ihr virtuelles Erscheinungsbild zu entgiften. Eliminieren Sie alle fragwürdigen, gemeinen, halbnackten, halbbesoffenen Postings und Fotos, die Sie einst volltrunken oder in jugendlichem Leichtsinn ins Netz gestellt haben. Schwierige Sache. Notfalls Profis für das digitale Makeover bezahlen, etwa bei www.deinguterruf.de. Spätestens bei Ihrer nächsten Bewerbung rentiert sich das.*

→ *... Arzttermine für alle altersgemäßen Vorsorgeuntersuchungen zu vereinbaren. Gehen Sie aber auch hin.*

→ *... herumliegende Klamotten, die für die Reinigung oder den Schuster bestimmt sind, auch dort hinzutragen.*

→ *... den Mann oder Freund, der Sie nur noch unglücklich macht, endlich zu verlassen oder rauszuwerfen.*

→ *... Topfpflanzen zu verschenken oder auszuwildern (im Internet mal das Stichwort »guerilla gardening« eingeben – ist auch eine gute Kontaktbörse) und durch unechte Grünpflanzen oder weniger liebesbedürftige wie Agaven zu ersetzen.*

→ *... sich einen leckeren Menüplan mit den benötigten Biozutaten für eine Woche und vier Personen ins Haus liefern zu lassen – kinderleicht und schnell gekocht.*

→ *... die Entrümpelungsaktion zu Hause anzugehen: im Kleiderschrank, im Keller und auf dem Speicher. Am besten von einer unsentimentalen Freundin, notfalls Mutter, resolut beraten lassen.*

→ *... mit juristischem und psychologischem Beistand sämtliche geschlossenen, offiziell aussehenden Briefe zu öffnen und zu bearbeiten. Notfalls eine Buchhalterin für ein paar Stunden im Monat buchen.*

→ *... unangenehme und ewig aufgeschobene Telefonate zu erledigen: Mutter, Finanzamt etc. (Siehe hierzu auch Kapitel »Telefonseelsorge«, Stichwort »Spickzettel für unangenehme Anrufe«)*

→ *... um alle Dinge zu vermeiden, die Ihr Leben auf den ersten Blick scheinbar leichter, aber dann doch wieder nur komplizierter machen. Entwickeln Sie ein Frühwarnsystem für Ent-Sorgung, die keine ist: hält leider nur so lange vor wie Fast Food und hat schwerwiegende Nachteile*

SIE SOLLTEN AUF KEINEN FALL ...

→ *... den Eltern ein Handy oder einen Computer kaufen. Die Support-Hotline zu Ihnen wird als Dauerleitung heißlaufen. (»Wofür war noch mal die große rote Taste?«)*

→ *... ein Au-pair für die Kinder beschäftigen – kann in vielen Fällen fast wie ein weiteres Kind sein.*

→ *... ein drittes, viertes, fünftes Kind bekommen, nur weil alle behaupten, die würden sich gegenseitig erziehen.*

→ *... ja sagen, wenn Sie eigentlich nein meinen. (Siehe auch Kapitel »Just say no!)*

→ *... eine Affäre anfangen, wenn Sie in Ihrer Ehe unzufrieden sind. Zieht nur Stress und Kummer für alle Beteiligten nach sich.*

→ *... eine Alarmanlage anschaffen. Geht gerne mal nachts um drei mit falschem Alarm los.*

→ *... dem Kind aufgrund von Gequengel ein Baller-Computerspiel oder ein lautes, blinkendes Spielzeug kaufen. Nach kurzer Ruhepause nervt die Geräuschbelästigung noch viel mehr.*

→ *... einen Hund anschaffen, damit die Kinder soziales Benehmen lernen und sich eigenverantwortlich darum kümmern. Raten Sie mal, wer morgens um sieben das verdaute Futter in kleine schwarze Plastiktüten verpacken und entsorgen muss? Für alle anderen Familienmitglieder ist die Welt dann noch in Ordnung.*

→ *... das Kind im Fußball- oder Hockeyverein anmelden, damit Sie mal ein paar Stunden Ruhe haben – es sei denn, Sie sind Frühaufsteherin und freuen sich, dass Sie dafür samstags und sonntags um sechs Uhr morgens wegen der Turniere und der Auswärtsspiele aufstehen und den halben Tag auf einem Sportplatz in der Provinz verbringen dürfen.*

→ *... sich die Nägel maniküren und dunkelrot lackieren: Der Aufwand für die Erhaltungsmaßnahmen steht in keinem Verhältnis zum Effekt.*

→ *... ein Landhaus erwerben. Statt Ruhe und Erholung hat man zwei Haushalte zu führen und ist gezwungen, die nächsten zwanzig Jahre immer nur dahin zu fahren, damit sich der Aufwand lohnt und die Hypothek rechnet. Und versuchen Sie mal, mitten in der Natur eine Putzhilfe zu bekommen.*

JE REGRETTE BEAUCOUP!

LEBENSENTSCHEIDUNGEN BEDAUERN, OHNE ZU TRAUERN

Eine der häufigsten und zugleich schrecklichsten Krisen beschert die Erinnerung an Momente, als wir auf unserem Lebensweg falsch abgebogen sind. An Möglichkeiten, die man nicht rechtzeitig erkannt oder offenen Auges verpasst und leichtsinnig übersehen hat.

Wer mit zwanzig glaubte, es müsse garantiert immer noch irgendwer, irgendwas Besseres, Großartigeres, Schöneres auf einen warten, hat spätestens ab dem 33. Lebensjahr etliches zu bedauern. Besonders, wenn man in seiner momentanen Situation unglücklich ist, zeigt die cinematische Retro-Reise in Großaufnahme und quälender Zeitlupe sämtliche Fehlentscheidungen und deren Konsequenzen. Manche davon sind lebenslänglich.

Vor allem nachts läuft der Film immer wieder vor dem geistigen Auge ab. Man beginnt, sich Vorwürfe zu machen, Dinge zu bereuen, die nicht mehr rückgängig zu machen sind und Dinge zu betrauern, die nun unmöglich sein werden: eigene Kinder zu bekommen; das Fach zu studieren, das einen wirklich interessiert, auch wenn der Beruf wenig Geld einbringen würde; den Heiratsantrag der ersten großen Liebe anzunehmen, auch wenn man damals noch so jung war; nicht zehn Zentimeter größer zu sein.

»Was wäre, wenn …« ist ein schmerzhaftes, aber höchst beliebtes Spiel bei Frauen. Je älter man wird und die Möglichkeiten, etwas richtig zu machen, schwinden, desto schlimmer wird es.

Im Nachhinein ist man völlig überzeugt: Bei einigen Kreuzungen im Leben hätte man rechtzeitig abbiegen sollen, statt stur geradeaus durch die Wand zu brettern. Weil man es jetzt, im Hier und Heute, besser wüsste. Zum Trost: Nur wer sich nicht bewegt, macht nichts falsch. Niemand schafft es ohne Narben durch ein lebenswertes Leben.

Schon der amerikanische Schriftsteller Mark Twain wusste, dass das Bedauern von Handlungen und Entscheidungen völlig überflüssig ist: »In zwanzig Jahren werden Sie eher von den Sachen enttäuscht sein, die Sie nicht getan haben, als von denen, die Sie getan haben!« Das klingt in unseren Ohren deutlich besser als Edith Piafs schönes Lied »Je ne regrette rien!«. Was, das glauben Sie ihr? Hallo! Die Frau war knapp 1,47 hoch! Und sie hatte auch glaubwürdigere Erfolgsrezepte zu bieten: »Nutze Deine Fehler und Schwächen, dann wirst Du ein Star werden!«

Ja, man kann so viele Fehler machen im Leben. Aber Sie sind nicht die Einzige, die ab und zu aufs falsche Pferd gesetzt, den verkehrten Mann, Beruf, oder Wohnort gewählt hat. So WTF? (Siehe Kapitel »Kurz und kryptisch«). Und wissen Sie was? Es ist egal. Vergessen Sie's. Auch hier gilt: Mensch, ärgere Dich nicht! Hören Sie auf, Bilanz zu ziehen und sich mit Selbstvorwürfen zu quälen. Sie haben so entschieden, wie es Ihnen in diesem Moment richtig erschien. Mehr war nicht drin. Und hey, wie viel Spaß hätten Sie sonst verpasst? Wie viele Enttäuschungen hätte Ihnen die vermeintlich richtige Entscheidung wohl beschert? Woher wollen Sie wissen, dass Sie die heute nicht auch bereuen würden?

Sehen Sie Ihre kleinen Fehler künftig als persönliche Noten an. Lernen Sie aus den groben Fehlern für die Zukunft, und enttraumatisieren Sie Ihr Gehirn schleunigst von den Flashbacks, die beim Vorankommen ängstigen und bremsen. Das Leben geht weiter, und – dürfen wir Sie an dieser Stelle noch einmal darauf aufmerksam machen – Sie haben (wahrscheinlich) nur eins. Es ständig rückblickend zu bedauern, kostet Energie, Kraft, Zeit und Gegenwart. Schauen Sie lieber erwartungsfroh nach vorne statt gequält zurück. Be kind, don't rewind!

WEG MIT ZWEIFELN UND BEDAUERN

ÜBUNG 1: FEHLENTSCHEIDUNGS-DETOX

Schreiben Sie Ihre angeblichen Fehlentscheidungen auf einen Zettel. Entlasten Sie sich, indem Sie sie notieren. Wenn Sie möchten, schreiben Sie jeweils noch eine Wertung darunter. Beweinen Sie sie, verfluchen Sie sie, und verbrennen Sie sie.
Wrong-Exit-Exorzismus.

MÖGLICHE THEMEN

- *Kinder gekriegt zu haben*
- *keine Kinder gekriegt zu haben*
- *zu viele Kinder gekriegt zu haben*
- *damals mit Thomas in den Surfurlaub gefahren zu sein statt mit seinem besten Freund, der auf Sie scharf war, nach New York – der ist heute reicher Banker und sitzt mit Frau und zwei Kindern im Traumhaus. Und Thomas immer noch am Tresen ihres früheren Stammlokals.*
- *damals den Job bloß wegen des Geldes angenommen zu haben, statt weiterzustudieren*
- *den süßen Typen auf der Vernissage vor einem Jahr nicht angesprochen zu haben*
- *sich mit der Mutter/dem Vater nicht ausgesprochen zu haben, bevor er/sie starb*

Wie daneben finden Sie diese Entscheidung rückblickend?

- ☐ *ich wusste es nicht besser*
- ☐ *das hätte ich echt besser wissen sollen*

- □ *schlimm*
- □ *fatal*

War es das wert?

- □ *ja*
- □ *nein*
- □ *egal*

Was würden Sie heute anders machen? _____

ÜBUNG 2: MALERISCHER LEBENSWEG

Zeichnen Sie eine große Landkarte mit Ihrem Lebensweg. Markieren Sie darauf sämtliche tolle Sehenswürdigkeiten (mein erstes Kind, 2008, meine Eigentumswohnung, 2002) und pittoresken Ruinen (meine Beziehung zu Thomas, gescheitert 1995, mein Start-up-Unternehmen, gescheitert 2001), Abzweigungen (mein Umzug nach New York, 1996), Kreuzungen etc. Malen Sie das Ganze in den schönsten Farben aus. Rechts geht's per Wegweiser in die helle Zukunft.

ÜBUNG 3: SCHRIFTLICHE SELBSTKRITIK

Schreiben Sie einen Brief an sich selbst. Schildern Sie Ihre Verfehlungen möglichst dramatisch, und werfen Sie sie schriftlich der Frau vor, die Sie mal waren und die Ihrer Meinung nach etwas vergeigt hat. Hören Sie sich an, was Sie sich dazu zu sagen haben. Und dann verzeihen Sie ihr – und damit sich selbst.

BEISPIEL 1

Liebe 31-jährige Mia,
ich muss ganz ehrlich sagen, ich bin schon seit (genaue Jahreszahl angeben) ziemlich sauer auf dich. Sag mal, wie kamst du damals bloß darauf, dich von diesem dahergelaufenen Idioten nach nur sechs Wochen Bekanntschaft schwängern zu lassen? Wie blöd kann man sein? Klar, er hat dich geheiratet, ihr habt sogar eine Zeit lang eini-

germaßen glücklich in dieser Riesenwohnung zusammengelebt. Und der Kleine ist meistens auch total süß (obwohl er leider die Augen von deinem Ex hat), du wüsstest doch jetzt gar nicht mehr, wie das Leben ohne ihn wäre. Trotzdem. Der Mann ist lange weg, und weil er behauptet, nix zu verdienen, hockst du nun mit dem Kind da und musst um Unterhalt prozessieren. Deine Eltern geben dir auch nichts, weil Du Dich damals wegen des Mannes komplett mit ihnen überworfen hast. Deine Karriere ist damit natürlich auch erst einmal tot, und ich weiß nicht, ob wir sie je wiederbeleben können. Herrje, Mia! Merkst Du Dir bitte, dass Alkohol Dein Urteilsvermögen negativ beeinflusst? Schau doch nächstes Mal etwas genauer hin, bevor Du jemandem Dein ganzes Leben anvertraust! Menno!

BEISPIEL 2

Liebe 28-jährige Judith,
ja, ich bin es, die hier in der dunklen Einzimmerwohnung in Friedrichshain hockt und Dir schreibt. Ach, das wundert Dich? Ha, da hättest Du mal früher draufkommen können, und zwar als Du den genialen, hoch dotierten Job in München abgelehnt hast. Und warum? Weil Du lieber mit Andreas nach Berlin (»Das ist so derbe geil da!«) ziehen wolltest! Bitte!!! Dass es da keine Jobs gab, war doch klar. Zugegeben, dass Andreas Dich derbe ungeil betrügen würde, war nicht so absehbar, aber er hatte ja schon angedeutet, dass er noch nicht so weit war, an Heirat und so zu denken … Mann, Mann. Von wegen, nur die Liebe zählt. So'n Scheiß! Dusselige Kuh!

Also, Judith, jetzt guck zu, dass Du endlich einen gut bezahlten Job an Land ziehst und Dich nie wieder von einem Kerl abhängig machst. Das hat doch mal alles so vielversprechend ausgesehen bei Dir: das Abi, das Super-Diplom, der erste Job…Ich bin Dir auch nicht wirklich böse, schließlich habe ich gelernt, meine hohen Ansprüche runterzuschrauben und mit Zutaten von Aldi schmackhafte Mahlzeiten zu kochen. Das ist sicher auch was wert. Aber nun müssen wieder bessere Zeiten kommen. Ich bin ja immer bei Dir. Zusammen schaffen wir das!

GELD &
FINAN-
ZEN

BESSERE VERHÄLTNISSE
GEBT UNS EURO SCHULD

Da liegen Sie nächtelang wach und hungern schon seit Tagen, weil Ihr Dispokreditrahmen diesen Monat am Anschlag ist. Der Bankberater schaut Sie so merkwürdig an. Sie sind ihm plötzlich überhaupt nicht mehr lieb und teuer. Sie fühlen sich wehr- und wertlos.

Sind Sie verrückt, sich derart verrückt zu machen? Global gesehen sind das Peanuts! Sicher sollten Sie sich bemühen, Ihr Konto so schnell wie möglich wieder auszugleichen. Aber mal ehrlich, da haben Sie deutlich größere Chancen auf Entschuld(ig)ung als Griechenland. Und die Griechen fühlen sich auch noch ungerecht behandelt. Gehen Sie, falls Sie Hilfe brauchen, aber bitte nicht zur EU, sondern zur örtlichen Schuldnerberatung.

Wie so oft im Leben ist alles eine Frage der Relation. Lesen Sie mal, was bei anderen so fällig wird. Lassen Sie die Zahlen auf sich wirken. Schreiben Sie dann darunter, auf welche Summe sich Ihr mikroskopisch kleiner Schuldenhaufen im Schatten dieses gewaltigen Schuldengebirges beläuft:

→ *2010 beliefen sich Deutschlands Staatsschulden auf 1 762 000 000 000, sprich einskommasiebenbillionen Euro.*

→ *2010 erhielt Griechenland 80 Milliarden Euro Kredit von den ebenfalls hoch verschuldeten Euro-Mitgliedsstaaten.*

→ *Die Elbphilharmonie in der Hamburger Hafencity wird den Steuerzahler 323,3 Millionen Euro kosten.*

→ *In einem Jahr (von 2008 bis 2009) legte die amerikanische Staatsverschuldung um 1,91 Billionen (im Amerikanischen noch wahnwitziger, nämlich »Trillions«) Dollar zu – auf sagenhafte 11,910 Billionen Dollar.*

→ *Die japanische Airline JAL (Japan Airlines) wurde Anfang 2010 mit einer Finanzspritze von 300 Milliarden Yen (rund 2,3 Milliarden Euro) und einem Kredit in doppelter Höhe (rund 4,6 Milliarden Euro) vor dem Aus bewahrt.*

→ *Die so genannte Kanzler-U-Bahn U55 kostete den Steuerzahler 320 Millionen Euro. Deutschlands kürzeste U-Bahnlinie ist gerade mal 1,8 Kilometer lang. Die Gesamtfahrzeit beträgt 180 Sekunden, inklusive der 30 Sekunden Aufenthalt im Bahnhof Bundestag.*

So, und nun Sie:
20___ habe ich meinen Dispokredit um _____ Euro überzogen.

DAS BISSCHEN HAUSHALT ...

... JETZT AUCH ALS BUCH

Was reinkommt, geht auch gleich wieder raus? Wenn der Geldfluss viel zu schnell durch Ihr Leben rauscht und wichtige Dinge mit sich reißt, müssen Sie ihn auf-, nein, festhalten. Am besten schriftlich: im guten alten Haushaltsbuch. Klar, das ist total spießig, superlangweilig, äußerst kleinlich, völlig unsexy – aber vor allem beängstigend. Entlarvend. Ein heilsamer Schock für Ihre Kontoführung. Hören Sie jetzt bitte auf, »Ja, Mutter!« zu murmeln, und lesen Sie lieber weiter.

Wenn Sie mal konsequent alles (wirklich alles, nicht nur alles über 50 Euro!) aufschreiben und klassifizieren, wofür Ihre finanzielle Sicherheit draufgeht, werden Sie sich wundern. Neue Kleidung, Blumen, Zeitschriften, Kosmetik, Ausgehen, Essengehen, Einkäufe, Dekoration, Putzfrau, Fensterputzer, Hobbies, Konzerte, Elektroartikel, Kinderkram, der übliche Latte macchiato to go, Zigaretten, Flohmärkte, Wein, Miete, Duftkerzen, Töpferkurs, Spenden, Handtaschen, Schmuck, Friseur, Geschenke, Schuhe,

Schuhe, Schuhe, Auto, Bettwäsche, Kunst, Kokain, Lebensmittel, Kino, Maniküre, Handy, Kosmetikerin, Zusatzleistungen von Ärzten, Ferien, beinahe ungenutzte Mitgliedschaft im Fitnessstudio, Süßigkeiten, Bücher … Was macht bei Ihnen den Löwenanteil aus? Auf was können Sie verzichten? Wo Etatkürzungen vornehmen? Welcher Lustgewinn ist auch gratis oder deutlich billiger zu haben? Und welche Einschränkung wäre der tiefschwarze Freitag für Ihre Lebensqualität?

Setzen Sie Prioritäten! Seien Sie Ihr eigener Finanzminister, und stopfen Sie das Loch in Ihrem Schwundhaushalt. Auf das Thema haben Sie so viel Lust wie aufs Nachsitzen damals in Mathematik, und Finanzministerin war auf Ihrer Wunschberufeliste auf Platz 1512? Wir wissen leider zu genau, was Sie meinen. Deshalb machen wir Sparmuffeln das Sparen beinahe so leicht und lustig wie das Geldausgeben: mit einer maßgeschneiderten Tabelle für das neue Sparprogramm.

Hallo? Stopp! Hiergeblieben! Wir wissen genau, was Sie jetzt am liebsten täten: sich zur Vorbereitung ein schickes Gucci-Portemonnaie, einen Montblanc-Füller und ein leinengebundenes Büchlein aus schönstem, cremefarbenen Papier kaufen. Reißen Sie sich zusammen, Sie schaffen das!

Seien Sie ehrlich und streng mit sich selbst. Führen Sie Ihr Haushaltsbuch in der Form, die für Sie am angenehmsten oder praktischsten ist: entweder auf dem Computer, auf Ihrem Handy (dafür gibt es Apps!) oder unseretwegen auch in das Büttenbuch, das so schön in der Hand liegt. Aber auf keinen Fall auf herumfliegende Zettel oder die Innenseite Ihres Handgelenks gekritzelt. Sparen Sie aber auch nicht mit Selbstkritik, und behalten Sie statt Ihres *Hummer*-Geländewagens besser Ihren Humor. Bereiten Sie sich mental auf die Aufgabe vor, indem Sie sich noch mal Michael Douglas in *Wall Street* und Dan Aykroyd in *Die Glücksritter* ansehen, statt Audrey Hepburn in *Frühstück bei Tiffany's*. Und André Kostolanys Gesamtwerk lesen statt *Die Schnäppchenjägerin* von Sophie Kinsella. Und bitte leihen Sie sich das alles bei Freunden oder in der Stadtbücherei, kaufen Sie nichts mit 1-click bei Amazon! Überraschen Sie Ihren Steuerberater, und suchen Sie sich jetzt noch eine schöne Kiste für Ihre Quittungen, Fahrkarten etc. So, jetzt sind wir auf dem richtigen Weg.

KRITERIEN ZUR AUSGABENKONTROLLE:

absolut unverzichtbar (Miete, Kondome, Wasser- und Heizkosten, Handy)
unbedingt nötig
ab und zu mal nötig
sehr schön, aber …
wär doch nicht nötig gewesen … (Latte macchiato to go)
musste das sein??
da hätte man das Geld gleich zum Fenster rausschmeißen können!
besser auf den Big Spender warten …
beschämend

DAS GROSSE KOSTENLOS

NICHT UMSONST, ABER GRATIS

»There's no such thing as a free lunch« – diese amerikanische Business-Weisheit stimmt leider. Dafür gibt's aber eine Menge anderer Sachen, die nichts kosten. Merke: Wohlhabend werden Sie durch das Geld, das Sie nicht ausgeben! Sparen Sie ruhig, Sie haben es sich verdient. Aber bei den richtigen Sachen:

- *Bei Kleinzeigen die Rubrik »zu verschenken« nach allem Möglichen checken: Möbel, alte Computer … Bitte keine alten Matratzen oder Fieberthermometer.*

- Im Sommer florale Deko aus dem Stadtpark besorgen (am besten mit einer Gartenschere in der Handtasche ausschwärmen, damit kann man sich notfalls auch gut gegen Parkwächter verteidigen).

- Freuen Sie sich über Dinge im Leben, die gar nichts kosten: freie Konzerte im Park, unterhaltsame Freunde, Sonnenuntergänge, Straßenmusikanten, Open-Air-Kino im Sommer

- Vernissagen besuchen – da gibt's oft umsonst Wein oder Sekt

- Den nicht mehr so kleinen Kindern (ab 8 Jahren) frühzeitig beibringen, auch mal ohne Babysitter auszukommen: ein bis zwei Stunden kuscheltiergestütztes Alleinbleiben mit ins Telefon eingespeicherten Handynummern

- Wäsche nicht zur Heißmangel geben, sondern waschen, glattziehen, trocknen, falten und gefaltet auf der Heizung stapeln

- auf Flohmärkte gehen (siehe auch »Vintage«) und möglichst viel gebraucht kaufen. Internetflohmärkte von Facebook nutzen oder die Stadtteilwebsites nach Online-Inseraten durchsuchen

- keine überteuerten und ungesunden Fertiggerichte kaufen. Lieber Suppen aus frischen Zutaten kochen, die halten sich einige Tage, ansonsten Tomaten aus der Dose, rote Linsen und Vollkornspaghetti mit Parmesan immer auf Vorrat haben

- sämtliche Versicherungen und Verträge überprüfen und ggf. kündigen. Monatliche Handy- und Telefonanbieterkosten checken und ggf. wechseln

- gute Lebensmittel-Basics beim Discounter kaufen

- Hardware und Möbel bei Läden wie TK-Maxx kaufen, auf ebay, in Outlets oder Fabrikverkäufen günstig erstehen

- im Frühjahr, Sommer, Herbst Fahrrad fahren und das Auto stehen lassen. Noch besser: Das Auto abschaffen

- lieber eine schicke Thermoskanne mit Milchkaffee zur Arbeit mitnehmen als überteuerte Coffees to go auf dem Weg dahin zu besorgen

- *beim Trinkgeld sparen*

- *handwerklich begabte Freundin mit Haareschneiden oder Tönen beauftragen (keine kompletten Farbveränderungen, am besten einmal beim Friseurtermin nach der Farbe fragen, dann nachkaufen)*

- *Kindersachen secondhand, von Freunden mit älteren Kindern oder auf Flohmärkten erwerben oder tauschen; am besten vier gleichgeschlechtliche Kinder hintereinander kriegen, dann spart man Anschaffungskosten*

- *Dinge wie Kleinmöbel, Lampenschirme, Vorhänge, Tagesdecke etc. selber umfärben, umstreichen, umlackieren, umsprühen.*

- *Bei Putzmitteln sparen und Chemievorräte reduzieren: man braucht nur Essigreiniger, Sodareiniger, WC-Reiniger, auf fragmutti.de alte Hausmittel und Spartipps nachlesen*

- *sich Obst schenken lassen oder sich preiswert eindecken und daraus Marmelade selber kochen*

- *mit geschmacksnahen Freunden einen DVD-Tauschring organisieren, gerade von TV-Serien; Musiksharing mit Freunden, für CD's, Zeitschriften, DVDs und natürlich Bücher; billig der Stadtbücherei beitreten*

- *Urlaub auf Balkonien machen – dank Tahitischirm, Blumen und kurzen Anreisewegen pittoresk, klimaschonend und erholsam*

- *für tierliebe Leute: In den Ferien zu Hause bleiben und gegen Entgelt Haustiere sitten*

- *ansonsten: Home exchange – auf Websites Wohnungstausch für den Urlaub in anderen Ländern erspart die Unterbringung*

- *Heizkosten sparen durch Einsatz von Schlafsäcken, Decken, Pullovern, Haustieren, Wärmflaschen und Männern*

- *Keine Impulskäufe: nur mit Einkaufsliste losziehen, Schocktherapie durch Haushaltsbuch*

- *bei Elektronik, Mode, Einrichtung: Handelstalent einsetzen und trainieren, Kosmetikproben erbitten und benutzen*

- *alle Bücher, die man durchgelesen hat, bei amazon zum Weiterverkauf einstellen*
- *Dinge kreativ recyclen: einen nicht benutzten Fahrradkorb für die mobile Putzmittelaufbewahrung, den alten Koffer für Ihre Gürtel, eine quadratische Glasvase für Ihre Armreifen, ein schönes Stielglas als Halter für Ihre Ohrgehänge einsetzen ... nichts leichtfertig wegwerfen oder -geben, ehe nicht alle originellen Verwendungsmöglichkeiten gecheckt wurden*
- *dem Konsumenten-Rat von Penny beitreten und für seine Meinung über das Sortiment Teile davon geschenkt bekommen*
- *als Meinungssager auf www.Trendscan.de mitmachen, wird durch Punkte vergütet, die man dann u.a. bei amazon einlösen kann*
- *Und wenn es mal ganz hart auf hart kommen sollte: Pfandflaschen oder -becher an öffentlichen Plätzen oder nach Konzerten sammeln und zurückbringen (dabei muss man allerdings damit rechnen, von den Professionellen schräg angeguckt zu werden, die sonst ihre Euros damit verdienen).*

Zu guter Letzt: Sparen Sie sich folgende Verzweiflungstaten. So arm können Sie gar nicht sein, dass Sie ...

- *ein volles Schiffchen zur Rettung Schiffbrüchiger nachts vom Kneipentresen mitgehen lassen. Nur weil Sie voll sind, Schlagseite haben und nicht wissen, wo Ihr Zuhause ist, sind Sie noch längst nicht schiffbrüchig!*
- *sich Kontaktlinsen aus Frischhaltefolie ausschneiden.*
- *in Weinläden nach Probefläschchen, in Apotheken nach Prozac-Pröbchen fragen.*

FÜR EINEN EURO GLÜCK, BITTE!

HIER KOMMEN SIE NOCH BILLIG DAVON

Das Leben ist teuer, aber manchmal wird einem Lebensfreude beinahe geschenkt:

Für einen Euro gibt es zum Beispiel …

… ein neues Ventil für den Fahrradschlauch,
… zehn weiße Mäuse oder Gummitaler beim Kiosk,
… drei Flaschen Mineralwasser beim Discounter,
… eine Tafel Schokolade,
… drei knackige Äpfel,
… eine hübsche Postkarte,
… einen 1-Euro-Job,
… zwei Kondome,
… einen Musiktitel-Download,
… 1/10 dieses Buches (mehr schaffen Sie doch eh nicht an einem Abend!),
… ein Produkt aus dem 1-Euro-Shop um die Ecke,
… 120 Karstadt-Kaufhäuser inklusive 25 000 Mitarbeitern,
… eine Minute Massage,
… ein warmes Franzbrötchen,
… eine Zeitung,
… einen Meter schönes Geschenkband,
… einen Hamburger,
… ein Telefonat,
… fünf Lutscher.

BUSINESS AS UNUSUAL
HAUPTSACHE NEBENVERDIENST

Dauernd Ebbe auf dem Konto? Keine Flut in Sicht? Ein Nebenverdienst muss her. Nein, Sie müssen dafür nicht im Callcenter anfangen und brauchen auch keine Angebote aus der Zeitung abzutelefonieren, um festzustellen, dass man unter der Jobbeschreibung einer »Masseurin« etwas anderes versteht als Sie.

Auch mit kleinen, abwegigen Businessideen können Sie Ihre Finanzen aufpolstern. Auf die Marktlücke kommt es an! Machen Sie sich bewusst, wo Ihre Begabungen und Ihre Talente liegen. Dann kreativ querdenken, Angebot und Nachfrage berücksichtigen. Und das Wichtigste: Lassen Sie sich nur bar bezahlen, sonst können Sie das Geld gleich ans Finanzamt weiterreichen. Im Folgenden einige arbeitsamtliche Beispiele von Verdienstmöglichkeiten, auf die nicht jeder kommt.

Für Körperbewusste
Prostitution light: Pole Dancing in der U-Bahn (immer zu zweit): Die eine windet sich um die Haltestange (vorher mit Sagrotantüchlein desinfizieren oder Handschuhe anziehen), die andere geht mit dem Hut sammeln. Zur Stoßzeit am frühen Abend besonders sicher und lukrativ.

Stand-ins: stellvertretendes Schlangestehen vor Museumsausstellungen, in Theaterpausen vor der Sektbar oder Einsitzen auf langweiligen Businessveranstaltungen und Elternabenden.

Parkplätze für andere Leute freihalten: Mut zur Lücke. Sie müssen nichts als einen Klappstuhl und zwei rot-weiß-gestreifte Kegel investieren. Aufgestockt mit einem kleinen Tischchen, einer Flasche Rotwein und zwei Gläsern können Sie nebenbei gleich noch zu einer Runde Speeddating in der romantischen Parkbucht einladen.

Für Networkerinnen

Headhunting-Service für liierte Partner: Scouten Sie noch bessere Partneroptionen für bereits Gebundene und vermakeln diese auf Provisionsbasis.

Attraktive und interessante Facebook-Freunde im großen Stil verkaufen: Bieten Sie Facebook-Newcomern mit desolatem Sozialstatus Ihre Kontakte in Package Deals à 10, 20, 50, 100 an.

Für Schreibtalente

Leserreporter für Tageszeitungen: Nehmen Sie immer ein gutes Kamerahandy mit, wenn Sie das Haus verlassen. Kommen mehr als drei Wagen mit Blaulicht und Sirene an Ihnen vorbei, folgen Sie diesen und seien Sie als Erste am Ort des Geschehens.

Bloggerin: Bei nachweislich vielen Besuchern auf der entsprechenden Website gibt es Anzeigengelder. Suchen Sie sich eine Nische! Falls Ihr Thema Mode ist, geben Sie sich als neunjährige Lettin aus. Oder: Starten Sie einen Anti-Klatsch-Blog: Lassen Sie sich dafür bezahlen, dass Sie Skandale *nicht* veröffentlichen.

Für Handarbeiterinnen

Lieferservice für saisonale Qualitätsbastelarbeiten: Schultüten, Osternester, Adventskalender, Salzteigfiguren etc. für gestresste Mütter.

Für Fashionistas

Guten Geschmack zu Geld machen: Eröffnen Sie einen mobilen Stylingberatungsstand in einer Fußgängerzone, mit Vorher-Nachher-Fotos, um Kundinnen anzuködern. Sie müssen dafür allerdings selber vorbildlich aussehen. Lassen Sie sich Prozente der Läden geben, die Sie weiterführend empfehlen.

Für Unternehmerinnen

Luxus-Taxiservice für Frauen: Bieten Sie die einzig wahre Transportalternative! Schicke, wohlriechende Cabs, die nur von fähigen, attraktiven, weiblichen Fahrern in Uniform chauffiert werden.

Für Eltern von Teenagertöchtern gibt's Abonnements, damit deren Schätze jederzeit und sicher von Parties abgeholt und nach Hause gebracht werden können.

Für Ortskundige
Zielgruppengerechte Nachbarschaftstouren durch den eigenen Stadtteil anbieten: Führen Sie Frauen von außerhalb zu Geheimtipps wie den nettesten Cafés, Galerien, Boutiquen, Männern, zu den besten Sportbars etc. Erzählerisches Talent sollten Sie mitbringen, denn Anekdoten werden gerne gehört.

SEID UMSCHLUNGEN, MILLIONEN

VON DER BÖRSE INS PORTEMONNAIE

Wo sonst kann man so schnell zu Geld kommen wie an der Börse? Trotzdem schrecken die meisten Frauen vor dieser Art der Geldanlage zurück, weil sie denken, man müsse zumindest zehn Jahre lang als Investmentbanker an der Wall Street gearbeitet oder wenigstens einen solchen gedated haben, um auf dem internationalen Börsenparkett durchzublicken. Weit gefehlt – wichtig ist der Spieltrieb. Das Ganze ist eher Monopoly als Raketenwissenschaft. Und wer braucht schon den Finanzteil der *International Herald Tribune* dazu?!

Probieren Sie mal unser Vorgehen. Vielleicht nur an einem Tag. Ein Nadelstreifenkostüm ist keine Voraussetzung, Risikofreudigkeit schon. Wer weiß, vielleicht sind Sie ja schon Millionärin, wenn Sie das Buch ausgelesen haben? May the Hausse be with you. Und falls alles nicht fruchten sollte, befolgen Sie einen alten Börsianerwitz: Legen Sie Ihr Geld in Alkohol an. Nirgends sonst gibt es 40 Prozent.

ÜBER LOS GEHT'S LOS

■ *Beginnen Sie damit, ein paar gemischte Aktien zu kaufen, die Ihnen vielversprechend erscheinen. Aus welchem Grund auch immer: Luxusfirmen, Erotikunternehmen, Bio-Tech, Mode ... Hauptsache, Sie fühlen sich davon angezogen. Profitieren Sie vom Anfängerglück! Und nicht zu viel nachdenken.*

■ *Verkaufen Sie alle Aktien, die auf -ex enden.*

■ *Kaufen Sie Anteile an allen Firmen, die Ihnen sympathisch sind, weil sie in Ihrem Kosmetikregal stehen.*

■ *Verkaufen Sie alle Aktien der Firmen, die nicht beim dritten Klingeln ans Telefon gehen.*

■ *Streuen Sie über Facebook ein Gerücht, dass die Eisenvorräte auf der Welt zur Neige gehen, und kaufen Sie Kupfer.*

■ *Verkaufen Sie alle Aktien, deren Notierung irgendetwas mit dem Geburtsdatum Ihres liebsten Feindes zu tun hat.*

■ *Kaufen Sie Aktien von Außenseiterfirmen, an deren absurde Erfindungen Sie glauben.*

■ *Stoßen Sie alles ab, was von Rüstungsfirmen und ausbeuterischen Lebensmittelgiganten in Ihrem Portfolio dabei sein sollte.*

■ *Enden Sie Ihren Streifzug damit, alles gewinnbringend zu verkaufen.*

■ *Führen Sie 10 Prozent Ihrer Gewinne an uns ab.*

Und: Kaufen Sie Krisenkönigin-Aktien! Wir sind an der NASDAQ notiert.

P.S: Sehen Sie davon ab, mit Dow Jones ausgehen zu wollen. Der Mann ist flatterhaft und hat schon zu viele unglücklich gemacht.

Wie stehen die Aktien?

Eigentlich verwunderlich, dass nicht mehr Frauen mit Aktien spielend spekulieren. Denn die Börse ist nichts anderes als ein Marktplatz der Emotionen, der Markt selber wie eine launische Frau allen möglichen unvorhersehbaren Stimmungen ausgesetzt. Die bestimmen dann den Preis, zu dem man bereit ist, Geschäfte abzuschließen.

Erste Schritte auf dem Börsenparkett

Um Wertpapiere handeln zu können, müssen Sie ein Depot eröffnen. Ein Depot können Sie entweder bei einer Bank oder bei einem Online-Broker einrichten. Die Gebühren bei einer Bank sind im Allgemeinen höher als beim Online-Broker, vor allem wenn Sie Ihre Börsengeschäfte mit Hilfe eines Beraters abwickeln. Am günstigsten fahren Sie, wenn Sie selbstständig über Internet handeln. Auch Online-Broker bieten ihre Dienste hauptsächlich über Internet an. Telefonische Aufträge sind teurer.

Hausse Couture – maßgeschneidertes Anlagekonzept

Bevor Sie Ihr erstes Handelsgeschäft abschließen, sollten Sie einen Plan haben. Ja, Sie sollen spekulieren – aber bitte mit Programm, also einem ganz persönlichen Anlagekonzept. Ihre langfristigen Ziele, Ihre Strategie, Ihr Risikoprofil und Ihre Persönlichkeit sollten einfließen. Oder Ihre Vorliebe für eine bestimmte Branche, Ihre favorisierten Unternehmen. Der Mix macht's: In Ihr Portfolio gehören verschiedene Anlageklassen, die möglichst unterschiedlich sein sollten. Also neben Aktien, Anleihen und strukturierten Produkten auch Gold und Immobilien. Sie reduzieren damit das Risiko. Sobald Sie Ihr Wertpapierdepot eröffnet und Geld überwiesen haben, geht's los: Dann können Sie je nach Depot und Vertrag sofort Aktien, Anleihen, Zertifikate, Optionen und so weiter kaufen.

Willkommen im Club der Geldliebhaberinnen

Entdecken Sie Ihr spekulatives Talent in Investmentclubs von und für Frauen, die sehr erfolgreich sind. Die Idee basiert darauf, dass die Hemmschwelle im kleinen Kreis abgebaut wird und durch das »Zusammenlegen« des Geldes mehr Aktien gezeichnet werden können. Außerdem macht es so mehr Spaß, und Sie lernen nette Goldgräberinnen kennen. Informieren Sie sich im Internet, welchen Club es in Ihrer Stadt gibt.

IN VINTAGE VERITAS?

EIN SACK VOLL KLEIDUNG
OHNE ASCHE

Kennen Sie den Unterschied zwischen Vintagekleidung und Altkleidersammlung?

Vintage, sprich Vintädsch, ist das Zauberwort der modebewussten Frau ohne goldene Kreditkarte. Doch: Was sind die Oldies und was die Goldies? Und wo finden Sie die Schätze für den Kleiderschrank? Krisenkönigin gibt feinstofflichen Rat.

Was ist eigentlich Vintage?
Als erstmals unter Modefotos »Bluse: Vintage« gedruckt wurde, fragten sich viele, wer wohl dieser coole Designer sei. Antwort: die Zeit. Die ja bekanntlich nicht nur (fast) alle Wunden heilt, sondern sogar ein paar Modesünden. Das Wort Vintage adelt also Secondhandklamotten und andere Dinge, die vor Jahren mal modern waren und jetzt ein zweites Leben geschenkt bekommen. Was nicht nur die Umwelt schont, sondern auch Ihr Konto.

Früher war streng genommen nur alles bis zu den 1960er-Jahren Vintage – was danach kam, lief eher unter »Retro«. Heute sagt man, alles, was älter als zehn Jahre ist, ist Vintage. Der Begriff hat sich auf jeden Fall gedehnt, mindestens bis auf die späten 1980er Jahre, seit diese wieder modisch aktuell sind: Alles, was jünger als fünf Jahre ist, nennt man bei Designerstücken »Last Season«.

Woher kriegen?

Flohmärkte können wahre modische Fundgruben sein. Wer hier erst einmal auf den Modegeschmack gekommen ist, wird sich wundern, wie viel Geld man für so viel Spaß spart. Hosen für zehn Euro oder Kamelhaarmäntel für dreißig, das gibt es selbst bei schwedischen Bekleidungsketten nicht.

Flohmarkttermine finden Sie online, meist auf den Websites der Lokalzeitungen. Zuerst sollten Sie sich umhören, welche Märkte sich lohnen – die in den eher gutsituierten Vierteln der Stadt sind die besten Jagdgründe. Hier können Sie perfekt erhaltene seidene Schluppenblusen von Zahnarztgattinnen erbeuten, Abendkleider aus den 1980ern, alte Pelzjacken, schicke Sonnenbrillen, Modeschmuck, italienische Abendschuhe und Handtaschen. Frühes Aufstehen lohnt sich, denn in Großstädten wie Hamburg, Berlin oder München sind diese Flohmärkte auch ein Eldorado für professionelle Stylistinnen, und die sollen Ihnen doch nicht das Beste vor der Nase wegschnappen.

Auch Netzwerke wie Facebook bieten lokale Flohmarktseiten. Und Discounterketten wie TK Maxx mögen zwar superhässlich sein, bieten dem geduldigen Scanner aber Burberry-Mäntelchen der letzten Saison oder Alexander-McQueen-Samsonite-Koffer zu Spottpreisen.

Rotkreuzshops: Fast jede Stadt hat einen oder zwei dieser Kleiderläden, die von karitativen Organisationen geführt werden. Teilweise wird hier nach Kilo verkauft. Vorsicht, Sie brauchen Geduld – das Angebot kann Sie erschlagen, und oft hängt viel Hässliches bis Mittelmäßiges herum. Wer geduldig suchet, der findet aber: wunderbare Cashmerepullis, Extra-Large-Strickjacken mit auffälligen Mustern, Smokingjacken. Nicht ganz so billig wie auf dem Flohmarkt, dafür in größerer Auswahl. Und Sie tun außerdem etwas für Ihr Gewissen, weil Sie einen guten Zweck unterstützen.

Schauen Sie öfters vorbei, und bauen Sie zum Verkaufspersonal eine persönliche Beziehung auf. Dann werden Sie eher informiert, wenn neue Ware eintrifft. Zudem können Sie Ihren abgelegten Krempel hier ganz wunderbar loswerden.

Secondhandläden: sie sind meist teuer und bieten eher fünf statt fünfzehn Jahre alte Stücke. Ein Besuch lohnt sich trotzdem, wenn Sie mal was Besonderes wie ein Abendkleid oder einen schönen Wintermantel suchen.

Das richtige Auge

Wer sich modisch auskennt und ein bisschen kreativ ist, hat bessere Chancen, die richtigen Fundstücke zu erbeuten und in die bestehende Garderobe einzuarbeiten. Hosen werden hochgekrempelt, damit sie hipper wirken, Jeans abgeschnitten, ein Herrenblazer wird mit Hilfe eines breiten Gürtels und einem Minikleid darunter ein topmodisches Stück …

Doch das schafft nicht jede. Deshalb die Goldene Regel Nummer eins: Lernen Sie Ihren Stil kennen! Dies ist das A und O für Ihren Erfolg als Vintage-Queen. Welcher Typ sind Sie? Jackie O. oder Chloë Sevigny? Jean Seberg oder Sienna Miller? Die junge Elizabeth Taylor oder Grace Kelly? Sind Sie der 1960er-, 1970er- oder 1980er-Typ? Mädchen oder Dame? Oder verändern Sie Ihre Erscheinung gerne nach Laune? Außerdem: Je besser Sie Ihre Figur kennen und wissen, welche Körperteile Sie betonen sollten und welche lieber nicht, desto glücklicher werden Sie auf dem Flohmarkt auch ohne Umkleidekabine sein.

Der Warencheck

Kaufen Sie nichts Fadenscheiniges! Hier gilt das Gleiche wie bei Männern: Nehmen Sie ein Stück, das es Ihnen spontan angetan hat, nicht vor Begeisterung gleich mit nach Hause. Untersuchen Sie sogar das 1-Euro-Schnäppchen vorher genau auf Mängel: Stücke mit Löchern oder aufgeribbelten Säumen sollten gleich liegen bleiben. Motten fressen sich gerne weiter durch, wenn sie sich erst mal irgendwo wohlfühlen. Legen Sie vorsichtshalber jedes Flohmarktstück in die Tiefkühltruhe, das tötet Mottenlarven ab.

Woran erkenne ich, ob das Teil wirklich in gutem Zustand ist?

Gehen Sie mit dem Objekt Ihrer Begierde unbedingt ans Tageslicht. Nur so können Sie sich von der Ebenmäßigkeit der Farbe überzeugen, alle Nähte (bei Kleidung besonders unter den Armen und am Kragen), Säume, Reißverschlüsse und Knöpfe überprüfen.

Wenn die Sachen Gebrauchsspuren aufweisen, fragen Sie sich: Kann man das beheben? Aufgetrennte Säume oder fehlende Knöpfe lassen sich ersetzen. Aber kaputte Schnallen? Kratzer im Leder? Dubiose Flecken? Löcher? Verfärbungen? Bitte nicht. Ebenfalls wertlos ist Wolle, die kratzt oder pillt. Genau wie ausgeblichene Farben, ausgeleierte T-Shirts, ausgetretene Schuhe, muffig riechende Sachen, die man nicht bei 60 Grad waschen kann, und vor allem Leder, das nach Schweiß oder Keller riecht. Wildleder etwa nimmt Gerüche stark an, die nie wieder rausgehen.

Schneiderkunst

Es ist selten der Fall, dass Vintagekleider wie angegossen sitzen, und dummerweise gibt es sie ja meistens nur in einer Größe. Grundsätzlich gilt: Nichts kaufen, was zu klein ist! Sie haben mehr von Sachen, die tendenziell zu groß sind. Falls etwas zu weit, zu lang ist: Fragen Sie sich, ob sich eine Änderung auch finanziell wirklich lohnen würde. Und hören Sie sich nach guten Schneidern um. Vielleicht hilft auch ein Aushang am schwarzen Brett der örtlichen Modeschule? Der Änderungsschneider bei Ihnen ums Eck mag zwar nett sein, hat aber wahrscheinlich nicht das Stilbewusstsein, aus dem spießigen Faltenrock ein Louis-Vuitton-Lookalike zu zaubern.

Wie bekommt man Vintagekleidung nicht nur sauber, sondern rein?

Das meiste lässt sich wunderbar in die Waschmaschine stecken. Am besten einen Hygienespüler (zum Beispiel Sagrotan) dazugeben, um Pilze, Bakterien und andere unerwünschte Mitbewohner herauszuscheuchen. Stücke ab den 1970er-Jahren lieber in die Reinigung geben; sie sollten dann allerdings im Wert die Reinigungskosten deutlich übersteigen. Waschanleitungen in Textilien gibt es allerdings erst seit den 1960er-Jahren – für die Reinigung Ihres Vertrauens bedeutet dies: auf Verdacht arbeiten. Und das machen die nur auf Ihre Verantwortung. Schlimmstenfalls gibt es dann böse Überraschungen, wenn moderne Chemikalien auf ältere Gewebe treffen.

Materialien: Qualität lohnt sich!

Auch wenn der gelbe Pulli noch so strahlt: Vorsicht bei allem, was aus Kunstfaser ist! Möchten Sie länger Freude an Ihrem Stück haben, sollten Sie bei Polyesterstoffen aus den 1970ern Zurückhaltung an den Tag legen. Fragen Sie sich immer: Will ich diesen Stoff wirklich an meinem Körper fühlen? Vintagesachen sind oft nicht so weich wie moderne Gewebe, weil sich die Stoffverarbeitung deutlich weiterentwickelt hat. Wer nicht das Poly-Gefühl auf der Haut liebt, sollte lieber auf Wolle, Baumwolle und andere Naturmaterialien setzen. Im Zweifelsfall im Etikett nachschauen oder nachfragen – so viel Zeit muss sein.

Merke: Modische Extravaganz kombiniert mit einem hautunfreundlichen Stoff ergibt meist eine lupenreine Schrankleiche, die muffig vor sich hinmodert, statt groß ausgeführt zu werden. Besser sind Basics wie Jacken, Trenchcoats, Ringelpullis, graue Wollpullis oder Hosen.

These boots are made for walking

Oder lieber doch nicht? Getragene Schuhe sind schon aus hygienischen oder esoterischen Gründen nicht jedermanns Sache. Aber auf den besseren Flohmärkten sowie in guten Secondhandläden, die auch von Moderedakteurinnen beliefert werden, kann man wunderbare, kaum getragene erwischen. Aufpassen, ob sie angenehm riechen, ausgelatscht oder abgelaufen sind und – ganz wichtig – wirklich gut passen. Zu kleine Schuhe bleiben stehen! Falls Sie erst mal Sohle und Absatz beim Schuster erneuern lassen müssten, könnten Sie meistens gleich in ein neues Paar Schuhe investieren.

Styling

Ob Sie Fashionista oder stilsichere Modekennerin sind, entscheidet sich beim Mix und Match. Halten Sie sich mithilfe von Modezeitschriften und Fashionblogs auf dem Laufenden, dann haben Sie auf Flohmärkten leichteres Spiel. Gute Adressen, die das Auge schulen und Ihnen den modischen Gesamtüberblick geben, sind:

- *www.thesartorialist.com*
- *www.garancedore.fr*
- *www.lesmads.de*
- *www.style.com*

Wenn Sie wissen, dass die Dries-van-Noten-Kombination Kanariengelb und Korallenrosa ein wahnsinnig hippes Outift ergibt, dann können Sie auch aus der zimtfarbenen Hose von Rosner, die einzeln besehen aussieht wie eine 1990er-Jahre-Spießerhose, ein luxuriöses Styling zaubern.

Ganz wichtig: Es sollte möglichst nur ein Teil Ihres Outfits Vintage sein. Also entweder die Klamotte, der Schmuck, das Tuch, der Hut, die Schuhe oder die Tasche. Der Mix macht's, denn zu viel Vintage sieht schnell omahaft aus oder als hätten Sie den Kostümfundus geplündert. Ungepflegt darf der Style natürlich auch nicht aussehen. Absolutes no go sind Vintageschuhe zu Vintagekleidern. Wer ein Vintage-Stück trägt, sollte dazu aktuelle Schuhe tragen und umgekehrt. Das modernisiert das gesamte Outfit.

Zuletzt noch ein paar praktische Tipps, ehe Sie zum Flohmarktbummel losziehen:

- *Packen Sie eine Wasserflasche und einen kleinen Snack ein. Sind Sie unterzuckert und dehydriert, wächst die Gefahr von Frustkäufen.*

- *Ziehen Sie im Winter Handschuhe mit abgeschnittenen Fingern an, damit Sie warme Hände haben, aber trotzdem noch die Ware befühlen können.*

■ Nehmen Sie außer einem kleinen Kosmetikspiegel (hilft, wenn Sie Sonnenbrillen, Ohrringe, Schals anprobieren) eine Freundin mit. Vier Augen sehen mehr als zwei – sie weiß, was Ihnen steht, und kann vor eventuellen Fehlkäufen bewahren!

■ Denken Sie an ein paar große Tüten oder eine Ikea-Tasche, damit Sie Ihre Beute abtransportieren können. Nichts ist blöder, als den ergatterten Wintermantel nirgends unterbringen zu können oder das schwere Ding über dem Arm mitzuschleppen, wenn Sie noch zwei Stunden auf dem Flohmarkt vor sich haben.

GOOD BUY

- Accessoires in Knallfarben, kombiniert mit Basics in uni
- XXL-Herrensakkos – bildschön über kurzen Kleidern
- Herrengürtel oder Hemden in toller Qualität
- Jacketts, Pelzjacken, Hosen, Herrenhüte
- Modeschmuck, Broschen, Ketten, Armreifen
- Looks von Stilikonen wie Chloë Sevigny, Kate Moss, Natalia Vodianova etc.

GOOD BYE

- Vintage von Kopf bis Fuß
- zu kleine Sachen
- aussehen, als ob Sie die Altkleidersammlung mitgenommen hätten
- billige Herrensakkos, die nicht mal an einem Mann gut aussehen würden
- Polyesterstoffe, extravagante Dinge, die Sie höchstens an Karneval tragen würden
- olle Schuhe, kaputte Taschen

PLÖTZLICH PRINZESSIN

BEWERBUNG IM ZIRKUS KRONE

Die Facebook-Gruppe »Ich schmeiss alles hin und werd Prinzessin« hat offiziell zwar unter hundert Fans, doch träumen Mädchen aller Altersstufen davon, seit sie zum ersten Mal »Drei Nüsse für Aschenbrödel« im Fernsehen gesehen haben und im rosa Tüllröckchen mit Diadem zum Kinderfasching gehüpft sind. Wäre es nicht toll, statt den Alltag tapfer zu parieren, in einem Traumschloss entspannt zu regieren? Nie mehr die Spülmaschine ein- und ausräumen müssen, keine Wäscheberge abarbeiten, keine bösen Kontoauszüge in der Post, nie mehr Ärger im Job. Auf Wiedersehen Tütensuppen und Kantinenessen, hallo eigener Koch, Personal Trainer und persönliche Sekretärin. Statt goldener Jackettkronen vom Zahnarzt mit achtzig Prozent Selbstbeteiligung eine echte Krone bei null Prozent Eigenverantwortung. Hey, sogar die Hochzeit organisieren fähige Helfer, denn die ist dann Staatssache und wird durch Steuergelder finanziert. Und das bisschen Hofzeremoniell kann ja wohl kaum schwieriger sein als die Steuererklärung. Als einzige Krise drohen im Hochadel ekelige Jagdausflüge, massivgoldene Langeweile und Erkältungsgefahr in ungeheizten Zweitschlössern.

Die gute Nachricht: Prinzessin zu werden, ist heutzutage machbar! Zwischen Adelsstand und Bürgertum gibt's einen neuen Gleichstand: Mischen possible. Ob Holland, Norwegen, Dänemark – ja, selbst das katholisch-steife Spanien und jetzt auch noch Großbritannien: Alle Thronfolger der modernen Monarchien Europas haben in den letzten Jahren bürgerliche Frauen geheiratet. Eine davon könnten Sie sein!

… wenn es für Sie nicht schon an der Zeit ist, Ihren Traum an die nächste Generation zu delegieren. Denn ab 30 ist die goldene Hochzeitskutsche für Sie abgefahren. Da könnten Sie höchstens noch einen Geschiedenen wie Prince Andrew bekommen. Oder einen Mann, der Männer liebt, aber dringend Erben braucht.

Dann lassen Sie's lieber. So leid es uns tut, gehen Sie wieder über zum normalen Alltag, und überlassen Sie das königliche Jagdrevier Jüngeren.

Zum Beispiel Ihrem Sohn? Sogar Prinzessinnen klettern ja mittlerweile emanzipiert aus ihren Himmelbetten und suchen sich in den Ikeabetten ihres Volkes einen Bürgerlichen als Prinz ihres Herzens. Prinzessin Victoria, immerhin künftige Königin von Schweden, adelte 2010 ihren Fitnesstrainer durch Heirat zum Prinzgemahl. Zugegeben, ein Happy End nach langem Bangen, denn der Wunschschwiegersohn ihrer königlichen Eltern war der legasthenische Junge mit der Nierenproblematik vorerst nicht. Das ist der Stoff, aus dem die modernen Aschenputtelträume sind. Genug kleine Prinzessinnen wachsen ja gerade nach – etwa die drei Töchter des holländischen Thronfolgers.

Oder haben Sie bezaubernde Töchter? Bringen Sie ihnen frühstmöglich bei, Blumenkränze als Haarschmuck zu flechten, als Platzhalter für eine skandinavische Krone. Dafür hätten die modischen Dänen den niedlichen Prinz Christian und die coolen Norweger ihren Magnus Sverre im Angebot. Der Älteste der Blond Edition von Mette Marit ist auch boygroupsüß, hat aber als Adoptivkind keinen Anspruch auf den Thron. Rolf Seelmann-Eggebert, Adelsexperte aus Hamburg, hat aber noch einen Geheimtipp: das Königshaus von Luxemburg! Großherzog Henri hat fünf Kinder unter 30 Jahren, und erst einer der Prinzen ist verheiratet.

Ambitionierte Nachahmerinnen sollten dabei auf keinen Fall nur auf das goldglänzende Rundherum-Sorglos-Paket schielen, das sie samt personalisiertem Briefpapier mit Wasserzeichen und Wappen in Reliefprägung erwartet, sondern vorher genau die Gepflogenheiten der Dynastie studieren: Prinzessin Masako, die bürgerliche Frau des Thronfolgers von Japan und »nur« späte Mutter einer kleinen Tochter, reagierte bekanntermaßen mit schweren Depressionen auf das rigide Hofzeremoniell und den Druck, dem Chrysanthementhron einen männlichen Erben gebären zu müssen. Statt Scheidung gibt's da als Ausweg wahrscheinlich nur einen bedauerlichen Unfall mit einem großen, scharfen Schwert, bei der, äh, Teezeremonie.

Auch dreimal am Tag ein Krankenhaus oder Altersheim einzuweihen, ist nicht jedermanns Sache. Deshalb: Selbstverwirklichung darf auf der Prioritätenliste einer Prinzessin in spe keinesfalls unter den Top Ten rangieren. Nach »supergerne rote Bänder durchschneiden« und »lächelnd alles mitmachen, was das Hofprotokoll noch so Unlustiges vorgesehen hat« bleibt nur ein minimaler Spielraum, um einen eigenen Stil zu entwickeln. In manchen Fällen ist der Preis für die Krone wirklich zu hoch.

Zurück zu Ihnen: Im Fall des Falles müssen Sie eine ordentliche Mitgift mitbringen. Da sind wir ehrlich. Sie brauchen:

- *Schönheit, überwiegend genetisch bedingt*
- *Fruchtbarkeit, am besten mit klinischem Attest*
- *Gutes Benehmen, erstklassige Manieren*
- *Talent für Smalltalk*
- *Mehrsprachigkeit, zumindest perfektes Englisch, gutes Französisch*
- *Sprachtalent, um auch Norwegisch oder Niederländisch in kürzester Zeit zu parlieren*
- *Eine vorzeigbare Ursprungsfamilie (oder eine, die gegen eine größere Zahlung spurlos verschwindet)*
- *Freude an der Jagd*
- *Reitkenntnisse, vor allem in Great Britain*
- *Fotogenität*
- *Gute Zähne (bei Ihren Kindern notfalls schon früh in Kieferorthopädie investieren)*
- *Strahlendes Lächeln, authentisch wirkend, notfalls über Stunden*
- *Winkende Drehbewegung aus dem Handgelenk geschüttelt*

- *Mit extravaganten Hüten fantastisch aussehen*

- *Einen ebenmäßigen Teint, der mit unmodischen Von-Kopf-bis-Fuß-Outfits in Bonbonrosa, Himmelblau, Gletschergrün, Lavendelviolett und Apricot gut harmoniert*

- *Kinder- und Tierliebe*

- *Keine Allergien oder Neurodermitis*

- *Unterhaltungstalent (das darüber hinausgeht, halbnackt auf dem Tisch zu tanzen)*

- *Anpassungsfähigkeit*

- *Natürlichen Charme*

- *Die magische Fähigkeit, mit dem Auserwählten zusammen wie ein Traumpaar auszusehen (Wir empfehlen den Realitätscheck: Scannen Sie ein Porträt Ihres Auserwählten neben Ihrem Konterfei ein. Ziehen Sie eine süße Blumenranke darum. Setzen Sie dem Ganzen die Krone auf. Lassen Sie die Vorlage auf eine Tasse drucken. Für Esoterikerinnen: Trinken Sie täglich Wasser daraus, das diese Information gespeichert hat.)*

- *Geduld: Der Königsweg in einen Palast ist keine Rennstrecke.*

Wo und wie Zugang finden?
Networken Sie zielgerichtet: Melden Sie sich bei www.asmall-world.net an, einem virtuellen Blaubluthimmel. Da tummeln sich neben vielen Möchtegerns auch echte Von-und-Zus und Royals. Funktioniert allerdings nur mit Einladung. Bookmarken Sie im Internet die very amusing (weil von fanatischen Royalty-Fans betriebenen) Websites über sämtliche Königshäuser. Dort finden Sie alle historischen Fakten, mit denen Sie später auftrumpfen können.

In der Yellow Press (gesammelt als Arbeitsmaterial von der Steuer absetzbar) sollten Sie Forschungen über den gesamten Zirkus Krone betreiben: Studieren Sie aktuelle Vorlieben, Urlaubsziele und Abneigungen Ihres Zielobjektes und seiner Familie.

Und beweisen Sie Durchhaltevermögen: Eventuell bereiten Sie die royale Erstkontaktaufnahme über Jahre vor, sparen all Ihr Geld für den Skiurlaub in Aspen oder melden Ihre Tochter als Kinderreporterin bei Hofe an; anschließend müssen Sie gegebenenfalls damit rechnen, jahrelang auf die Akzeptanz der Entscheider (also der künftigen Schwiegereltern, der königlichen Hunde, eventuell des Parlaments, schlimmstenfalls sogar der des Volkes) zu warten. Es sei denn, der Thronfolger sucht schleunigst jemand, der seine Kinder austragen soll, während er anderweitig romantisch engagiert ist, wie einst Prinz Charles. Lassen Sie sich nicht blenden! Eine Gebärmaschine im goldenen Käfig wollen Sie doch auch nicht werden. Und dafür nie mehr alleine und unerkannt shoppen gehen?

Das führt uns direkt zu einer der anderen großen Gefahren in Teufels Palastküche: Essstörungen. Wer als Privatperson aufgehört hat zu existieren, keine Kontrolle mehr über den Ablauf seines Lebens hat, versucht wenigstens seinen Körper zu beherrschen. Prinzessin Diana litt bekanntermaßen unter Bulimie. Ihre Schwägerin Fergie unter Fresssucht, nach ihrer Scheidung zudem unter Weight-Watchers-Mitgliedschaft, YoYo-Diäten, Geldsorgen und totalem Realitätsverlust, als sie einem verdeckten Reporter versprach, gegen einen Geldkoffer ihre königlichen Beziehungen für ihn einzusetzen. Prinzessin Victoria von Schweden überwand ihre Magersucht dank Ernährungsberatern und Liebe. Letitia von Spanien dagegen wirkt immer noch abgezehrt wie ein Vögelchen nach einem harten Winter. Der spanische Hof dementiert natürlich, aber glücklich und gesund sieht anders aus. Als Prinzenjägerin sollten Sie also ein gutes Verhältnis zu Ihrem Körper und seinen Bedürfnissen haben und bewahren.

Und dazu am besten noch ein paar andere Eigenschaften. Auf keinen Fall dürfen Sie …

… haarige Scherze reißen, dass der männliche Blaublüter oft zu früher Kahlköpfigkeit neigt, dafür gibt es ja Kronen. Siehe etwa William Windsor, Albert von Monaco, Albert von Thurn und Taxis.

... unter Flugangst leiden, die stört arg beim Jet-Set-Leben.

... Berührungsängste mit Randgruppen, Behinderten, sabbernden Säuglingen, alten Menschen etc. haben. Diese beherzt zu herzen, wird im Alltag Ihr täglich Brot sein!

... Skandale oder Leichen im Keller der engen Verwandtschaft haben (der Vater trinkt, der Bruder hat mal jemanden umgefahren, die Mutter als Stripperin gearbeitet, der Onkel Steuern hinterzogen). Geben Sie's gleich auf oder fragen vorher die erzeugergeplagte Mette-Marit auf ihrer Facebookseite um Rat.

... ein Problem damit haben, Teil einer weltweit verzweigten Großfamilie zu werden, deren Haustiere oft leichter liebzuhaben sind als ihre Besitzer. Die sind meistens ziemlich schrullig – sie können es sich ja auch leisten. Sie dagegen (noch) nicht.

... sich daran stören, ständig im Rampenlicht zu stehen. Medientauglichkeit ist eine Voraussetzung! Nein, ein Big-Brother-Container ist trotzdem kein gutes Trainingscamp.

... sichtbare Tattoos oder Piercings haben, außer einer soliden Halterung pro Ohrläppchen für hochkarätige Gehänge.

Gute Ausbildungsberufe für eine angehende Prinzessin sind Journalistin, Kindermädchen, Dolmetscherin, Ex-BWL-Studentin im ersten Job, reiche Erbin, Schwimmerin. Schlechte Berufe und Berufungen sind Busenwunder, Boxenluder, Fußpflegerin, Punkerin, Masseuse, Anarchistin, Hausbesetzerin, Kommunistin. Gute Hobbies sind Reiten, Ballett, Reisen, Gebärdensprache, Sticken, Mode (siehe Mary von Dänemark), Handarbeit, karitatives Engagement, beim Polo zusehen, Schießen, Schwimmen (siehe Charlene Wittstock), Segeln, Hunde, Lächeln, Ambitionen pflegen. Weniger gute Hobbies sind Kickboxen, Clubbing, Kegeln, Gartenzwerge sammeln, Trinken, Rauchen, Kreischen, Essen, Autorennen fahren, Drogen nehmen.

Aber, hey, letztlich sollten Sie es nach dem Trial-and-Error-

Prinzip versuchen. Schon manche Makel, von denen man denken sollte, dass sie ein königliches Knock-out-Kriterium sein müssten – zum Beispiel geschieden zu sein (Letitia), alleinerziehende Nachteule (Mette-Marit), Tochter eines Vaters, der hoher Minister einer Militärjunta war (Maxima), oder ein Schulversager mit Note 5 in Englisch (Daniel) zu sein –, wurden letztlich dann doch irgendwann, irgendwie … hingenommen.

Aber wenn man Sie googelt, dürfen zumindest keine peinlichen Fotos von Ihnen zu sehen sein (siehe auch Kapitel »Eine Sorge weniger«). Generell sollte Ihr Vorleben nicht nur sauber, sondern rein erscheinen, wie Wäsche nach einer Liebesaffäre mit dem weißen Riesen.

Bei einem Royal Flash kommt es auf das richtige Timing an. Ein Prinz fällt Ihnen nicht einfach in den Schoß, egal, wie gebärfreudig und seidenkostümgeeignet Letzterer sein mag. Genetisch mögen Sie bestens qualifiziert sein, dennoch müssen Sie vieles dem Zufall überlassen – ein bisschen Berechnung hilft auch. Der Rest grenzt oft an ein wahres Wunder. Aber die soll es ja immer wieder geben.

Einige Beispiele: Letizia von Spanien, Fernsehjournalistin, traf Prinz Felipe bei einer Studiobegehung; Mette-Marit lernte Prinz Haakon im Nachtleben kennen; Prinzessin Maxima von Holland, argentinische Tochter aus reichem Hause mit Bankjob-Ambitionen in New York und den richtigen Beziehungen zur Society, lernte Prinz Willem Alexander auf einer Party in Sevilla kennen und wusste angeblich nicht, wer er ist. Und das hat er ihr geglaubt? Wer's glaubt …

Unser Outsider-Tipp: Versteifen Sie sich nicht auf den Buckingham Palace oder extrasüße Cuties wie Andrea Casiraghi oder Prinz Carl Philipp von Schweden! Seien Sie flexibel und notfalls bereit, in Mikrostaaten wie Montenegro, Luxemburg oder Liechtenstein einzuheiraten. Ziehen Sie auch exotischere Ziele wie Indien und die dort lebenden Nachfahren von Herrscherhäusern in Betracht. Oder nehmen Sie die Kennedys: Zwei Töchter und zwei Söhne von Maria Shriver und Arnold Schwarzenegger stehen zur Auswahl. Deren Vater müsste schließlich Verständnis für arme Bürgerliche mit muskulösem Aufstiegswillen und hartem Akzent haben.

Und seien Sie sicher: Es ist keineswegs von Nachteil, nicht in erster Blutlinie zu strahlen, denn etwas abseits lässt man Sie noch in Ruhe reich sein. Denken Sie an Lady Di, die von Paparazzi oder Geheimdienst in den Tod gejagt wurde.

Unser halb- statt reinseidener Tipp: Lernen Sie von den Topmodels. Go East! Wenn schon kein Prinz oder Zar, dann wenigstens ein netter Oligarch – falls es die nicht nur im Duden als Erklärungsbeispiel für das Wort »Oxymoron« gibt. Kaufen Sie sich einen Geigerzähler, und machen Sie Urlaub in Sankt Petersburg oder Moskau. Vergessen Sie Ihre PETA-Mitgliedschaft, und begeistern Sie sich laut für Pelze und Kaviar. Lernen Sie etwas Russisch, mit Bären zu tanzen und Vodka unauffällig in die Blumen zu schütten, während der Tischherr einen nach dem anderen kippt.

Ach ja, und eins noch abschließend: Achten Sie darauf, dass Sie keinen Adoptivprinzen mit gekauftem Titel an der Angel haben. Bei übermäßiger Sonnenbankbräune, einem Ruhrpottakzent und einer Bekanntschaft zu Frederic von Anhalt sollten Sie skeptisch werden. Nicht, dass wir Sie nicht gewarnt hätten! So, nun Halali und alles Gute. Wenn Sie jetzt keine Prinzessin werden – an uns liegt es nicht. Wenn doch, freuen wir uns schon sehr auf Ihre Hochzeitseinladung.

LIEBE & TRENNUNG

NETTE MÄNNER LIEBEN LERNEN
EMOTIONALE UMPROGRAMMIERUNG

Der Rat ist so simpel wie brillant: Seien Sie nur nur mit Männern zusammen, von denen Sie ehrlich geliebt werden. Nicht mit solchen, die Sie ab und zu unter Vorbehalt lieben. Oder die meinen, Sie irgendwann mal lieben zu können, wenn Sie sich nur weiter so emotional überanstrengen und um ihn bemühen. Er braucht plötzlich seine Freiheit? Bitte, frei sein, heißt allein sein. Und zwar auch, wenn er übernächste Woche nachts um eins anruft und fragt, ob er in Ihr warmes Bett kriechen dürfe.

Das Problem: In schwierige, liebesunfähige Männer investieren Sie so unendlich viel. An netten Überraschungen, Briefen, SMS, E-Mails, kleinen Liebesbeweisen. Nicht zu vergessen die Stunden, die Sie damit vergeuden, auf ein Zeichen, einen Anruf von ihm zu warten oder mit Freundinnen jede seiner Aussagen/Handlungen/unterlassenen Handlungen zu analysieren. An Gedanken, Sorgen, obskuren Sexualpraktiken, Verführungsstrategien, Überlegungen, wie Sie ihn bloß dazu bringen könnten zu erkennen, dass Sie die einzig Richtige für ihn sind.

Je mehr Sie sich abmühen, desto kostbarer scheint Ihnen das Objekt der Begierde. Es ist schwer einzusehen, dass der Typ die ganzen Auf- und Zuwendungen vielleicht gar nicht wert ist und es nie sein wird. Noch schwerer ist es, zu unterscheiden, wie viel Prozent echte Zuneigung sind, wie viel Stolz und Ego und wie viel süchtiges Verlangen nach dem unberechenbaren Verhalten des Mannes mit dem Attribut »hard to get«. Frauen ähneln in dieser Hinsicht einem Glücksspieler, der schon so viel Geld in den Automaten hineingeworfen hat, dass er zwanghaft immer weiterspielt in der letzten Hoffnung, seine Verluste durch den ganz großen Hauptgewinn ausgleichen zu können, der bestimmt beim nächsten Mal fällig wird. Ab und zu hustet der Automat etwas Kleingeld aus, um diese Hoffnung wachzuhalten. Und das Leben in all seiner fröhlichen Vielfalt rauscht munter hinter Ihrem Rücken vorbei.

Tun Sie sich das nicht an. Lieblose Männer machen alt, zynisch, traurig und faltig. Suchen Sie sich einen, unter dessen warmen Blicken und herabregnenden Komplimenten Sie zufrieden blühen können, das entspannt. So haben Sie dann auch wieder Kapazitäten frei, sich um die anderen wichtigen Dinge in Ihrem Leben zu kümmern.

Um das zu schaffen, müssen Sie sich aber zuerst von einem der schlimmsten Irrglauben frei machen: Denn ja, Sie sind liebenswert! Nur weil einer nett zu Ihnen ist, muss er nicht zwingend naiv, treudoof oder auf der Suche nach einem Mama-Ersatz sein.

Hallo … aufwachen! Seien Sie ein kluges großes Mädchen. Verwechseln Sie emotionales Leiden nicht mehr mit Leidenschaft. Lernen Sie erst einmal, sich selbst liebenswert zu finden. Damit Sie, wenn ein netter Mann Sie umwirbt, nicht mehr automatisch »Trottel!« denken. Sondern finden, dass er einen wirklich guten Geschmack hat.

Woran erkennen Sie einen guten Mann? Etwa daran, dass er nicht nur redet. Er tut Dinge für Sie, die Ihr Leben erleichtern und verschönern. Ein anderes Schlüsselwort heißt Großzügigkeit; nicht nur in materiellen Dingen, sondern auch in Sachen Gefühl. Großzügigkeit, die alle glücklich macht, erstreckt sich auf alle Bereiche. Von Kommunikation – jemand, der gerne Komplimente macht, verbalisieren kann, was er fühlt – über Entgegenkommen, Rücksichtnahme, Anteilnahme bis hin zu Fürsorge und Respekt. Von einem, der nicht nur nimmt, sondern auch gerne gibt.

Suchen Sie sich einen Mann, dessen Selbstbewusstsein fundiert ist. Lieben Sie keinen Mann mehr als sich selbst. Lernen Sie, sich lieben zu lassen. Lieben Sie dieses Gefühl! Programmieren Sie es als neuen emotionalen Goldstandard! Reden Sie sich keinen Mann schön, sparen Sie sich das für Ihre Kinder. Bei denen können Sie unseretwegen alle Fehler entschuldigen.

Und noch etwas: Setzen Sie nicht auf wiederholte Versprechungen oder darauf, dass alles nur eine Sache der Zeit sei. Investieren

Sie nicht in eine rosige Zukunft, die nur in Ihrer Phantasie irgendwann stattfinden wird, wenn er erst mal seine Hemmungen/Verletzungen aus der Vergangenheit/Angst vor Gefühlen (immer wieder erstaunlich, wie viele kreative Ausreden liebende Frauen für die emotionalen Handicaps Ihrer Angebeteten einfallen) abgelegt hat. Und erkannt hat, dass Sie die Richtige sind und er sich auf eine glückliche Beziehung erst mal richtig einlassen muss. Bis ans Ende Ihrer Tage.

Die bittere Wahrheit: Wenn er es nicht sofort tut, wird er es nie tun. Männer sind einfach – das, was sie am Anfang einer Beziehung sagen, hat leider während der ganzen Beziehung Gültigkeit. Hat er Ihnen von Beginn Ihrer bilateralen Beziehungen an gesagt, dass er »emotional nicht frei« sei? Dann wird sich das auch nicht ändern, egal, wie sehr Sie sich auch bemühen mögen. Meinte er, dass er körperlich »eigentlich« nicht auf Sie steht? Laufen Sie schnell weg!

Das Schlimme ist, dass viele Frauen sich auf der Zielgeraden in Richtung Liebesglück wähnen, obwohl sie sich bereits auf einer rasanten Schussfahrt ins Tal der Tränen befinden. Spätestens dann, wenn Sie vielleicht trotzdem ein Kind von ihm bekommen (noch so ein Irrglaube: »Wenn wir erst mal eine Familie sind, wird das schon …«), zeigt sich, dass die Substanz brüchig ist, eine Einbahnstraße in Sachen Liebe niemals zum gemeinsamen Glück führen kann. Abgesehen von der Belastung, die ein Kind mit sich bringt, und dem Thema Verantwortung, das für viele Männer der Horror ist: Schwache Männer fühlen sich nach der Geburt eines Kindes unerträglich zurückgesetzt. Starke Männer zwar auch, aber die wissen wenigstens, dass Platz drei oder vier immer noch eine Pole-Position in Ihrem Herzen ist. Und beschäftigen sich mit anderen wichtigen Dingen. Geldverdienen zum Beispiel.

Falls Sie sich noch nicht sicher sind, ob das Objekt Ihrer Zuneigung die ganze Mühsal wert ist, sollten Sie ihn einem kleinen Check-up unterziehen. Sie unterscheiden doch auch beim Krimigucken immer schnell die guten von den bösen Jungs. Wenn Sie danach immer noch meinen, seine egoistische Ruppigkeit sei eigentlich liebevoll gemeinter Selbstschutz, können wir Ihnen leider auch nicht helfen. Gehen Sie dann bitte nahtlos zum Thema Liebeskummer, Formulierungshilfen für die Trennung oder getrennte Haushalte über.

GOOD GUY – BAD GUY:
Haushalt (siehe auch Männer in Abwehrhaltung):

BÖSER MANN:

»Ich kann gerade nicht.«

»Wozu brauchst du da auch noch 'ne Lampe?«

»Das kostet alles Zeit und Ressourcen, weißt du, wie hoch mein Tagessatz ist?!«

»Du hast doch bestimmt so 'nen netten, unsexy Freund, der in Dich verliebt ist und das gerne für Dich anbringt.«

»Frische Blumen? Was für eine Verschwendung. Die sind sowieso übermorgen verwelkt.«

GUTER MANN:

checkt den Werkzeugkoffer, fährt eventuell zum Baumarkt, um die richtigen Sachen zu besorgen, und bringt alles funktionstüchtig an. Er trägt den Müll runter, stellt dreckiges Geschirr nicht nur neben, sondern gleich in den Geschirrspüler. Er lässt Sie niemals volle Getränkekisten schleppen. Wenn Gäste kommen, hilft er mit und arbeitet vorher zuverlässig Ihre Einkaufsliste ab.

Familienfeier

BÖSER MANN:

»*Ich verbieg mich doch nicht für deine Verwandtschaft und zieh ne Krawatte an!*«

»*Hab echt keine Zeit, ich treff mich mit den Jungs zum Fußball/muss noch arbeiten.*«

»*Deine Verwandten sind halt alle so doof, da kann man mit keinem was anfangen.*«

»*Da darf ich doch wieder nicht rauchen!*«

»*Na, toll, da sitzt man also stundenlang 'rum, und ich komm wieder nicht zum Arbeiten.*«

Falls Bad Guy doch mitkommt, geht er mit dem Handy auffallend oft raus und telefoniert. Checkt bei Tisch SMS oder schreibt welche. Sitzt ansonsten mürrisch und abweisend da. Macht halblaut zynische Bemerkungen über Tante Frieda. Im Falle einer Feier in seiner Verwandtschaft will er Sie zuerst nicht dabeihaben, sagt dann zu spät Bescheid, überlässt Ihnen komplett das Besorgen von Geschenken, Karte etc.

GUTER MANN:

fährt natürlich mit, wenn irgendwie machbar, und zieht sich angemessen an. Er unterhält sich mit Tante Elfriede über ihre Zierfischsammlung und spielt mit den kleinen Neffen Fußball im Garten. Er betrinkt sich nicht zu sehr. Und liefert keine negativen Anekdoten, die noch zehn Jahre später in der Familie kursieren werden.

Schwangerschaft

BÖSER MANN:

»Ach nee, ne?«

»Das ist doch bestimmt nicht von mir. Bist Du ganz sicher?«

»Aber das hatten wir doch besprochen ...«

»Ich hab Dir immer gesagt, dass das nichts für mich ist!«

»Wenn Du's behalten willst – aber von mir hast Du nix zu erwarten.«

»Wie stellst Du Dir das bitte finanziell vor? Dann kannst Du ja erst mal gar nicht mehr arbeiten!«

GUTER MANN:

kauft eilends zwei weitere Schwangerschaftstests und erzählt es dann sofort seiner Mutter und seinen besten Freunden. Er nimmt Sie in den Arm und freut sich, spendet Zuversicht: »Das wird wunderbar!« Danach kauft er schon erstes Babyspielzeug und Namensbücher und schaut mit Ihnen Ihre alten Babyfotos an.

Party

BÖSER MANN:

lässt sich Getränke bringen und Sie dann dumm daneben stehen, während er angeregt plaudert. Entweder geht er alleine auf Bekannte zu oder stellt Sie nicht vor, wenn Sie sich dazugesellen. Auf eine Frau angesprochen, die er gerade mit überschwänglichen Küsschen begrüßt hat, sagt er: »Ach, das ist eine Bekannte von mir« und klärt

nicht auf, wie Sie das zu verstehen haben. Insistieren Sie, heißt es:
»Willst Du mich jetzt kontrollieren, oder was?!« Wenn Sie sagen,
dass Sie müde sind, winkt er vage zum Abschied.

GUTER MANN:

holt Ihnen als Erstes das gewünschte Getränk, stellt Ihnen seine
Bekannten charmant vor – mit Zusatzinfo! – und legt Ihnen dabei
eine Hand auf den Rücken: »Das sind Björn und Katja, du weißt
doch, die beiden, mit denen ich letztes Jahr zum Segeln in Schweden
war.« Wenn Sie nach Hause fahren möchten, reagiert er zuvorkom-
mend: »Gib mir noch zehn Minuten, dann komm ich mit, ja?«

Körper

BÖSER MANN:

macht negative oder beleidigende Äußerungen über Ihr Aussehen:
»Hattest Du schon immer so viele Falten um die Augen?«/»Dein
Hintern war auch schon mal knackiger«/»Willst Du bei Deinen Bei-
nen ernsthaft diesen Rock anziehen?« Reagieren Sie traurig oder
gekränkt, legt er nach: »Nun hab mal ausnahmsweise ein bisschen
Humor!«

GUTER MANN:

bremst Sie charmant aus, wenn Sie sich in Körperkritik ergehen –
»Oh Hilfe, guck mal, sind das Falten?« – und dreht es zum Positi-
ven: – »Ach was, höchstens Lachfältchen. Das liebe ich übrigens auch
an Dir, Du wirkst so strahlend und lebendig! Nicht wie eine Botox-
Totenmaske.« Danke, Schatz!

Krankheit

BÖSER MANN:

»Wieso bist Du denn jetzt schon wieder krank?«
»Hoffentlich hab ich mich nicht angesteckt – ich hab morgen einen
wichtigen Termin.«
»Du willst jetzt bestimmt allein sein.«
»Ruf mich einfach an, wenn es Dir wieder besser geht.«

GUTER MANN:

bietet an, Ihnen etwas von der Apotheke zu holen. Er kauft Blumen
und kocht Tees, wäscht ab. Kümmert sich notfalls auch um einen
Arzt. Lügt Ihnen liebevoll ins verquollene Gesicht: »Na, Du siehst
heute doch schon viel besser aus.« Anrufer, zum Beispiel Kollegen aus
dem Büro, wimmelt er freundlich ab.

DEMO-DATING
ANARCHISTISCHE MÄNNER-
BESCHAFFUNGSMASSNAHMEN

Vergessen Sie Clubs, Bau- und Supermärkte als Jagdgründe für den Männerfang. Viel interessanter und aussichtsreicher sind Demonstrationen!

Wenn nicht hier, wo sonst kann man junge, attraktive, intelligente, engagierte Männer kennenlernen? Und hat auch noch sofort ein gemeinsames Gesprächsthema? Zusammen, Arm in Arm, wilde Slogans zu skandieren und dabei wahlweise vor Neonazis, Anarchisten oder der Polizei wegzurennen, wirkt emotional extrem verbindend. Psychologen bestätigen: Wer gemeinsam Adrenalin ausschüttet, verwechselt dieses feurige Gefühl leicht mit sexueller Erregung und verliebt sich schneller ineinander.

Die Friedensdemonstrationen haben es sogar geschafft, die innerdeutsche Mauer zu sprengen, da werden Sie es doch schaffen, den Weg ins Herz eines Mannes zu finden. Und falls nicht – auch nicht schlimm, denn der Fitnessfaktor ist bei einer durchschnittlichen Demonstrationsroute mit flottem Walking, kräftigem Plakatschwenken und Tiefenatmung für Sprechchöre auch nicht übel.

Die besten Demonstrationen, um einen Mann zu finden, sind:

Demo gegen Hartz 4
Gut, weil hier noch andere Werte zählen als Geld und man sich nicht besonders aufstylen muss. Schlecht, wenn man selber nicht sehr viel Geld hat und seinen Zukünftigen nicht auch noch finanziell aushalten will.

PETA
Sehr gut, denn Pelze machen eh schnell alt, und Vegetarier sind tierlieb, schlank und sexy. Gegen Pelze demonstriert es sich am besten (halb)nackt, da kann noch Fleischeslust aufkommen.

Schlecht: Haben Tiere oft lieber als Menschen. Die Ideologie sollte mit Ihrer passgenau sein: dumm, wenn einen der Auserwählte bei einer Demopause mit einem Burger im Mund erwischt.

Gegen Schulreformen

Gut, weil die Teilnehmer familienorientiert, verantwortungsbewusst, gebildet und wohlhabend sind.

Schlecht, weil die meisten Männer hier bereits verheiratet und Familienväter sind. Einige könnten allerdings auch alleinerziehend oder geschieden sein. Achten Sie auf die Eheringe, die beim Plakatschwenken gut zu sehen sind! Wichtig: Nicht wie bei anderen Demonstrationen üblich gleich alle duzen.

Gegen Atomkraft

Gut: Umweltbesorgte Männer, die beim Zusammenleben freiwillig Müll trennen, sich vollwertig ernähren, Kinder umwelt- und verantwortungsbewusst erziehen.

Schlecht: Kaum modebewusst, notorische Weltverbesserer. Wollen einen zu wiederverwendbaren Tampons überreden. Zusammen lebt man im funzeligen Energiesparmodus.

Gegen die NPD

Gut: Man trifft auf jede Menge mutiger Männer, die das Herz nicht auf dem rechten Fleck haben.

Das Linke daran: Ideologisch teilweise sehr verbohrt. Basteln statt Champagnercocktails stinkende Molotowcocktails am Küchentisch. Versuchen einen davon zu überzeugen, in ein sozialistisches Land auszuwandern und Urlaub auf Kuba zu machen statt in Miami.

Demo gegen Abschiebepraxis

Gut: weltoffene, liberale Männer mit internationalem Flair und humanitärem Anliegen. Multilingual. Sowieso schon auf der Suche nach deutschen Ehefrauen.

Schlecht: Reagieren eventuell überempfindlich auf Abschiebemaßnahmen Ihrerseits, wenn Sie ihnen nach einer Nacht schon kein Asyl mehr gewähren wollen.

Kirchentag

Gut: Hohe Gitarrendichte. Gute Vibrations, gleichgestimmte Seelen auf Sinn- und Partnersuche. Niemand ist hier auf schnellen Sex aus.

Schlecht: Niemand ist hier auf schnellen Sex aus. Überpopulation übergroßer Wollpullis, hohe Blockflötendichte. (Wie gut, dass man auch mit Gottes Hilfe nicht gleichzeitig flöten und »we shall overcome« singen kann.)

Für besetzte Häuser

Gut: Unkonventionelle Menschen, die sich auch in Gruppen oder WG's sozial integrativ zeigen und nicht an materiellen Dingen wie Immobilien hängen.

Schlecht: Hängen nicht an materiellen Dingen. Auch nicht an Türen und fleckenfreien Federkernmatratzen. Wer einen Hausbesetzer datet, muss in hygienisch fragwürdigen Umständen leben können und wird häufig auch die Toilette »Besetzt« vorfinden. Von Ratten etwa. Nur etwas für Hartgesottene!

CSD (Christopher Street Day) – DER Tag für die gleichgeschlechtliche Partnersuche

Gut: Hier gibt es mal was zu feiern statt zu bekämpfen! Die Musik ist auch besser. Niedrige Hemmschwelle beim Erstkontakt: Alle wollen dasselbe.

Schlecht: Dass alle dasselbe wollen. Und dass Regenbogenfarben nicht jeder stehen.

Tipp: Viele dieser Gruppen gründen, organisieren und verabreden sich auf Facebook, hier können Sie auch Temine für Treffpunkte festmachen. Stichpunkt Flashmob-Dating. Checken Sie auch lokale Bürgerinitiativen, lassen Sie sich auf Info-Verteiler setzen.

KRISENKÖNIGIN-SICHERHEITSVORSCHRIFTEN

Don't:

- *keine sperrigen Transparente mitnehmen*
- *sich nicht von der Polizei mitnehmen lassen – es sei denn, der Wachtmeister sieht aus wie Jack Bauer aus ›24‹ (versuchen Sie aber nie, einem Polizisten spielerisch seine Pistole wegzunehmen! Verkneifen Sie sich vor seinen Kollegen auch Sätze wie »Uuuh, ist das hier Ihr Schlagstock oder freuen Sie sich nur so, mich zu sehen?«)*
- *Schmuck oder Geld an und bei sich tragen – kann im Gewühl verloren oder gestohlen werden; Verletzungsgefahr besonders bei Ohrringen und Ketten*
- *lange Haare zusammenbinden, können sonst beim Nahkampf leiden, durch Farbbeutel verkleben oder als Reißleine missbraucht zu weiteren Verletzungen führen*

Do: Die besten Accessoires und Styling-Tipps

- *extrascharfes Pfefferspray von Urban Outfitters*
- *wieder auffüllbare Plastikwasserflasche*
- *solarbetriebenes Megaphon in Miniaturformat*
- *Handy mit eingespeichertem Notruf der Polizei und der Handynummer Ihres Anwalts*
- *Kamera, Handy mit Videocam (dramatische Szenen kann man gut an Nachrichten verkaufen)*
- *gefälschter Journalistenausweis*
- *schicke Sneaker – bloß nix mit Absätzen*
- *neutrale Kleidung, damit man notfalls die Seiten wechseln kann, falls einem ein Mann der Gegenpartei besser gefällt*
- *Sonnenbrille, groß genug, um das Gesicht weitgehend abzudecken und stilsicher gerade noch das Vermummungsverbot zu unterlaufen*

- Regenschirm der Marke Knirps »Sonderedition« mit AquaStop und Regenparkas von DERBE als Schutz gegen Wasserwerfer
- kleine weiße Fahne für den Fall, dass Sie sich ergeben wollen
- Kondome für den Fall, dass Sie sich einem bestimmten Mann ergeben wollen
- Sprüh-Sonnenöl, um geschmeidig dem Zugriff der Polizei entgleiten zu können
- Ohropax gegen Trillerpfeifen
- Halstabletten für raugeschriene Stimmbänder
- Mikrofaserhandtücher mit Saugkraft, um sich selbst und anderen nach Wasserwerferbeschuss die Haare zu trocknen
- wasserfestes Make-up
- etwas Praktisches zu essen: Energieriegel, belegtes Brot, das nicht schmiert und zerquetscht (siehe auch Kapitel »Soulfood«)
- schusssichere Weste
- schwarze Kaschmirmütze, die nicht kratzt, wenn man sie sich tief ins Gesicht zieht

Außerdem: Vorher unbedingt den Gewalttätigkeitsfaktor der Demo checken! Da, wo Pflastersteine fliegen, Autos oder ganze Straßenzüge brennen, haben Sie nichts zu suchen. Halten Sie sich prinzipiell gemütlich am Rande auf. Mit einer schönen Singstimme können Sie auf Friedensdemos glänzen; verfügen Sie eher über eine Trällerpfeife, schunkeln Sie lieber ergriffen mit.

Gute Sätze für den Erstkontakt zum sexy Mitdemonstranten

- »Finde ich total super, dass so viele gekommen sind für unsere gerechte Sache.«
- »Hey, der Bulle da hat mich geschubst! Kannst du mein Zeuge sein? Gib mir mal deine Telefonnummer!«

- »*Genug ist genug – jemand muss es ja mal tun! Wie gut, dass du auch dabei bist. So attraktiv, wie du bist, solltest du unbedingt auch was dazu sagen, wenn einer mit 'ner Kamera kommt!*«

- »*Ich hab zu Hause noch einige geheime Unterlagen zu der Sache, die ich dir zeigen könnte.*«

- »*Och, du bist ja vom Wasserwerfer ganz nass geworden, komm, ich trockne dich mal ab.*«

- »*Haben wir uns nicht auf der letzten Greenpeace-Anti-Gen-Kartoffel-Demo gesehen? Ich war die mit dem Free-Laura-and-Linda-T-Shirt!*«

- »*Hast du auch schon Unterschriften gesammelt? Wie viele denn? Was? Ich hab erst drei. Kannst du mir in dem Café da drüben ein paar Tipps geben?*«

- »*Ich habe noch ein schönes Stück Bleirohr, möchtest du mal mit anfassen?*«

Männerfang mit Unterschrift

Sie wollten schon immer mal an die Telefonnummer und Adresse jedes attraktiven Mannes kommen, der Ihren Weg kreuzt? Drucken Sie sich im Computer eine hübsche Unterschriftenliste aus, und denken Sie sich einen netten Zweck dazu aus, der möglichst viele Leute anspricht: gegen Tierversuche, gegen Steuererhöhungen – je nachdem, wen Sie vorrangig suchen. Damit stellen Sie sich samstags auf den Ökomarkt oder einen anderen gutbesuchten Platz in Ihrer Nachbarschaft und sprechen ganz engagiert Männer an. Natürlich nur solche, die Ihnen gefallen. Im Gegensatz zum Internet-Dating sehen Sie das Zielobjekt sofort live und hören seine Stimme: What you see is what you 'll get.

Ratzfatz haben Sie nicht nur den Namen, sondern auch gleich die dazugehörige E-Mail-Adresse und Telefonnummern. Die Frage: »Möchte deine Frau/Freundin vielleicht auch noch unterschreiben?« klärt zudem die Familienverhältnisse.

Nun geht es ans Aussortieren. Veranstalten Sie einen Recall für die interessantesten Kandidaten. Schicken Sie allen eine Rundmail, Sie hätten eine neue Stammtischgruppe gegründet, die sich jeden Dienstag in der Kneipe bei Ihnen ums Eck trifft, um weitere Aktionen (nicht ganz gelogen) zu planen. Dafür sollten Sie zumindest eine seriös wirkende Tagesordnung vorbereitet haben. Nun stellt sich reihum jeder vor, wer er ist und was er so macht. Bringen Sie Ihre Freundin als Protokollführerin mit ins Spiel. So können Sie sich hinterher über die Männer austauschen, und sie kann sich auch einen davon aussuchen. Und übertreiben Sie es nicht mit Ihrem politischen Engagement! Sonst haben Sie nachher vielleicht keinen Mann, sondern die Verantwortung für eine Gruppe hochmotivierter Umweltaktivisten.

SEX: ACH JA!

GUTE GRÜNDE, UM SEX ZU HABEN

Je länger Sie in einer Beziehung leben, desto weniger Gründe fallen Ihnen ein, Sex zu haben – anstatt beispielsweise einkaufen zu gehen, zu lesen oder in der Badewanne zu liegen. Der Mann hingegen möchte erstaunlicherweise auch grundlos Sex.

Damit das Bett nicht zum Krisenherd wird, deren zerstörerische Glut die ganze Beziehung zerfrisst, hier unsere Motivationshilfe, um mal wieder ganz obenauf zu sein. Vielleicht fehlt Ihnen bloß die richtige Einstellung? Während Männer lediglich einen Küchentisch brauchen, wollen Frauen ja immer gute Gründe hören. Hier kommen sie.

In einer Beziehung hat man Sex weil …
… man nicht einschlafen kann
… das Verfallsdatum der Kondome bald abläuft
… man gerade von einer Beerdigung kommt und sich intensiv lebendig fühlen will

... Sex manchmal der beste Trost ist (egal, ob für sie oder ihn)

... einem kein Geburtstagsgeschenk einfällt

... gerade »Je t'aime« von Serge Gainsbourg und Jane Birkin läuft

... es kalt ist, waagerecht regnet und man eh gerade nichts Besseres vorhat

... die Kinder gerade mal länger aus dem Haus sind

... man vorgestern sein Bikini Waxing überstanden hat

... man die Nachbarn auch häufig dabei hört

... man beim nächsten Treffen den Freundinnen endlich mal wieder was zu erzählen hat

... er nicht anders »Ich liebe Dich!« sagen kann

... man das Bett gerade frisch bezogen hat

... der Strom ausgefallen ist

... man nicht aus der Übung kommen will

... man gutes Benehmen des Partners (z.B. Müll runterbringen, vorbildliche Körperhygiene) bestärken und belohnen will

... man ein (unangenehmes) Thema wechseln will

... man Sexspiele ausprobieren will, von denen man in der letzten Frauenzeitschrift gelesen hat

... man endlich mal wieder eine »Zigarette danach« genießen will

... man seine Diäterfolge bewundern lassen möchte

... man endlich mal wieder eine schöne Rücken-Fuß-Hals-Kopf-Massage braucht

... man so schöne neue Unterwäsche trägt

... man keine Unterwäsche trägt

... man beim Liebemachen auch ein Kind machen will

... man im Hotel ist und jemand anders die Betten macht

... gerade nichts Gutes im Fernsehen läuft

... man ihn dazu bringen will, die Wochenenendeinkäufe zu erledigen, obwohl es draußen hagelt und stürmt

... man eigentlich von Sex mit einem anderen träumt, der leider nicht zu haben ist

... man eine Rückkehr/Wiedervereinigung feiert

... es einfach kickt, es im Botanischen Garten, in der verspiegelten und sanft beleuchteten COS-Umkleidekabine, im Parkhaus oder an anderen ungewöhnlichen Orten zu tun

… man aus Versehen etwas Aphrodisierendes gegessen hat

… man gerade einen erotischen Traum hatte

… man eine Wochenendbeziehung führt, und nun ist Samstag

… man gestritten hat und sich schnell alles wieder gut anfühlen soll

… die Kopfschmerztabletten alle sind

… man den Mann einfach liebt

b) Als Single hat man Sex, weil …

… man beim nächsten Treffen mit den Freundinnen endlich auch mal wieder was erzählen will

… man eine sexy SMS an die falsche Person gesendet hat, die aber trotzdem Lust hat und plötzlich willig vor der Tür steht

… man gerade einen guten Parkplatz vor der Tür erwischt hat und zu müde ist, um noch nach Hause zu fahren

… man Beweise will, dass das Beckenbodentraining und die Yogastunden wirklich was bringen

… Sex gerade die einzige Chance ist, je mit jemand halbwegs Prominenten zu schlafen

… man die betreffende Nationalität noch nie im Bett hatte

… man einen Nostalgie-Sex-Flash erleidet, ausgelöst durch einen Herrenduft, mit dem man aufregende Erinnerungen verbindet

… man zusammen eine gefährliche Situation erlebt hat und das ausgestoßene Adrenalin so bestens abgebaut werden kann

… es aufreizend ist, abends die Raucherecke an der alten Schule zu entweihen

… man Rache üben will

… Sex das Beste an dem Typen war, den man schon zehnmal verlassen hat

… er bereits »Ich liebe dich« gesagt hat, aber man selbst sich noch vor diesen Worten drücken will

… man eigentlich einen Film auf youtube gucken wollte, aber auf youporn gelandet war

… der andere am Hals nach Sommer riecht

... man nicht umsonst die Kondome eingesteckt und sich bis vier Uhr morgens in schäbigen Kneipen und dubiosen Clubs die Nacht um die Ohren geschlagen haben will

... man in der Midlife-Crisis steckt

... man Sex haben kann mit jemandem, der einem verbotenen Objekt der Begierde (gutaussehender Cousin, Klassenlehrer des Kindes, Mann der Freundin) ähnlich sieht

... man für Meditation zu hibbelig und für Golf noch nicht alt genug ist

... man denkt, dass es irgendwie mal wieder an der Zeit wäre

... man sich beweisen will, dass Sex wie Schwimmen ist: man verlernt es auch nach langen Trockenzeiten nicht

... man endlich mal jemanden hat, der von der Körpergröße passt, um es auch im Stehen an der Wand/am Küchentisch/auf der Waschmaschine zu machen

... es einen rührt, wie wahnsinnig viel Mühe er sich gibt, einen ins Bett zu kriegen

... die Chancen gering sind, je wieder so einen jungen, süßen Liebhaber zu bekommen

... man sich oft vorgestellt hat, wie es mit demjenigen wäre und sich spontan die magische Gelegenheit bietet

... man keine Chance auslassen will, auf die letzten Eisprünge noch ein Treffen mit einem erfolgversprechenden Spermium zu arrangieren

Für Singles wie Paarhälften lockt Sex als Diäthilfe
In einer halben Stunde werden dabei 550 Kalorien verbrannt, das entspricht einem Big Mac. Auch ein Anti-Aging-Effekt wurde belegt. Guter Sex stimuliert (neben den bekannten Zonen) das Immunsystem, regt den Kreislauf an, verbessert die Durchblutung, baut Stress ab und beugt Herzkrankheiten vor. Ein preiswertes und effektives Fit- und Wellnessprogramm für Körper und Seele. Noch effektiver, wenn man sich dabei Gewichtsmanschetten um die Fussgelenke schnallt. Allerdings: Acht Stunden Schlaf verbrennen auch schon mal 480 Kalorien.

SEX: OCH NÖ!

GUTE GRÜNDE GEGEN SEX

Sex zu zweit wird überschätzt? Na klar. Sie kommen doch auch gut ohne aus. Zumindest zeitweise. Wenn Sie Single sind, sowieso. Wenn Sie Nonne sind, total.

Dass Singles es immer wild und überall mit allen und jedem treiben, ist ein Märchen. Es mangelt nämlich oft einfach an den geeigneten Partnern. Da ist es attraktiver, frei nach Woody Allen Sex mit einer Person vorzuziehen, die man sehr liebt, nämlich sich selber.

Tröstlich zu wissen, dass Sex gar nicht so erstrebenswert ist, wie die allgemeine Propaganda glauben machen will. Eine wissenschaftliche Umfrage unter 1000 Frauen enthüllte zudem die wahren Gründe »Warum Frauen Sex haben«. Nackte Tatsache: 84 Prozent der befragten Frauen gaben an, nur mit ihrem Partner ins Bett zu gehen, weil sie dann ein ruhigeres Leben führen könnten, also sein nerviges Gequengel nicht mehr ertragen müssten. Etliche andere, damit er den Müll herunterträgt. (Siehe auch Kapitel »Männer in Haushaltsabwehrhaltung«.)

Ekstase klingt anders, oder? Sex mag ein preiswertes und effektives Fit- und Wellnessprogramm sein, Vorsorgeuntersuchungen werden dadurch allerdings nicht ersetzt. Und ein ruhiges Leben haben Sie alleine viel leichter und schöner! Im Folgenden unsere Liste der Lieb- und Lustlosigkeit:

Man kann auf Sex gut verzichten, weil ...

- *man hinterher weder kochen noch rauchen noch reden muss*
- *keiner am nächsten Morgen Bartstoppeln im Waschbecken hinterlässt*
- *man dann mehr Zeit hat, seine Orgasmusfähigkeit durch Selbstbefriedigung zu perfektionieren*
- *man sich damit auch emotional unabhängig macht*
- *man lieber seine kuschelige Bettdecke für sich allein hat*

- *man sonst immer diejenige ist, die auf dem nassen Fleck schlafen muss*
- *man sich hinterher keine Gedanken machen muss, ob er wieder anruft*
- *man total wütend auf den Mann ist und Abstand braucht, statt sein Lieblingsteil in einem drinnen*
- *man keine Lust hat, immer wieder erklären zu müssen, dass Analsex nicht zwingend zum Sex-Portfolio der modernen Frau gehört*
- *unvertraute Männer unsexy sind, die kein Kondom überziehen wollen (»Hä? Wieso dass denn? Seh ich etwa krank aus?!«)*
- *man keine Lust hat, ohne Zahnbürste und frischen Slip in original 70er-Bettwäsche aufzuwachen*
- *das Objekt der Begierde der Sohn einer guten Freundin ist*
- *man in dem Alter ist, in dem Schlaf der neue Sex ist*
- *man sich bereits fortgepflanzt und seinen biologischen Auftrag damit erledigt hat*
- *das letzte Mal schon so lange her ist und man gar nicht mehr weiß, wie man da wieder reinkommen soll. Oder es einem gar nicht mehr erst auffällt, dass einem etwas fehlt. Auch gut.*

ER IST WEG!

STRATEGIEN GEGEN LIEBESKUMMER

Egal, ob es der Mann Ihrer Träume war, der Sie gerade ohne Rettungsring über Bord geschubst hat, oder nur eine adrenalinlastige Affäre: Ein Liebes-Aus ist immer brutal, auch wenn man es hat kommen sehen (und die Freundin sowieso von Anfang an). Überraschung: Das Leben geht weiter. Aber bitte erst, nachdem Sie sich gebührend Ihrem Liebeskummer hingegeben haben. Wenn es düstere Tage im Leben einer Frau gibt, dann sind es diese. Hier gilt dieselbe Bewältigungsstrategie wie bei einem Kater: akzeptieren, dass man nicht um das Leiden herumkommt, und bestenfalls ernüchtert und klüger daraus hervorgehen. Wer noch nicht wieder fit ist, aber trotzdem versucht, auf den Schnellzug des Alltags aufzuspringen, kommt leicht unter dessen Räder. Es hilft alles nichts, Sie müssen zuerst durch das Tal der Tränen waten … Aber machen Sie es sich so schön wie möglich dabei. Hier ein paar Ideen für die Heultage.

Strategie 1: Heimweh
Okay, den Nestbau hatten Sie eigentlich mit ihm vor. Aber da das nun mal nichts wird, machen Sie eben das Beste aus Ihrem eigenen Nest. Ziehen Sie sich ins Boudoir zurück und die Gardinen zu. Jetzt heißt es: weiche Kissen statt heißer Küsse, Kleenex statt Kondome, Kimono statt Kino. Gönnen Sie sich Seelenruhe, und machen Sie Ihr Refugium zur Zentrale der emotionalen Krisenbewältigung. Kaufen Sie sich Pralinen, oder stopfen Sie Marshmallows in sich rein. Fasten Sie. Putzen Sie ihr Heim und fegen gleich ein paar Erinnerungen an den Exfreund mit hinaus. Sammeln Sie all seine Sachen ein, die noch herumliegen und werfen diese entweder in den Müll oder in einen Umzugskarton, den Sie dann beim Wirt Ihres einst gemeinsamen Frühstückscafés zur Abholung deponieren.

Heulen Sie endlos, bis die Augen nur noch Schlitze sind, oder telefonieren Sie, bis Sie das Gefühl haben, Ihre Flatrate überreizt zu haben. Ihre besten Freundinnen sind jetzt per Krisen-Hotline für Sie da. Aber was auch immer Sie tun: rufen Sie bloß nicht *ihn* an und fragen ihn noch einmal nach dem Warum. Er wird es entweder nicht wissen, oder Ihnen dieselben klaren Abschiedsworte beziehungsweise sinnlosen Pseudoargumente vorsetzen, die Sie bereits so brutal auf Ihr Kissen zurückgeworfen haben.

Schön, dass Sie in dieser Zeit einiges entdecken können. Zum Beispiel, dass es aus gutem Grund Pizza-, Asia- und Getränkelieferdienste gibt. Und DVD on demand. Nutzen Sie das vielfältige Angebot. Oder lesen Sie endlich mal Musils *Mann ohne Eigen-*

schaften und danach gleich Marcel Prousts *Auf der Suche nach der verlorenen Zeit*, die bei Ihnen seit zwanzig Jahren im Regal stehen. Falls Sie keinen Appetit haben, trinken Sie halt ein paar Kalorien. Die Witwe Clicquot hört zu, wenn Sie in ihren Perlen Trost suchen. In Bier ist Hopfen, das beruhigt. Aber bleiben Sie bitte bei den Drogen, die Sie kennen und deren Wirkung Sie abschätzen können: In einer Zeit, in der Ihr Selbst- und Weltbild sowieso schwankt, ist es keine gute Idee, mit psilocybinen Pilzen à la Alice im Wunderland zu experimentieren. Auch nicht mit Ecstasy oder LSD. Liebeskummer ist als herber Realitätsverlust schlimm genug, da brauchen Sie nicht auch noch eine Psychose. Besser: Schauen Sie sich die kitschigsten und tragischsten Liebesfilme an, die Hollywood jemals produziert hat. Hören Sie die CDs mit der düstersten Musik, die je komponiert wurde. Im Zweifelsfall von Menschen, die Ihre Seelenverfassung teilen. Selbstmitleid ist jetzt Ihr gutes Recht.

Strategie 2: Fernweh

Waren das nicht noch Zeiten, als eine nette junge Dame aus gutem Hause, wenn sie Liebeskummer hatte, auf eine schöne weite Reise geschickt wurde? Nach Italien. Oder auf eine mondäne Kreuzfahrt. Hauptsache Ablenkung! So irrsinnig stilvoll und kultiviert. Tja, schön wär's, wenn Sie vor hundert Jahren gelebt hätten: in bester E.M.-Forster-Manier in Spitzentaschentücher schniefen, während Sie mit der Anstandsdame über Botticelli oder den Wellengang konversieren und heimlich doch immer wieder seufzend das Antlitz des Angebeteten im Medaillon (historisches Facebook) anschauen.

Das können Sie auch haben! Die moderne Variante davon geht so: Fahren Sie alleine, falls Sie der abenteuerlustige Typ sind, oder nehmen Sie eine gute Freundin mit, wenn Sie seelische Unterstützung brauchen. Ab geht's ans Meer, in die Berge, an den nächstgelegenen Baggersee oder in die Stadt, die Sie schon immer mal kennenlernen wollten. Hauptsache, irgendwohin, wo Sie noch nicht waren – und nie mit ihm. Meiden Sie auf jeden Fall Orte, die als

Epizentren der Romantik gelten, oder solche, an denen Sie nur glückliche Pärchen oder Familien sehen (Paris, Florenz, Verona, Capri, Ikea – schlechte Ideen) Kehren Sie in nette Restaurants ein und übernachten spontan in Hotels, die irgendwie gemütlich aussehen und einen guten Fernseher auf dem Zimmer haben. Trinken Sie die Minibar leer. Lernen Sie endlich jemanden Tolles neu kennen: sich selbst. Machen Sie Zukunftspläne. Wollten Sie nicht schon immer Reiten, Segeln oder Gitarre spielen lernen? Eine Katze haben, nur dass seine Allergie das verhinderte? Vegetarisch leben, nur dass seine Fleischeslust auf Steaks und Schinken dies erschwerte? Wenn Sie wieder zu Hause sind, sollten Sie genug Abstand, Tatendrang und Energie haben, um Ihre Wohnung neu einrichten zu wollen. Und Ihr Leben neu auszurichten. Per aspera ad astra – durch die Dunkelheit zu den Sternen!

Strategie 3: Schreibwut

Das Tagebuch als emotionales Logbuch ist der beste Begleiter auf Ihrer abenteuerlichen Reise durchs Tal der Tränen und zurück ins Leben. Es ist geduldig und immer für Sie da, wenn selbst die beste Freundin Ihr verzweifeltes »Warum? Was hat die andere, das ich nicht habe?!« nicht mehr hören kann. Schreibend nachzudenken, die Lage zu reflektieren, dabei Dinge und Wünsche unzensiert beim Namen zu nennen, entlastet. Sich dann noch eine schöne Zukunft zu beschreiben, lenkt Ihre Energie auf das Positive.

Besonders heilsam, wenn Sie schon in frühster Jugend angefangen haben, Tagebuch zu schreiben, um Ihre verwirrenden Gedanke und Gefühle zu sortieren und festzuhalten. Dann können Sie jetzt ins Archiv steigen und auf tröstliche Preziosen vergangener Leidenschaften stoßen, die Ihr vierzehnjähriges Ich einst schrieb und mit Kugelschreiberherzchen verzierte: »Ich liebe Marco H., ich liebe, liebe LIEBE IHN! Werde ihn immer lieben! Warum sieht er auf dem Schulhof immer weg?!« Wer war bloß Marco H.?, grübelt Ihr heutiges Ich verblüfft. Mit etwas Glück taucht vor Ihrem geistigen Auge irgendwann ein verschwommener Lockenkopf auf. Und wissen Sie was? Mit Stefan

B., den Sie gerade so lieben, lieben, LIEBEN dass sein Verlust Sie derart leiden, leiden, LEIDEN lässt, wird es in zehn Jahren auch nicht anders sein.

Strategie 4: Bloß raus hier

Wirklich, Ihre Freundinnen meinen es gut mit Ihnen und wissen oft auch besser, wer oder was gut für Sie ist. Glauben Sie ihnen, wenn sie meinen, es sei Zeit, wieder ins Leben zurückzukehren. Nach anstandsgemäßer Schon- und Trauerfrist in den eigenen Wänden wird jede Liebesschwerkranke irgendwann zur Rekonvaleszentin und kann von der Intensiv- auf die ambulante Station verlegt werden. Jetzt heißt es, die Schrecken der Trennung hinter sich zu lassen und der Welt zu zeigen, dass Sie alles überlebt haben. Am besten mit einem symbolischen Akt. Wie beim Karneval, bei dem auch Dunkelheit, Ängste und böse Geister ausgetrieben werden, um das Licht am Ende des Tunnels herbeizufeiern.

Hey, hier geht es nicht in kleinen Schritten zurück ins bunte Leben! Inszenieren Sie einen spektakulären Ich-bin-wieder-zu-haben-Event. Ähnlich wie die Junggesellinnenabschiede vor der Hochzeit, nur anders herum: Jetzt wird gefeiert, dass Sie wieder für das Leben und notfalls auch einen neuen Mann zu haben sind. Machen Sie sich mit Ihrer besten Freundin an die Planung. Ziehen Sie Ihr mondänstes Outfit an oder, noch besser, kaufen Sie sich ein neues. Kaschieren Sie die Augenringe und die Blässe. Lassen Sie sich in der Beauty-Abteilung des nächsten Kaufhauses schminken oder von einer professionellen Visagistin, die sonst für Fotoshootings zu buchen ist. Wenn Sie finden, dass Sie atemberaubend gut aussehen, lassen Sie sich gleich so fotografieren. Ab heute fängt eine neue Ära an.

Weg mit Ihren Minderwertigkeitsgefühlen, Ihrem Perfektionismus, Ihrer Frustration, wieder mal an und in der Liebe gescheitert zu sein. Schluss mit den Anstrengungen, es allen recht zu machen. Lassen Sie sich gehen, gehen Sie aus, und rechnen Sie an diesem Abend mit dem Schlimmsten. Auch damit, irgendwann in einem schummrigen Laden kreischend vor strippenden Männern zu sitzen oder in einer Karaoke-Bar zu landen – und ja, das sind Sie, die da oben auf der schmierigen Bühne »I will survive« grölt. Sollten Sie sich am nächsten Tag elender als vorher fühlen, kann das höchstens an den konsumierten alkoholischen Getränken liegen. Wie auch immer: das Ganze hat symbolische Kraft. Jetzt sind Sie bereit: Der Nächste, bitte! Aber nur der Beste.

Frei, das heißt allein … Oder eben nicht! Das Leben als Single ist durchaus reizvoll. Nur so sind Sie hundert Prozent selbstbestimmt. Kosten Sie es aus: Liegen Sie stundenlang in der Badewanne, sitzen Sie in Kunsthallen vor Ihrem Lieblingsbild, shoppen Sie ohne Rechtfertigung. Reisen Sie zu exotischen Zielen, die absolut nichts für Kinder sind. Essen Sie exotische Gerichte jenseits von Nudeln, Tomatensauce, Pizza und Pommes. Starten Sie in Ihrem Beruf neu durch, oder suchen Sie sich einen neuen. Und sollten Sie doch mal wieder Katzenjammer bekommen: Besuchen Sie möglichst viele verheiratete Freundinnen, am besten mit zwei bis drei kleineren Kindern. So erhalten Sie einen echten Eindruck vom Familienleben, nicht nur das Hochglanzbild, das bei offiziellen Treffen oder in den Weihnachtskarten und E-Mails hergezeigt wird. Danach werden Sie erleichtert in Ihr friedliches Heim zurückkehren, wo keine Legoteile in die Weichteile Ihrer Füße stechen, kein Mann Ihre Unordnung oder den ausgeleierten, eingeschmusten Pyjama bemängelt oder auf sein warmes Essen wartet. Leihen Sie von Ihren Freundinnen ab und zu ein paar süße Kinder aus, und gehen Sie mit denen in den Zoo, ins Kino. So machen Sie den Kleinen eine Freude, Ihrer Freundin und sich selbst auch. Vor allem, weil Sie sie abends samt der Verantwortung wieder abgeben können.

Liebeskummer reloaded

Wir gehen davon aus, dass Sie die ganze Herzenssache mit Würde und Stil hinter sich bringen wollen und niemals in die billigen Niederungen infantiler Racheakte hinabsteigen würden. Trotzdem gibt es einige Stolpersteine zu beachten, Rückfall-Fallen zu umgehen. Fügen Sie dem Kummer, der Ihnen bereitet wurde, nicht unnötig neues Leid hinzu, indem Sie …

… technische Fehler bei elektronischen Kommunikationsmitteln für sein Nichtmelden verantwortlich machen. Vielleicht hat er kein Netz? Sicher ist sein Handy ins Wasser gefallen, und die Telefonleitung wurde ihm gekappt. Vielleicht wurde er sogar entführt? Bitte! Bleiben Sie realistisch.

… das Telefon anstarren und Ihre E-Mails fünfzigmal pro Stunde checken.

… Vergeltungsschläge der untersten Kategorie starten: Reifen seines Autos aufschlitzen, ihn am Arbeitsplatz als Ex-Pornodarsteller diskreditieren etc. Damit könnten Sie zwar schnell die Bekanntschaft mit einem neuen, beruflich erfolgreichen Mann machen, bloß wäre das ein Polizist oder Staatsanwalt.

… ihn stalken, beschatten, ihm aus Eifersucht auflauern, seine Mutter anrufen.

… alte Fotos aus gemeinsamen Zeiten anschauen oder sein Facebookprofil dauernd nach neuen Kontakten scannen. Wenn es Ihnen nicht möglich sein sollte, nach der Trennung noch miteinander befreundet zu sein, löschen Sie das Profil am besten ganz. Wer will schon wissen, welche neuen Bekanntschaften ihm jetzt Schmeicheleien posten? Nur masochistisch Veranlagte. Sie nicht.

… seine alten Geschenke verherrlichen. Der Origami-Kranich, die selbstgebrannte CD oder das Tuch, das er Ihnen von seinem letzten Angelurlaub in Südamerika mitgebracht hat, mögen vielleicht Ihre letzte Verbindung zu ihm sein. Aber wo war der brillantene Verlobungsring?

… ihn in der goldenen Erinnerung mit einem Heiligenschein versehen. In drei Monaten werden Sie ohne rosarote Hormonbrille anders darüber denken. Am besten, weil Ihnen bis dahin klar wird, was er alles nicht konnte oder falsch gemacht hat.

… Einladungen von Männern zum Kaffee oder Essen ablehnen, bloß weil diese nicht auf den ersten Blick wie Mr. Right aussehen. Ablenkung ist immer noch die beste Strategie, und wer weiß, wen Sie durch die neuen Kontakte wieder kennenlernen.

AUF KEINEN FALL RÜCKFALL

DER PRÄVENTIONS-NOTKASTEN
FÜR SCHWACHE MOMENTE

Ist der akute Liebeskummer erst mal überstanden, gilt es oft eine weitere scharfe Krisenklippe zu umschiffen: den einsamen, sentimentalen Moment, in dem Sie Ihre Einhandseglerei bedauern, die Vergangenheit mit dem Exfreund verklären, die Ihnen so viel schöner erscheint, als sie je war.

Für genau diesen Härtefall haben wir diese Rubrik vorbereitet! Befolgen Sie alle unsere Anregungen, und kuscheln Sie sich danach in die tröstliche Gewissheit, dass doch alles besser so bleibt, wie es jetzt ist.

Die negativen Informationen über den Mann liegen abrufbereit auf Ihrer Festplatte gespeichert, sie werden nur manchmal von einem Hochglanzbild im Screensaver-Format verdeckt. Weg damit! Wir verhelfen Ihnen wieder zu klarer Sicht. Machen Sie einen Freudensprung, dass der Mistkerl aus Ihrem Leben verschwunden ist. Und richten Sie dann den Blick nach vorne. Wie sagt der Chinese so schön: »Nur ein Narr stolpert über Steine, die hinter ihm liegen.«

Halten Sie die Erinnerungen lebendig, indem Sie Betroffene aus Ihrem Umfeld um ein »worst-of« bitten. Legen Sie sich am besten Karteikarten mit den Statements an:

EX-EXORZISMUS DURCH ZEITZEUGEN

NAME:

Anja

STATUS:

beste Freundin

KOMMENTAR:

Ihr Ex war ein absolutes Arschloch, glücklich habe ich die beiden eigentlich nie zusammen gesehen. Er hat sie finanziell ausgenutzt, die Miete musste sie immer zahlen. Und er hatte keinen Geschmack. Im Bett hat er's auch selten gebracht und ihr dann auch noch die Schuld daran gegeben. Sie würde ihn mit ihrer fürsorglichen Art kastrieren. Also bitte! Ich hatte von Anfang an das Gefühl, dass das nix wird.

WARUM SIE OHNE DEN KERL VIEL BESSER DRAN IST:

Weil sie jetzt nicht mehr nachts um zwei heulend bei mir anruft.

NAME:

Soraya

STATUS:

Mutter

KOMMENTAR:

Der war deutlich unter ihrem Niveau! Ich durfte ja früher nichts sagen, aber er sah auch immer sehr ungepflegt aus. Widerlich! Und das Schlimmste: das war sogar ansteckend! Meine Tochter ließ sich ziemlich gehen. Statt Rieslingschorle trank sie wegen ihm Bier – und auch noch aus der Flasche, statt aus unserem schönen Tulpenglas! Das Drama ging mir schon viel zu lange. Jetzt ist meine Tochter endlich wieder mein frisches, kluges Mädchen. Ich werde sie bald zum Sektfrühstück einladen, zusammen mit meiner Freundin Susanne und deren reizendem Sohn, dem Rechtsanwalt.

WARUM SIE OHNE DEN KERL VIEL BESSER DRAN IST:

Weil sie jetzt wieder hübsch aussieht, gut riecht und ich mir keine Sorgen mehr machen muss, sie könnte von diesem unmöglichen Kerl – Gott verhüte – ein Ekel, äh, Enkelkind bekommen.

NAME:
Claudia

STATUS:
Lieblingskollegin

KOMMENTAR:

Ich meine, HALLO?! Sie hat sogar einen Rausschmiss für das Arschloch riskiert, weil sie ihm immer heimlich Papier und Tesafilm und Scheren und Stifte aus dem Büro mitbringen musste! Er hatte als freiberuflicher Grafiker ja nie Geld für Arbeitsmaterial. Und dann hat er ihr nicht mal was zum Geburtstag geschenkt. Aber selbst dafür hat sie noch eine Entschuldigung gefunden! Das war doch wohl eher Abhängigkeit und Helfersyndrom statt Liebe.

WARUM SIE OHNE DEN KERL VIEL BESSER DRAN IST:

Sie macht sich nicht mehr strafbar, und ich muss diese Diebstähle nicht mehr decken. Sie ist viel ausgeglichener, fröhlicher, arbeitet effizienter, und ich muss nicht mehr ihre Arbeit mitmachen, weil sie mal wieder zu deprimiert ist. Morgen gehen wir endlich mal wieder zusammen ins Kino!

Little Box of Horrors

Helfen Sie Ihrem Gedächtnis wieder auf die Sprünge: Hier listen Sie all das auf, was Ihnen Schreckliches, Peinliches, Unmögliches an seinem Verhalten aus den gemeinsam verbrachten Jahren/Monaten/Wochen einfällt. Bei jedem Satz sollten Sie innerlich zusammenzucken. Und froh sein, dass Ihnen solche Momente in Zukunft erspart bleiben:

- *der Moment, an dem er Sie beim Wochenend-Strandausflug nach einem Streit hat stehen lassen und Sie mit dem Zug alleine zurückfahren mussten*

- *die Abende, an denen Sie ohne ihn zu Abendessenseinladungen gehen mussten, weil er mal wieder kurzfristig abgesagt hatte*

- *die unzähligen Male, an denen Sie alleine zu Hause saßen während er mit seinen Kumpels unterwegs war*

- *die unzähligen Male, die Sie versucht haben, ihn telefonisch zu erreichen, und er erst Stunden/Tage später zurückrief – wenn überhaupt*

- *das Mal, als er in Sandalen und zerknittertem T-Shirt zu dem Lunch ins edle Restaurant kam, während einige Ihrer Kolleginnen am Nebentisch saßen*

- *der Alptraumurlaub auf Mallorca, als er nur geschmollt, gemeckert und geschwiegen und Sie nur geheult haben*

- *das Silvesterfest, an dem er morgens um sieben alleine und vollgekokst nach Hause kam*

(Platz für Ihre eigenen Notizen)

Total Recall
Machen Sie eine Liste der Dinge, die Sie immer genervt haben. Dauernd. Ständig. Zum Beispiel ...,

... dass er seine Socken überall hat rumliegen lassen.
... wie er Sie angefasst hat, bevor er Sex wollte.
... dass er nicht ohne Sabbern küssen konnte.
... dass er sich immer so ungesund ernährt hat und sich die Butter messerdick aufs Brötchen geschmiert hat – sogar unter der dicken Schicht Leberwurst.
... dass er nie pünktlich sein konnte.
... dass er in der Öffentlichkeit zu anderen immer charmanter war als zu Ihnen.

Erzähl mir alles!
Gründen Sie auf Facebook eine Gruppe mit allen Exfreundinnen Ihres Expartners, und tauschen Sie sich therapeutisch über die schrecklichsten Erlebnisse und Geschichten mit ihm aus. Dazu posten Sie die fiesesten Fotos, Urlaubsvideos etc. Vorsicht: Ignorieren Sie strikt die Freundschaftsanfragen seiner Mutter und seiner Kumpels!

Body Check: körperliche Mängel
Malen nach Zahlen: Nehmen Sie einen Stift, und markieren Sie die Körperteile, die Sie an ihm immer mangelhaft bis ekelhaft fanden. Schreiben Sie daneben, was Ihnen missfiel oder was abstoßend war – vom wabbeligen Bauch über die stinkende Achsel des Schreckens bis zu der fiesen Warze am unteren Rücken; der wachsstiftartige Penis, der selbst bei intensivsten Bemühungen höchstens zu einem Filzstift wuchs. Sparen Sie auch Details nicht aus, zum Beispiel die borstigen Nasenhaare oder den überlangen vorletzten Zeh, die dicken, gelben Nägel. Bei nostalgischen Sehnsuchtsanwandlungen wirkt diese Landkarte des Grauens wahre Wunder!
Nervenberuhigende Alternativmethode für geschickte Hand-

arbeitfans: Sticken Sie das Mannsbild in Originalgröße auf einen Bettüberzug, und kartographieren Sie dort naturgetreu alle Schwächen des Partners (angelehnt an die exhibitionistischen Stick- und Patchworkarbeiten der britischen Gegenwartskünstlerin Tracey Emin).

Was? Sie schreien »Aufhören!«?! Na, wer hatte denn wieder damit angefangen?

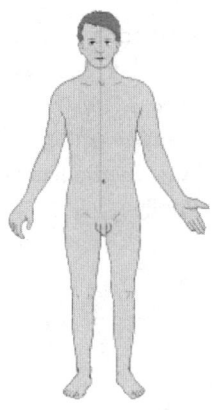

GEH MIR AUS DEM LEBENSWEG

FORMULIERUNGSHILFEN FÜR DIE TRENNUNG

Jetzt streiten Sie schon so lange mit ihm. Harmonie und Liebe? Wo wohnen die gleich noch mal? Bei Ihnen jedenfalls nicht mehr. Unbekannt verzogen. Verständnis und Versöhnung sind ebenfalls Fremdworte geworden, nun sind Sie endgültig erschöpft vom nervenaufreibenden Hin und Her. Über die unterschiedliche Zukunftsplanung. Über seine unerträglichen Angewohnheiten. Darüber, dass er es nicht mal schafft, den Müll runterzubringen.

Eines Morgens werden Sie aufwachen und plötzlich wissen: So geht es nicht mehr weiter. Er geht. Oder ich. Oder die letzte Lebensfreude.

Doch wie es ihm nun mitteilen? Der Mann ist kaum zu Hause, und wie man dann schnell die richtigen Worte finden? Wichtig ist es, die zentrale Mitteilung deutlich und unmissverständlich rüberzubringen, ehe man sich auf einem neuen Nebenkriegsschauplatz die Köpfe einschlagen geht.

Nachstehend finden Sie einige ins Schwarze treffende Formulierungen für Ihre bevorstehende Trennung – einfach die passende ausschneiden, mit einem Magneten in Augenhöhe an den Kühlschrank haften oder als Betthupferl auf sein Kissen legen. Falls Sie verheiratet sind, sollten Sie fairerweise Namen und Nummer Ihres Scheidungsanwalts gleich mit dazuschreiben.

Übrigens werden die meisten Scheidungen in Deutschland von Frauen eingereicht, Sie sind also nicht allein.

Ich will die Trennung. So geht es nicht mehr weiter.

Ich verlasse dich. Wir hatten uns auseinandergelebt.

Ich will die Trenunng. Wir haben seit zwei Jahren keinen Sex mehr gehabt.

Ich will die Scheidung. Ich hab jemand anders kennengelernt.

Ich hasse und verlasse dich. Ich finde alles an dir widerwärtig.

Ich will die Trennung. Wer bist du überhaupt?

Ich will die Trennung. Dein Job ist dir wichtiger als ich.

Ich verlasse dich. Ich hab was Besseres verdient!

Ich verlasse dich. Du bist bindungsgestört!

Ich will die Scheidung. Guck zu, wer dir deine dreckige Wäsche demnächst wäscht!

Ich will die Trennung. Mit dir bin ich einsamer als alleine!

Ich will die Scheidung. Ich hatte eine Epiphanie.

Ich verlasse dich, aber Du ziehst aus. Morgen kommt das Räumkommando für deine grässlichen Möbel!

AUSZIEHEN! AUSZIEHEN!

DIE TRENNUNG DER HAUSHALTE – ODER: MOMENT MAL, DAS WAR MEINS

Eine Trennung durchzustehen, ist schon hart genug. Einen gemeinsamen Haushalt erfolgreich abzuwickeln, ist noch härter und sollte auf keinen Fall ohne folgende Checkliste erfolgen. Denn kühlen Kopf zu bewahren, ist schwer, wenn das Herz in Scherben liegt und einem die Rotweinflasche zeitweise näher steht als das eigene Wohl. Demoralisiert durch den vorhergegangenen zermürbenden Kleinkrieg und auf schnell wiederhergestellten Seelenfrieden aus, sind Ego und Kampfgeist angeschlagen, die Prioritäten unklar. Allerdings: Was jetzt unwichtig scheint, kann in Zukunft (ja, die wird es geben!) noch lebensnotwendig werden. Viel zu oft machen Frauen den Fehler, Besitz weit unter Wert zu verkaufen, zu verschenken oder kampflos dem Ex zu überlassen, nur um den leidigen Zank hinter sich zu haben.

»Freedom is just another word for nothing left to lose …« Ha, vielleicht für Janis Joplin oder Ihren Exmann – keinesfalls für Sie! Verlieren, verkaufen, verschenken, verbrennen sollten Sie an diesem Punkt Ihres Lebens wirklich nur Verzichtbares. Für eine saubere Trennung ohne nachträgliche Reue hier die wichtigsten Kriterien. Beim Auflösen des Ex-Haushaltes gilt es, genau abzuwägen:

WAS SOLLTEN SIE UNTER ALLEN UMSTÄNDEN BEHALTEN?

- *Kinder: Auch wenn es gerade in einer psychisch anstrengenden Trennungsphase immer wieder Momente geben mag, wo ihre Existenz Ihnen über den Kopf wächst – sie durch die Scheidung zu verlieren, werden Sie im Leben am allermeisten bereuen.*

- *Wedgwood-Porzellan:.Geben Sie bloß nicht das liebevoll gesammelte oder zur Hochzeit geschenkte Porzellan her. Wenn der Mann mit seiner neuen Freundin frühstücken will, soll er doch das Starterset bei Ikea kaufen.*

- *Putzfrau: Nehmen Sie eine gute Perle auf jeden Fall immer mit! Sie schenkt Ihnen Kontinuität in der neuen Umgebung und garantiert Ihnen ein sauberes Gefühl in Zeiten, wo Sie selbst zu deprimiert sind, um zu putzen. Und sie teilt gleichzeitig Seelenhygiene und therapeutischen Rat beim Bügeln à la »Nix traurig gucken, Mann ist Mann, sie noch jung, kommen bald reiche neue Mann …« austeilen. Als erweiterte Restfamilie ist sie auch für die Kinder unabdingbar. Höchstens als Spionin können Sie sie dem Exmann gelegentlich ausleihen.*

- *Telefon und Internetanschluss: Kein Anschluss unter dieser Nummer? Auch, wenn Sie eigentlich gerade mit niemandem reden wollen, können Sie es sich nicht leisten, von der Außenwelt abgeschnitten zu sein – weder beruflich noch sozial. Gilt vor allem dann, wenn Sie freiberuflich tätig sind. Erfahrungsgemäß dauert ein neuer Anschluss länger als die Geduld Ihrer Auftraggeber, die gerade einen dringenden, aber gut dotierten Job vergeben wollten. Daher das Wettrennen um den Telefontechniker unbedingt gewinnen!*

- *Familienfotos und -videos: Da haben Sie leichtes Spiel. Männer wissen meistens nicht mal, dass es sie gibt. Und falls doch, haben sie kein Interesse daran.*

- Akten mit Steuerunterlagen, Einkommensbescheiden etc.: Wenn Sie ihn damit ziehen lassen, können Sie auch gleich die Coca-Cola-Formel an die Russen verraten. Sie haben als kluges Mädchen natürlich hoffentlich rechtzeitig Kopien von allen Immobilienunterlagen, Fonds etc. gemacht und auf Ihrem Laptop gespeichert. Und dann noch in ein paar gut versteckten USB-Sticks. Den Steuerberater machen Sie mal schnell zu Ihrem besten Freund, wenn er nicht ohnehin schon Ihr Liebhaber war.

WORUM LOHNT ES SICH ZU KÄMPFEN?

- Möbel: zum Beispiel skandinavische Klassiker und Antiquitäten. Selbst wenn sich in der neuen, kleineren Wohnung erst einmal kein Platz mehr für Eames Lounge Chairs mit Fußhockern oder den Barockschrank findet; selbst wenn der Arne-Jacobsen-Stuhl Sie nur an quälende Sitzungen mit dem Ex erinnert – alles kein Grund, sich von solchen Möbel-Preziosen verlustbringend zu trennen. Lieber kommende bessere Zeiten damit möblieren oder Stück für Stück in Ruhe teuer verkaufen und bis dahin einlagern (Webtipp: www.self-storage.de).

- Haustier: Ist Ihnen der Familienhund ans Herz gewachsen? Haustiere tragen zur seelischen Stabilität bei. Aber Achtung: Hängt Ihnen schon lange zum Hals raus, dass Sie immer als Einziger mit Wuschel oder Puschel zum Tierarzt oder Gassi gehen mussten, geben Sie ihn/sie/es lieber zusammen mit Herrchen ab. Merke: Auch die eventuelle Jobsuche ist ohne ein unter dem Schreibtisch zu deponierendes Haustier erfolgversprechender.

- Gemeinsame Freunde: Bei einer Trennung trennt sich die Spreu bekanntermaßen vom Weizen, frei nach dem Motto »a friend in need is a friend indeed«. Prüfen Sie alles, was sich nicht von

alleine sortiert, nach Passform fürs eigene neue Leben. Ziehen
Sie nur echte Freunde auf die eigene Seite. Vermeiden Sie Hass-
tiraden über den Ex, das ist peinlich und unsouverän.

WAS KÖNNEN SIE SCHMERZFREI MIT DEM MANN ZIEHEN LASSEN?

Ex und hopp – was für ihn gilt, kann durchaus auch auf vieles aus
der gemeinsamen Wohnung zutreffen:

- *seine eigenen Kinder, die er schon mit in die Ehe gebracht hat.
  Soll doch die Neue die böse Stiefmutter spielen.*

- *seine DDR-Kunst (meistens deprimierende schwarzweiße
  Radierungen), Barlach-in-hässlich-Kleinskulpturen, schmutzfar-
  bene kubistische Ölbilder oder Poster-Galerie-Reproduktionen
  in Billigrahmen; gilt auch für seine Taucherurkunde, Geschenke
  seiner Exkollegen etc.*

- *seinen Fernsehsessel*

- *die Bettwäsche, in der man sowieso schon lange nicht mehr liegen wollte*

- *alle CDs (nachdem Sie die guten digital archiviert haben)*

- *das Ehebett und alles andere, was mit negativen, gemeinsamen
  Erinnerungen vergiftet ist*

- *die leeren Bierkästen, die seit einem Jahr auf dem Balkon stehen*

Was wollen Sie zwar nicht, gönnen es ihm aber auch nicht?
Sein eingefrorenes Sperma. Behalten Sie es einfach aus Rache.
Erpressen Sie ihn irgendwann damit. Oder verkaufen Sie es teuer
seiner neuen jungen Freundin, spätestens wenn er impotent ist.

SCHEIDUNG IST SEIN BERUF, LIEBLING

WORAN ERKENNEN SIE
EINEN GUTEN ANWALT?

Ein Scheidungsanwalt muss der Mann sein, der das tut, was Ihr Mann zu selten getan hat: felsenfest auf und an Ihrer Seite stehen. Niemals sollten Sie seine Wichtigkeit an diesem Punkt Ihres Lebens unterschätzen. Neben Ihrer besten Freundin und Ihrer Mutter wird dies der Mensch sein, mit dem Sie in der Trennungszeit am meisten zu tun haben. Keineswegs übertrieben ist also unser Rat, das Mandat erst nach längerem Verfahren zu erteilen. Machen Sie keinen kurzen Prozess, nehmen Sie nicht den Erstbesten – vor allem nicht, wenn Sie diesen Fehler schon bei der Wahl des Gatten gemacht haben.

Veranstalten Sie ein Juristen-Casting, um zu entscheiden, wem Sie die Lizenz zum Angriff erteilen. Vernachlässigen Sie hierbei ausnahmsweise Details wie gutes Aussehen des Anwalts/der Anwältin, Frisur, Manschettenknöpfe, Qualität des angebotenen Kaffees, Hermès-Aktentasche oder die Inneneinrichtung der Kanzlei. Achten Sie dafür auf Sympathie, gleiche Wellenlänge, Referenzen, Kampfeswillen, Siegesgewissheit, Souveränität und Durchsetzungsfähigkeit. Das sollten Sie nach ein paar ersten Sätzen im Beratungsgepräch schon gecheckt haben.

Ach ja, und bedenken Sie immer den Stundensatz des juristischen Beistands. Scheiden tut weh, vor allem finanziell! Für Ihr Geld wollen Sie zu Recht Erfolge sehen. Verifizieren Sie also die Empfehlungen aus dem glücklich geschiedenen Freundinnenkreis bei einem Er(n)stgespräch. Bedenken Sie: Wenn der letzte eheliche Geschlechtsverkehr nur noch eine blasse Erinnerung ist, wird der Schriftverkehr mit diesem Mann immer noch aktuell sein.

Hier ein paar Indizien, die beklagenswerterweise nicht im Gesetzbuch stehen:

Gut: »Den ziehen wir aus bis aufs Hemd!«

Schlecht: »Wollen Sie es nicht erst noch mal mit Mediation/Medikation/Meditation versuchen?«

Gut: »Selbstverständlich ist das seelische Grausamkeit, dass er Sie gezwungen hat, ihn zum Geburtstag seiner Mutter zu begleiten!«

Schlecht: »Eine Ehe ist leider eine Zugewinngemeinschaft, alles, was da passiert ist, zählt ohnehin nicht.«

Gut: »Hm, er behauptet also, kein Einkommen mehr zu haben? Das wird sich mein osteuropäischer Mitarbeiter mal genau ansehen. Der kommt da oft zu ganz anderen Ergebnissen.«

Schlecht: »Nach Durchsicht der eingereichten Unterlagen scheint bei Ihrem Mann ja nicht viel zu holen sein.«

Gut: »Das so genannte Trennungsjahr muss natürlich kein Jahr dauern, dieser Terminus ist eher eine Art Richtwert.«

Schlecht: »Wie lange leben Sie nun schon getrennt von Tisch und Bett? Können Sie das nachweisen?«

Gut: »Keine Sorge. Sie werden nie wieder arbeiten müssen, wenn Sie nicht wollen. Versprochen.«

Schlecht: »Sie wissen aber schon, dass der Schwerpunkt mittlerweile bei finanzieller Eigenverantwortung liegt! Haben Sie schon einen Krippenplatz für Ihr Kind in Aussicht?«

WO MAN MÄNNER VERMISST UND BRAUCHT

ERSATZSTRATEGIEN UND -BEFRIEDIGUNG

Es gibt sie im Leben jeder noch so souveränen und glücklichen Singlefrau: Momente, in denen sie sich doch einen Mann an ihre Seite wünscht. Situationen, in denen sie denkt, nein, überzeugt ist, ohne passenden Sidekick sei das Leben eher Tragödie als Komödie.

Zum Glück ist die Liste der Dinge übersichtlich, für die traditionell ein Menschen mit xy-Chromosomenset benötigt wird. Und die beste Nachricht: Das meiste davon kann problemlos ersetzt werden. Traurig eigentlich, aber auch tröstlich. Im Folgenden zeigen wir praktische Alternativen zum Original auf:

MANN	ERSATZ
als Begleitung auf Familienfeiern	Walker oder guter Freund
als Bettwärmer bei chronisch kalten Füßen	Wärmflasche oder Heizkissen
als Beschützer nachts auf der Straße	Karate- oder anderer Selbstverteidigungskurs, Pfefferspray, Elektroschocker, Alarmgerät
als jemanden zum Anlehnen	Hauswand
als Freund, der Sie mal wieder zum Lachen bringt	Comedysendungen, die man wenigstens wieder abstellen können, wenn's reicht
als Flirt, wenn der Frühling ausbricht und auf den Straßen nur Verliebte zu sehen sind	kalte Dusche und anschließend ein Liebesdrama mit bösem Ende auf DVD ansehen; oder Liebesgefühle auf die Natur übertragen, euphorisch Bäume umarmen, Knospen liebkosen …
als Partner, um die Miete mit jemandem zu teilen	Wohngemeinschaft

als Kerl für eine schöne Massage	als Demonstrationsmodell für einen Shiatsu-Kurs anmelden
als Helfer, um eine Lampe oder eine Gardinenstange anzubringen	Nachbarschaftshilfe, guter Freund, Handwerker
als Spender von Komplimenten	Bauarbeiter, italienische Kellner
als Liebenden zum atemlos Küssen	Erste-Hilfe-Kurs auffrischen und sich einen atemberaubenden Partner für die Wiederbeatmung suchen
als Gourmet, um schick essen zu gehen	örtliche Dinner-Dating-Termine wahrnehmen
als Lakaien zum Wasserkisten schleppen	Muskelmann vom Getränkedienst
als Vertrauten, um mal wieder händchenhaltend durch die Gegend zu laufen	kleines Kind von Freundin ausleihen
als jemanden, der sich freut, wenn Sie nach Hause kommen, und zum Herumkommandieren	kleinen Hund anschaffen
als Sexpartner	Vibrator, Selbstbefriedigung, Tantra-Gruppe
als Zukunftsplaner	Anlageberater

Ein letzter Hinweis: Der Mann fürs Leben, der Ihnen mindestens 80 Prozent dieses Portfolios bietet, ist leider unersetzbar. Sorry. Kommt aber äußerst selten vor.

DATING FÜR DUMMIES

SÄTZE, DIE SIE NIEMALS SAGEN SOLLTEN

Viele Frauen stürzen in tiefe Verwirrung, nachdem sie einen attraktiven Mann kennengelernt haben. Obwohl beim ersten Treffen alles glatt lief, man sich wunderbar verstand, Telefonnummern austauschte und sich zwischendurch tief in die Augen schaute, müssen Singles danach endlos und oft vergeblich auf den nächsten Anruf warten.

Die Verschmähten rekapitulieren noch einmal jedes Detail der Begegnung und rätseln, was sie wohl falsch gemacht haben. Hätten sie doch das rote Kleid mit dem Riesendekolleté statt des schlichten schwarzen anziehen sollen? Hätten sie besser nicht so ausschweifend vom letzten Ibiza-Urlaub erzählt?

Der Fehler im System liegt meist in einer einzigen Äußerung. Wie ein mutierter DNA-Strang kann dadurch die Gewinnchance im Paarungslabor von »go« auf »no« reduziert werden.

Was? Welcher Satz, bitte? Falls Sie sich auch wundern, warum Sie bei Männern in der Vergangenheit manchmal nicht landen konnten, obwohl Sie sich unwiderstehlich brillant und charmant präsentierten, haben wir hier eine Liste der tödlichen Schlüsselsätze für Sie zusammengestellt. Meiden Sie alle. Und verinnerlichen Sie dazu dieses seelisch überlebenswichtige Stück Information: Männer mögen es laut einer Studie noch immer nicht, wenn Frauen intelligenter und/oder witziger daherkommen als sie selbst. Alles andere verursacht ihnen – tja, Unterlegenheitsgefühle. Miese Laune. Verängstigte Genitalien. Geschickte Frauen verhalten sich beim Dating also am intelligentesten, wenn sie sich weniger intelligent und erfolgreich geben. Wie, Sie können ausnahmsweise mal nicht folgen? Egal. Sagen Sie einfach nie, niemals, folgende Sätze (und schauen Sie auch nicht zu kritisch):

BEIM ERSTEN DATE

- *»Mein Abi hab ich mit 1,1 gemacht, als ich gerade 17 wurde und von diesem Modeljob aus Japan wiederkam.«*

- *»Ach, ist ja lustig – ich kenne deinen Chef! Mensch, der Klausi!«*

- *»Ich muss noch mal meinen Blackberry checken, ich hab gerade den Zuschlag bekommen, das WTC wieder aufzubauen.«*

- »*Meinen anderen Männern war ich immer viel zu intelligent ... ich bin so froh, dass das bei dir nicht so ist!*«

- »*Hast du mich neulich bei Wer wird Millionär? gesehen, als ich bei der 500 000-Euro-Frage dann doch den ersten Joker nutzen musste? Wie blöd!*«

- »*Sexy, ach, ich weiß nicht ... Es ist auch eine bedrückende Verantwortung, wenn man Befehlsgewalt über eine Atommacht hat.*«

- »*In meinem letzten Job hatte ich zwar 150 000 Euro mehr im Jahr, aber dafür bin ich jetzt glücklicher, und mein Aufgabengebiet als Global Vice President ist auch größer.*«

- »*Wollen wir meinen Porsche nehmen oder lieber den Hummer?*«

Meiden Sie außerdem allzu redselige Offenbarungen (siehe auch Kapitel »TMI«) wie:

- »*Mein Exmann hat mir seine Schulden überschrieben.*«

- »*Mein Exfreund war Formel-1-Fahrer/im Vorstand der Thyssen AG/Pornodarsteller/Geheimagent.*«

- »*Meine drei Kinder sind aus dem Gröbsten raus.*«

- »*Hihi, mach dir keine Sorgen wegen der Verhütung, ich bin schon in der Menopause.*«

IQ-Dropping

Ups, Sie merken, Sie tragen zu dick auf? Falls Ihnen doch mal ein Dating-Lapsus unterlaufen sein sollte (Sie bemerken das an der Einsilbigkeit Ihres Gegenübers), müssen Sie schnell eine Kurskorrektur vornehmen. Downsizen Sie Ihren IQ ganz einfach mit folgenden Dummheiten. Kombinieren Sie dazu einen treuherzigsüßen Blick von unten herauf. Sie sind größer als der Mann? Hergott, wenn Carla Bruni das konnte, schaffen Sie das doch wohl auch!

Beim Fußball-Gucken

Taktisch falsch:

»Seit Sie den xy eingekauft haben, ist InterMailand ja auch erst richtig weitergekommen in der Champions League.«

Richtig wäre: »In welchem Land liegt noch mal Real?« Und sprechen Sie es englisch aus: »Riehl!«

Beim Essen

Taktisch falsch: »Das Chateaubriand hab ich ja in Mougins schon deutlich besser gegessen … weißt du, als ich zu den Filmfestspielen in Cannes da war.«

Richtig wäre: »Was ist denn bitte Carpaccio? War das nicht ein Gebirgszug im Osten?«

Im Kino

Taktisch falsch: »Ich finde, diese japanischen Regisseure werden total überschätzt. Hat es seit Kurosawa eigentlich jemals wieder einen solchen Meister seines Fachs gegeben?«

Richtig wäre: »Ich würde gerne mal wieder einen richtig guten Film sehen, so wie *Dirty Harry* – das war doch die Fortsetzung von *Harry und Sally*, oder?«

Im Bett

Taktisch falsch: »Erstaunlich, in so einem brillant geschnittenen Hedi-Slimane-Anzug sieht doch jeder Männerkörper deutlich eindrucksvoller aus als nackt!«

Richtig wäre: »Oooh, aber du wirst mir damit doch nicht wehtun, oder?«

NAHVERKEHR OHNE UMWEGE

SEX-SONDERANGEBOTE FÜR
DIE SINGLE-FRAU

Mit Sex ist es wie mit dem Rollschuhfahren: Auch wer diese Sportart längere Zeit nur als passives Mitglied ausgeübt hat, verlernt es nicht. Oft hat man sowieso Besseres zu tun (siehe auch Kapitel »Och nö!«, Gute Gründe gegen Sex). Doch dann gibt es immer wieder diese Phasen, in denen die Hormone Anregung von außen brauchen und sich der Körper nach unbekannten Streicheleinheiten sehnt. Kurz: in denen man Sex braucht. Möglichst schnell. Nur, mit wem? So verzweifelt, in die Niederungen des Resterampen-Abschleppens nach durchzechten Nächten abzusteigen, ist man denn doch nicht. »Gigantorix« aus dem Internet-Chat ist auch etliche Stilnummern zu klein. Gewisse hygienische und optische Standards möchte man nicht unterschreiten. Müssen Sie auch nicht! Alles eine Frage der Fangmethode.

Methode 1: Tauschring
Sie geben Ihren Freundinnen doch auch die Adresse Ihres Friseurs, Ihrer Kosmetikerin oder Ihres Arztes, wenn er Ihnen gute Dienste leistet. Warum also nicht auch die von abgelegten Männern, die Sie im Bett glücklich gemacht haben? Vielleicht haben Sie im Tausch auch einige abgewiesene Anwärter, die noch zu haben sind und vielleicht Ihre Freundin zufriedengestellt haben (zumindest in einer Hinsicht)? Das macht mehr Spaß als Panini-Fußballerbildchen auszutauschen.

Stellen Sie mit Singlefreundinnen einen Pool von Exliebhabern zusammen. Ein Sammelbecken von Sexualobjekten, die gerne zur Verfügung stehen und die gerade allein sind: attraktiv, gesund, gepflegt, nett und manierlich. Kurz: die also schon mit Referenzen kommen (so eine Art TÜV-Stempel). Heavy Rotation im Freundinnenkreis, Best of der größten Hits – ein Rezept, mit dem auch schon Plattenfirmen reich geworden sind. Aber: Behandeln Sie den Mann pfleglich, bitte auch sein Herz. Und verlassen Sie ihn so, wie Sie ihn vorzufinden wünschen – ordentlich.

Methode 2: Sex mit dem Ex

So welche hat doch jede Frau im Portfolio: den Exfreund, der zwar sozial und emotional unmöglich war, aber Ihnen im Bett einfach alles ermöglichte; die süße Affäre, auf deren Fortsetzung Sie keine richtige Lust hatten, weil sie absehbar zu nichts führte. Jetzt ist die Zeit gekommen, einen dieser Ersatzmänner aufs sexuelle Spielfeld zurückzuholen. Schicken Sie eine verheißungsvolle SMS oder eine E-Mail, und schauen Sie, wie er reagiert. Im absoluten Notfall dürfen Sie bei diesem Recyclingverfahren auch auf Exlover zurückgreifen, die gerade unglücklich oder gleichgültig liiert sind. Hauptsache, es gibt keine anschließenden Du-warst-immer-die-Frau-meines-Lebens-Verwicklungen und Herzschmerzen. Was Sie dafür erwartet: bewährter Qualitätssex mit schwach erinnerter Romantik-Komponente. Schön, wenn er wieder mal kommt. Schöner, wenn er wieder geht. Am schönsten, nachdem er noch ein paar kleine Reparaturen im Haushalt erledigt hat – Lampe anschließen, Bilder aufhängen, Internetzugang installieren etc.

Methode 3: A friend in need

Sechs von zehn befriedigten … äh, befragten Frauen berichten, regelmäßig mit einem Freund ins Bett zu gehen, mit dem sie keine Beziehung führen. Just for fun! Wenn Sie zusammen überall sonst – im Kino, beim Open-Air-Festival oder in fremden Ländern – Spaß mit- und Respekt voreinander haben können, warum nicht auch auf den 1,40 × 2 Metern Ihres Bettes? Also ran an den geschätzten Freund, der vielleicht für eine Beziehung nicht in Frage kommt (sein modischer Stil! seine kleinen Macken! man weiß einfach zu viel voneinander.), aber mit seinem Körpereinsatz durchaus die erste und zweite Casting-Runde überstehen würde. Dass er sich nicht in Sie verlieben sollte und Sie sich nicht in ihn, muss dafür von vorneherein klar sein. Sonst haben Sie anschließend nicht nur einen reizenden Liebhaber, sondern auch einen lieben Kumpel weniger. Ach ja, wenn Sie das Kind beim Namen nennen wollen: Auf Englisch nennt man so jemanden »fuck buddy«. Sagen Sie's ihm aber bitte nicht!

Methode 4: E-Mail für dich – oder: virtuell kommt schnell
Sie sind eher so der Typ fürs Virtuelle? Dann schaffen Sie es auch, über soziale Netzwerke einen potenziellen Paarungspartner anzuködern. Werfen Sie Ihr Netz im Netz aus. Alle reden von Online-Dating-Sites – pah, da kann und will doch jeder jede. Viel zu plump für Sie. Gehen Sie da fischen, wo man es weniger erwartet. Also auf Facebook, Myspace oder dem Chat-Portal Ihres Weinlieferservices: verheißungsvolle Kandidaten per fachkundigen E-Mails in Erregung versetzen und sich dann nach langem wörtlichem Vorspiel zum finalen Date im Hotel treffen. (Sollte sein Bild gefälscht gewesen sein, können Sie es immer noch bei einem Drink in der Hotelbar belassen.) No risk, no fun! Aber schauen Sie sich Madonnas schönes altes Video »Bad Girl« vorher noch mal an. Und auch wenn wir Sie langweilen: Vergessen Sie die Kondome nicht. Nicht nur in der Handtasche tragen!

Vintagesex
Falls unerwarteterweise gerade gar keine dieser Methoden zu Ihnen passt, wenn weder Recycling-Kandidaten oder frische Gelegenheiten auftauchen: Wie wäre es dann mit Vintagesex? So eine Art erotisches Poesiealbum mit den schönsten Highlights aus Ihrem bisherigen Sexualleben. Erinnern Sie sich bitte in Ruhe und detailliert. Versuchen Sie, genau Namen, Nachnamen, Jahreszahl, Augenfarbe, Zahl der Nummern zu erinnern. Genießen Sie seinen Duft, sein Sixpack, Ihre Lieblingsstellung als Retrospektive, so können Sie auch gleich Alzheimer vorbeugen. Kopfkino für Anspruchsvolle!

FAMI-LIE & KIN-DER

REDEN FÜR FAMILIENFEIERN

WAHRE WORTE AUS DER
MÖRDERGRUBE DES HERZENS

Einer der schönsten und schrecklichsten Krisenschauplätze ist und bleibt die Familienfeier. Bei diesen endlos (und gefühlt ewig) dauernden Events werden Contenance und Durchhaltevermögen stark strapaziert. Gerade Frauen, die traditionell für die Beschaffung eines Geschenks und die warmherzigen Worte zuständig sind, fürchten, diesem emotional und verbal nicht gewachsen zu sein. Die Aufgabe kommt der eines Pressesprechers im Kanzleramt gleich: Highlights und gute Absichten müssen herausgestellt und Unangenehmes muss verschwiegen werden. Über Jahre aufgestaute Gefühle haben da keinen Platz und sollten vorher zur Explosion gebracht werden – schon allein wegen des Erbes!

Deshalb sprechen wir hier einmal das aus, was Sie eigentlich sagen wollten, aber sich weder trauen werden noch trauen sollten. Unsere Reden aus dem Giftschrank familiärer Gefühle entlasten und erleichtern. Lösen Sie sie am Vorabend in etwas Alkohol auf, und sprechen Sie alles einmal laut aus. Das hat kathartische Wirkung, die Sie für den Ernstfall seelisch wappnet und Ihnen einiges an Beruhigungsmitteln erspart.

Und den einen oder anderen Satz können Sie vielleicht wirklich einbauen – allein, um zu hören, ob alle noch wach sind.

ZUM 70. GEBURTSTAG DES VATERS

Lieber Vater,
jetzt bist du schon 70. Unglaublich – bei deiner Lebensweise! Jeden Abend Cognac und Zigarren sind ja nicht gerade das, was dein Arzt dir nach dem letzten Schlaganfall geraten hatte. Aber wie wir alle hat auch er Angst vor deinem Jähzorn und hält deshalb lieber den Mund. Jetzt auf die letzten Meter noch enterbt zu werden, ist ja auch keine Alternative, nachdem wir alle so lange tapfer durch- und dich ausgehalten haben … (Lacher).

Wie schön, dass du ausnahmsweise so großzügig bist, alle hier zu versammeln, die wir nicht erfindungsreich genug für eine gute Ausrede waren, ja, sogar die zwei unehelichen Kinder dürfen dabei sein, die du uns bisher immer vorenthalten und hoffentlich nicht in deinem Testament bedacht hast! Weißt du, irgendwie hatten wir es schon immer geahnt, dass die Tante Erika keine wirkliche Tante war. Dein überraschend angereister kleiner Ableger aus der Karibik hat uns zudem gezeigt, dass du erstens nicht der Rassist bist, für den wir dich immer alle gehalten haben, und zweitens, dass deine Männlichkeit auch in fortgeschrittenem Alter noch tadellos funktioniert. Wie schön für Dich! (Applaus)

Da wir hier alle nun ausnahmsweise so nett zusammensitzen und du auch nicht einfach wie üblich abhauen kannst, wenn dir was nicht passt, wollen wir auch gar nicht mehr darüber diskutieren, ob uns die Ohrfeigen damals nun geschadet haben oder nicht. Dafür haben wir schließlich mittlerweile alle unsere Therapeuten. Und obwohl Dr. Goldbaum da anderer Meinung ist, sollten wir endlich mal dankbar anerkennen: Ohne die von dir verursachten Neurosen, Ängste und Defizite, lieber Vater, wären wir alle längst nicht so erfolgreich besessen von unseren Berufen. Weil wir noch mit 35 trotz besseren Wissens der Anerkennung und dem Lob hinterherhecheln, die du uns immer vorenthalten hast – sicher nicht aus bösem Willen, sondern weil dir außer dir selbst einfach nie jemand wichtig war.

Lieber Vater, wir hoffen, dass dir unser Gemeinschaftsgeschenk gefällt. Wir haben alle zusammengelegt für das Seniorenhandy mit den extra großen Tasten – inklusive Krankenschwesterporno- und Lebenserwartungs-App zum Angeben vor deinen Freunden – oder, präziser ausgedrückt, wie du von uns immer so streng gefordert hast, Bekannten. Lass uns damit in Kontakt bleiben, und denk dir nichts Böses, wenn ich dich plötzlich wegdrücken muss. Du hast ja damals auch nie zurückgerufen, als ich dich dringend um Geld für die Bafög-Rückzahlung bat! (Leise Buhrufe)

Bis wir von zu Hause auszogen, hat dich ja kaum einer je zu Gesicht bekommen, aber das ist zum Glück jetzt anders. Wenn wir heute mit dir reden wollen, brauchen wir nur auf den Golfplatz zu gehen, wo du endlich ein Zuhause gefunden zu haben scheinst, das dir Mutter trotz all dem wunschgemäß aufgetischten Sauerbraten anscheinend nie geben konnte.

Nun wollen wir alle unser Glas auf dich erheben – alle, bis auf Cousine Isabel, die partout nicht mitkommen wollte, nachdem du ihr beim letzten Familienfest an den Hintern gegrapscht hast. Auch ihren Kommentar »Ich schaue doch nicht auch noch dabei zu, wie ihr dem widerlichen alten Wichser wegen seiner Kohle in den Arsch kriecht«, möchte ich dir zur Feier des Tages ersparen. Vater, lang sollst du leben – aber übertreib es bitte nicht! Prost! (Jubel, Klatschen)

ZUM 65. GEBURTSTAG DER MUTTER

Liebe Mami,

eigentlich weiß ich auch nicht, weshalb ich diese Rede jetzt halte – schließlich war der Julian doch immer dein Lieblingskind und hat im Laufe der Jahre auch das meiste Geld von dir zugesteckt bekommen. Obwohl er es noch nicht mal geschafft hat, mir seinen Anteil an dem Geschenk zu überweisen, das ich für dich mal wieder alleine ausgesucht und besorgt habe. Auf der Glückwunschkarte musste ich sogar seine Unterschrift fälschen, so wie damals schon deine Unterschrift unter seinen Deutscharbeiten, die er sich nicht getraut hat, dir zu zeigen, er war in Deutsch nie besonders gut. In Mathe und Englisch auch nicht. Aber das hast du dir ja – wie so viele Sachen – immer schöngeredet, eins deiner wenigen großen Talente übrigens. (Applaus)

Liebe Mami, du hast uns das Leben geschenkt – eine Schuld, die wir niemals abtragen können, woran du uns immer aufs Neue erinnerst. So haben wir lange überlegt, was wir dir zu deinem heutigen Geburtstag im Gegenzug schenken könnten. Für die obligatorische Kreuzfahrt bist du zu unbeweglich und fremden Speisen, Sitten und Ländern gegenüber zu unaufgeschlossen – schließlich lag dein Bewegungsradius in den letzten zehn Jahren nie über einem Kilometer, sieht man mal von den Besuchen bei Tante Hilde in Kassel ab. Ein süßer Hund, der dir schon wegen der Bewegung an der frischen Luft sicher guttäte, würde dir zu viel haaren und schmutzen, was du mir auch immer bis zum Erbrechen vorgeworfen hast, bis ich auszog. Rückblickend eigentlich merkwürdig, dass dir Julians überall im Haus verteilte Schweißsocken nie etwas ausgemacht haben ... Aber das ist ein anderes Tabuthema.

Ein Opernbesuch bei mir in München? Genau, diese deutsche Großstadt, in der ich seit fünf Jahren wohne! Allerdings hast du den Weg dahin ja noch nie gefunden, du wolltest ja Papa nie so lange alleine lassen. Und während einer Wagneroper darf man auch nicht ständig in der Handtasche kramen und alle zehn Minuten wieder aufstehen um zur Toilette zu gehen. Was gab es noch? Das Autogramm von Roger Whittaker auf ebay hat uns leider jemand in letzter Sekunde weggeschnappt, und das Angebot »Ein intimer Abend mit Roy Black« schien uns unseriös, da der seit einigen Jahren tot ist – genau wie, du musst jetzt ganz tapfer sein, Mami: Rex Gildo. Falls es dich tröstet, beide waren schwul. (Entsetztes, ungläubiges Raunen)

So sind es doch mal wieder ein Hermèstuch, das du in absehbarer Zeit bitte mir vererben wirst, und ein weiteres Porzellantier von Nymphenburg geworden, auf das Julians Frau sicher scharf sein wird.

Ich freue mich besonders, dass wir heute alle deinen lieben Herbert in unserer dysfunktionalen Familie begrüßen dürfen, den du, wie du sagtest, auf dem Friedhof an Papas Beerdigung kennen- und schnell darauf lieben gelernt hast, weil dich das der Verlegenheit enthob, aus deinem Leben noch mal etwas Eigenes machen zu müssen. Es ist wunderschön, jemanden kennenzulernen, der in eurem Alter derart abgeklärt und kompromissbereit ist, dass er sogar mit einer Überdosis mumifizierter Blumenkränze an altrosa Chintzschleifen leben kann. Ja, du weißt zudem zu berichten, er fände deine Standardrezepte mit Maggifix-Soßenbinder »delikat« und dein morgendliches Geschwätz »charmant«! Mami, tu dir und uns allen einen Gefallen und halte den Herbert ganz, ganz fest! (Nicken, Rührung) Dann hast du auch jemanden, den deine Meinung interessiert, weil ich es einfach nicht mehr hören kann und will, dass ich nie

genug Einbauschränke habe, in meinem Alter Apricot statt Schwarz
tragen und fünf Kilo abnehmen sollte, meine Kinder verziehe und
die Emanzipation Frauen nur unglücklich gemacht hat.

Ade! Zum krönenden Abschluss kommt ja gerade auch der Julian
mit seinem welken Blumenstrauß von der Tanke herein – wie immer
gerade rechtzeitig, wenn es etwas umsonst zu essen und vor allem zu
trinken gibt. Nun sind wir fast komplett – dein Enkel, der dich nie
Oma, sondern immer nur Gisela nennen durfte, hat heute leider ein
Karate-Turnier. Er wünscht dir aber alles alles Gute und wollte dir
eine SMS schicken. An der du sicher Freude hättest, wenn du dir ein
Handy zulegen würdest – von einem E-Mail-Account mal ganz zu
schweigen. (Ungläubiges Gelächter)

Mami, wir haben dich lieb, denn du bist die beste Mutter, die wir
je hatten.

ZUR HOCHZEIT DER JÜNGEREN SCHWESTER

Bettina, meine liebe kleine Schwester,
wohl keiner von uns, die wir hier zum Preis eines Dessertellers aus
dem von euch gewünschten, verblüffend hässlichen Porzellanservice
heute euren billigen Sekt trinken dürfen, hätte wohl gedacht, deinen
Hochzeitstag erleben zu dürfen. Ich zu allerletzt! Zu zahlreich waren
deine bisher eher unglücklichen und zumeist auch kurzen Beziehun-
gen mit Männern, die du abschließend wahlweise als »Schweine«
oder »Langweiler« bezeichnet hast. Und Heiraten oder auch nur
dein eigenes Geld zu verdienen, fandest du, unser verwöhntes Nest-
häkchen und ewige, unbezahlte Praktikantin in hippen Werbeagen-
turen und Bars, ja sowieso immer total spießig.

Umso mehr freuen wir uns alle heute, Deine überraschende Ver-
mählung mit … Micha … äh … Martin … na, … äh … Frank fei-
ern zu dürfen, der nun gottseidank künftig für deinen Unterhalt und
deine überkandidelten Wünsche zuständig sein wird. Dass du dich
gleich am Anfang der Ehe damit durchgesetzt hast, dass dein Mann
deinen Nachnamen annimmt, hat Vati und Mutti ja derart gerührt,
dass sie euch die große Suppenterrine mit zwölf Tässchen gekauft
haben – auch wenn Außenstehende den schönen Familiennamen

Gleisberg wahrscheinlich nicht ohne Not gegen Krystyzyltoroph ein-
getauscht hätten. Schon im Interesse eurer Kinder, von denen das
erste ja heute bereits deutlich sichtbar mit uns feiert und wahr-
scheinlich der tiefere Grund für dieses romantische Fest der Liebe ist,
ebenso wie für das sackähnliche Kleid, du Arme. Da fällt mir gerade
ein: Du wusstest schon, dass die Farbe Weiß bei Hochzeitskleidern
für Jungfräulichkeit und Reinheit steht, oder? Lustig! (Betroffenes
Schweigen)

Es ist ebenfalls lustig und eine schöne Familientradition, dass ein
weiterer kleiner Krystyzyltoroph schon im Kindergarten seinen
Nachnamen wird buchstabieren müssen. (Lachen) Gehen wir zu-
dem wider alle Erfahrung und besseren Wissens davon aus, dass, äh,
na, der Frank sogar der Vater ist, steht eurem glücklichen, legalen
Familienleben im Reihenendhaus, wie du es bisher immer lautstark
zum Kotzen fandest, nichts und niemand mehr im Wege. (Kollektive
Rührung)

Nicht mal ich, da dein Gatte Gott sei Dank der erste Mann ist,
den ich nicht attraktiv genug finde, mit ihm eine Affäre zu beginnen,
so wie es bei Martin, Michael und, nun ja, leider auch bei Thomas
der Fall war. Oh! Von Thomas und Martin hast du nichts gewusst?
Wirklich nicht? Nun, ist jetzt auch egal, schwesterlich geteilt, verge-
ben und vergessen, da du endlich deine große Liebe gefunden hast!
Und wie sagte doch der Herr Pastor vorhin so schön: Die Liebe ver-
zeihet alles. Jedenfalls, solange du die Schwangerschaftspfunde nach
der Geburt auch zügig wieder abnimmst, was, Frank? (Allgemeines
Gelächter)

Und so erheben wir nun alle – bis auf die Braut und ihr Baby
natürlich – unsere Gläser und trinken auf eure Zukunft, euer Glück
und das eurer Kinder. Und darauf, dass ihr mich nicht zu oft als
Babysitter einplant.

ZUR KONFIRMATION DES SOHNES

Lieber Paul,
heute haben wir deine Konfirmation gefeiert. Nein, mal keine Hip-
Hop-Party, und es tut mir auch leid, dass man das Ganze nicht als

Videospiel für die Playstation oder X-box bekommen kann. (Auflachen) Was das mit dieser Konfirmation auf sich hat, hatten wir ja zusammen vorher besprochen, du weißt doch, an dem einen Abend, an dem du ausnahmsweise mal ohne den Rest deiner Band und vor Mitternacht nach Hause gekommen bist: der Eintritt in die Glaubensgemeinschaft. Du erinnerst dich, das mit Gott und so. Fandest du ja auch, dass das ein krasser Typ ist. Ich finde tröstlich, dass er mir ab jetzt hilft, auf dich aufzupassen, auch wenn es wirklich ein Wunder wäre, dich dazu zu bringen, deine schmutzige Wäsche vom Boden aufzuheben. (Oho, Hört-Hört-Rufe)

Der da vorne am Altar war dann leider nur Pastor Hegemann, sein irdischer Vertreter. Ich weiß, dass es dir auch lieber gewesen wäre, wenn er seine Predigt wie Eminem gerappt hätte. Aber das wollten wir Pastor Hegemann auf seine alten Tage nicht abverlangen. Außerdem steht ihm eine umgedrehte Baseballmütze sowieso nicht.

Aber konzentrieren wir uns auf die guten Nachrichten: Du kennst doch auch die Beastie Boys, die schon zu meiner Zeit grölten (stimmt an, stößt die Faust in die Luft, Publikum zuckt zusammen und erwacht): »You gotta fight for your right to paaaaarty.« (Räuspern) Nun, heute musst du für gar nichts kämpfen – du wüsstest ja eh nicht, wie das geht – zumindest nicht für das Recht auf ne Party: Dein Vater und ich, auch wenn wir schon lange getrennt sind, haben hier gemeinsame Sache gemacht und zusammengeschmissen, damit die Sause in diesem schicken Laden, der Anfang der 90er wirklich mal total angesagt war, steigen kann. Und stell dir vor (stolz): Du darfst auch ein Glas Wein trinken zur Feier des Tages! (Applaus)

Paul? Hast du nicht gehört? Wieso freust du dich jetzt nicht? Verdammt, jetzt nimm doch mal deine iPod-Stöpsel aus den Ohren! Nein, ich wiederhole das jetzt nicht noch mal alles, was ich eben erzählt habe! Was fragst Du? Wer der Typ mit der Videokamera ist? Ach, das ist Onkel Jürgen aus Hannover, der neue Freund von Tante Hannah. Ob der das morgen auf youtube postet? Keine Ahnung. Ach so, das wäre dir peinlich wegen Hemd und Krawatte? Na, ich rede gleich mal mit ihm.

Jedenfalls ist die andere gute Nachricht, dass du heute ganz schön absahnen wirst. Dein Vater und ich haben ja vorher bereits ausführlich mit dir darüber gesprochen, dass das hier eine ernstzunehmende Sache ist und keine Veranstaltung, um schnell an ein bisschen Cash zu kommen. Du weißt ja, dass das Geld zu achtzig Prozent dafür draufgehen wird, die Graffitischäden zu bezahlen, die du mit deinem Freund Benny auf den Parkbänken verursacht hast.

Wer hier die ganzen Leute in Spießerklamotten sind, hast du mich beim Reinkommen gefragt. Ja, da staunst du, was? So viele sackalte Verwandte hast du, krass, oder? Ist klar, dass dir die fremd vorkommen, schließlich wohnen fast alle in anderen Städten, und du kennst sie nur wegen ihrer Geburtstagskarten mit darin enthaltenen Geldscheinen. Heute geben sie das Geld zur Feier des Tages persönlich ab, ist doch auch mal nett. Nein, du musst sie dann nicht zum Dank unter deine Facebook-Freunde adden.

Paul, dieser besondere Tag macht mich sehr stolz auf dich! Nicht nur, weil das heute ein wichtiger Schritt zum Erwachsenwerden ist, der mal nichts mit Alkohol, Mädchen oder Drogen zu tun hat. Nein, stolz bin ich vor allem, weil du während der ganzen Zeit, in der wir hier sitzen, keine SMS geschickt, dich weder auf dem Stuhl gelümmelt hast noch zum Kiffen aufs Klo gegangen bist. Du hast auch nicht »is' ja heftig, Alte« gesagt, als Tante Hilde von ihren Depressionen erzählt hat, und dich brav für ihre bunten Pillen interessiert.

Außerdem möchte ich sagen, dass es für mich als Mutter besonders schön ist, dich mal in einem frischgebügelten weißen Hemd zu sehen statt in diesen schluffigen Sweatshirts, die im coolsten Skateboardladen der Stadt ein Vermögen kosten. Dass du dort letztes Jahr sogar dein Schulpraktikum machen wolltest und nicht in der Kanzlei von Onkel Thomas, hab ich nie verstanden, aber immerhin kriegen wir in dem Laden jetzt 20 Prozent auf alle Markenklamotten.

Lieber Paul, jetzt möchte ich dich bitten … (verwirrt) … Paul, komm her, was machst du da bitte mit der Tochter von meiner Freundin Judith? Wo geht ihr hin? Bier am Kiosk holen? Du bleibst bitte schön sitzen! Paul! Komm her! Paaaauuul!!!!!

SCHEINBAR SCHWANGER
PROBELAUF MIT BABYBAUCH

Sie wünschen sich ein Kind? Jein. An Tagen, wo Sie ein besonders süßes Exemplar gesichtet haben, denken Sie plötzlich: Oh ja! Und überlegen, ob es wohl Ihre Augen erben würde. An anderen Tagen werden Sie Zeugin eines erdbebenden Kleinkind-Wutanfalls vor dem Süßigkeitenregal und sind sich ganz, ganz sicher, dass so was doch nicht in Ihren Businessplan oder Kompetenzbereich passt. Dann ist plötzlich Ihre beste Freundin strahlend schwanger, und Sie wünschten sich … Ja, nein, also … vielleicht? Verdammt! Eine der wichtigsten Entscheidungen Ihres Lebens sollen Sie einfach so aus dem Bauch heraus fällen?

Unsere Empfehlung: Finden Sie in Ruhe präventiv heraus, wie Sie sich »in freudiger Erwartung« fühlen und auf Ihre Umwelt wirken. Seien Sie mal schwanger, nur für einen Tag, und strafen alle Lügen, die behaupten, ein bisschen schwanger ginge nicht. Praktisch daran und ein unbezahlbarer Dienst an Ihrer Lebensplanung ist, dass Sie auf diese einfache Art und Weise gleich die Reaktionen des Vaters in spe testen können (siehe auch Kapitel »Nette Männer lieben lernen«). Die Simulation mag sich als die effektivste Empfängnisverhütung entpuppen, die es je gab. Proben Sie also, bevor Sie leichtsinnig Eizellen und Sperma in Ihrer Gebärmutter verkuppeln – mit lebenslänglichen Folgen.

20 SCHRITTE ZUR ENTBINDUNG VON DER UNSICHERHEIT

→ *Mittelgroßes Kissen in riesige Unterhose unter enges T-Shirt stopfen.*

→ *Barfuß herumlaufen, beide Hände in die Hüften stemmen, dabei demonstrativ den Rücken durchdrücken. Ab und zu eine Hand auf den Bauch und den Kopf lauschend zur Seite legen.*

→ *Morgens als Erstes ins Badezimmer laufen, Kopf über das Waschbecken hängen und Würgegeräusche machen.*

→ Hartnäckig Kaffee, Alkohol, schwarzen Tee, Zigaretten, Roh-
milchkäse und noch irgendetwas völlig Unvorhersehbares wie
Erdbeeren ablehnen. Dafür plötzlich Salzgurken mit Eiscreme
essen. (Siehe auch Kapitel »Stellen Sie Ihre biologische Uhr
um«)

→ Ultraschallbild eines Embryos ausdrucken und an den Computer kleben.

→ In der Mittagspause in ein Babyausstattungsgeschäft gehen und
beim Anblick von winzigen Stramplern und Söckchen Entzü-
ckensschreie ausstoßen.

→ Im Laufe des Tages immer mal wieder regenschauerartig in Tränen der Freude, der Rührung oder der Panik ausbrechen – die
Hormone!

→ In der Wohnung laut überlegen, wo die Wiege stehen könnte.
Und die Wickelkommode. Und der Kuschelsessel zum Stillen.
Und der Kindsvater.

→ Abends den Partner dazu zwingen, Namen auszusuchen, statt
Bundesliga zu gucken.

→ In einen Babymarkt gehen und jede Menge Kinderwagen probe-
fahren. Dann verschiedene Maxi-Cosys mit 3,5-kg-Hantel
darin hochheben und einarmig schaukeln.

→ Zum Trost für die Rückenschmerzen Kuscheltiere kaufen.
Gurren.

→ Das Wunder Leben als BBC-Dokumentation im extralangen
Nabelschnur-Directors-Cut kaufen und beim Gucken hem-
mungslos schluchzen.

→ Sich in der Apotheke laut und ausführlich zum Thema Fol-
säurepräparate beraten lassen.

→ Jede Menge Bohnen und Linsen essen. Blähungen imitieren
ziemlich passgenau erste Kindsbewegungen.

→   *Stimmlage eine Oktave nach oben schrauben. Ab und zu atem-*
    los quietschen.

→   *Panisch seine Mutter anrufen und fragen, ob man eigentlich als*
    Kind Masern, Mumps und vor allem Röteln durchgemacht hat.

→   *Den Partner dazu zwingen, immer alleine das Katzenklo sauber*
    zu machen. Wegen Gefahr von Toxoplasmose. Laut überlegen,
    die Katze gleich abzuschaffen.

→   *Dem Kissenbauch Kosenamen geben und liebevoll mit Mozart*
    beschallen.

→   *Heißhunger auf Sex entwickeln.*

→   *Schwanger werden/nicht schwanger werden.*

LAND STATT STADT

REIF FÜR DAS LEBEN NACH
DEM LEBEN – IM VORORT?

Natürlich soll das Leben wild, aufregend, spannend und abwechs-lungsreich sein. Dachten Sie immer. Doch sobald Sie sich nieder-gelassen und Nachwuchs haben, gelten andere Parameter für Glück. Ist das Dasein außerhalb der hektischen Großstadt nicht ruhiger, schöner, sicherer? Für glückliche, gesunde Kinder überle-gen Sie plötzlich ernsthaft, mit der ganzen Familie in eine Dop-pelhaushälfte in einem Vorort oder Landkreis zu ziehen.

Vorsicht, Existenzkrise! Machen Sie sich nicht unglücklich. Krisenkönigin wirft einen Scharfblick auf die drei gängigsten Ü-27-Lebensformen und deren Risiken und Nebenwirkungen, die Ihnen kein Immobilienmakler verraten wird.

Großstadt	Vorort/Kleinstadt	Land
osteuropäische Einbrecherbanden schauen rein	neugierige Nachbarn schauen rein	Rehe in der Nachbarschaft schauen rein
gebrauchte Spritzen auf dem Spielplatz	gebrauchte Zweitwagen in der Spielstraße	durch Jauche missbrauchte Landluft
kurze und kurzweilige Wege zum Einkaufen	Lange und langweilige Wege zum Einkaufen	endlose Wander- oder Fahrwege zum Einkaufen
Spielkameraden der Kinder heißen Konstantin und Sophia	Spielkameraden der Kinder heißen Lars-Ove und Lina-Marie	Spielkameraden der Kinder heißen Hase, Igel und Fuchs
Ghettoblaster, Graffiti, Breakdance	Turnverein, Pflastermalerei mit Kreide, Heimatverein	Feuerwehrball, Förster-Tags am Baum, Polka
U-Bahn, Bus, Fahrrad, Füße	VW-Kombi, Schulbus, Bobby Car	Geländewagen, Moped, Fahrrad, Pferd
Night-Clubbing in schicken Bars	Night-Clubbing in Discos, die »Mirage« oder »Notorious« heißen	Night-Clubbing in Dorfkneipe mit Kegelbahn
Cosmopolitan und Bionade	Rum-Cola und Capri-Sonne	Bier, Almdudler
Small Talk: Politik, Kultur, Mode, Musik, Immobilienpreise, Wetter	Small Talk: das nächste Schulfest, Automarken, Rückengymnastik, Wetter, TV-Programm	Small Talk: Wetter, Borkenkäferplage, geplante Umleitung der A 24 durchs Dorf
Vielzahl an Ärzten und Krankenhäusern	allgemeiner Arzt, Kinderarzt und Kreiskrankenhaus	Tierarzt und Landarzt auf Anfrage
gastronomische Spezialitäten: Sushi, Fusion Cuisine	gastronomische Spezialität: Griechische Fleischplatte	gastronomische Spezialität: Jägerschnitzel
schlimmste Krise: keine Internetverbindung	schlimmste Krise: keine Zugverbindung	schlimmste Krise: kein Schützenfest

TELEFONSEELSORGE

SPICKZETTEL FÜR UNANGENEHME ANRUFE

Natürlich wissen Sie, dass Sie Ihre Mutter schon längst hätten zurückrufen sollen. Sie haben es nur … vergessen. Aufgeschoben. Verdrängt? Aus Angst vor diesen schwarzen Wortlöchern und dem dicken, erwartungsschweren Schweigen in der langen Leitung. Und ja, Sie sollten auch mit Ihrem Vater mal ein paar Sätze mehr wechseln, statt immer nur »Hallo, ich bin's, gibst du mir mal Mama?« zu sagen. Vielleicht morgen … Aber vergessen Sie nie: Eines Tages rufen Sie vielleicht zu spät an. Dann heißt es Flatline statt Flatrate. Und statt via Telekom können Sie dann höchstens noch durch Beten oder ein Medium in Kontakt bleiben.

Also, keine Angst! Zu Ihrer Unterstützung flüstern wir Ihnen die passenden Kommunikationsstrategien für schon lange anstehende Telefonate ein: Stichworte und Sätze, die weiterhelfen, wenn Sie mal wieder auf der langen Leitung stehen. Sogar für Problemgespräche mit Lehrern und Steuerbeamten! Um das Gespräch in Gang zu bringen oder quälende Gesprächspausen zu überbrücken, brauchen Sie nur einen Blick auf unseren Spickzettel zu werfen und können das Gespräch emotional, situationsgerecht und ergebnisorientiert in aufrechter Haltung weiterführen. Um sich hinterher, befreit von Schuldgefühlen, so richtig gut zu fühlen. Für ein optimales Ergebnis warten Sie bitte auch die Antworten ab und hören länger als einen Satz lang zu, bevor Sie beschwingt auflegen.

MUTTER

- ■ *»Hallo Mami!«*
- ■ *»Wie geht es dir?«*
- ■ *»Was macht dein Rücken/Herz/Tinnitus?«*

- *»Was sagt denn dein Heilpraktiker/Dr. Schulz von Waldenfels?«*

- *»Ist das Wetter nicht grässlich/wunderbar/windig?«*

- *»Du weißt doch bestimmt, wie man Blut/Kaffee/Schmieröl aus einer weißen Bluse bekommt?«*

- *»Hast du noch das Rezept für deinen Nusskuchen/dein leckeres Gulasch/den Mettigel?«*

- *»Was macht eigentlich mein Bruder/meine alte Freundin Beate/ mein Exfreund?«*

- *»Weißt du noch, als ich fünf war?«*

- *»Wann kommst du mich mal wieder besuchen?«*

- *»Ach, eh ich's vergesse: Danke für die Postkarte/den selbstgestrickten Pullover/das Heizkissen/das Geld, das in der Schokolade versteckt war!«*

- *»Ich hab dich lieb!«*

VATER

- *»Hallo Vati!«*

- *»Hast du heute schon die Süddeutsche/FAZ/Bildzeitung gelesen?«*

- *»Was macht die Arbeit?«*

- *»Wie geht es dir?«*

- *»Hast du den letzten John-Wayne-Abend auf Arte gesehen?«*

- *»Die spinnen doch alle, die Politiker von der FDP/CDU/SPD! Weißt du noch, wen man wählen soll?«*

- *»Ja, der Helmut Schmidt/Franz-Josef Strauß/Willy Brandt war noch ein Mann!«*

- *»Wie war denn das letzte Kammerkonzert/der Stammtisch/der Feuerwehrball/die Faschingssitzung?«*

- »*Ich will mir ein neues Auto kaufen, kannst du mir einen Mercedes/Jaguar/Smart empfehlen/kaufen/schenken?*«

- »*Rauchst du etwa immer noch Pfeife/Zigarre/Zigaretten?*«

- »*Was hältst du von dem preiswerten Aldi-Computer, der nächsten Donnerstag im Angebot ist?*«

- »*Was wünschst du dir eigentlich zum Geburtstag? Wie wäre es mit einem iPad/Handy/GPS?*«

- »*Du sag mal, Thomas/Ralf/Peter will da was mit Dreiländerfondsanlagen kaufen, was meinst du?*«

- »*Wie geht es Mama eigentlich wirklich?*«

- »*Ich hab dich lieb!*«

FINANZAMT

- »*Guten Tag, Frau Werdin!*«

- »*Schön, dass wir uns einmal persönlich sprechen!*«

- »*Sind Sie eigentlich so jung wie Ihre Stimme?*«

- »*Wie geht's, wie steht's, was macht die Staatsverschuldung?*«

- »*Kommen Sie sich nicht auch oft wie ein sinnloses kleines Rädchen im Getriebe vor?*«

- »*Wie ernst ist es Ihnen denn mit dem Termin zum 28., ich hätte da noch ein paar Unterlagen vorzubereiten/habe gerade keine Ressourcen frei/kann Ihnen den 28. des nächsten Monats anbieten/mein Steuerberater muss da noch ein paar Dinge klären.*«

- »*Haben Sie meine/n letzte Umsatzsteuererklärung/Blumenstrauß/Umschlag mit Bestechungsgeld noch nicht bekommen?*«

- »*Finden Sie es nicht auch moralisch bedenklich, im Voraus von mir Geld zu fordern, das ich wahrscheinlich gar nicht verdienen werde?*«

- »Es tut natürlich nichts zur Sache, aber ich bin alleinerziehend, und der Vater des Kindes zahlt keinen Unterhalt.«

- »Viele Leute denken ja, Finanzbeamte wären Unmenschen, mit denen man nicht reden kann. Unglaublich, was?«

- »Kann ich mal bei Ihnen vorbeikommen? Vielleicht könnten Sie bei meiner Steuererklärung ein paar Dinge erklären.«

- »Wie funktioniert das eigentlich mit der Selbstanzeige bei Steuerhinterziehung? Interessiert mich nur mal so. Theoretisch.«

- »Ein Tipp: Wenn Sie für Ihre Briefe schöneres Briefpapier verwenden würden, würden sich viele Menschen sicher mehr darüber freuen/lieber ihre Steuern zahlen.«

- »Können Sie mir einen guten Buchhalter/Mafioso empfehlen?«

- »Wieso heißt meine neue Steuernummer nun plötzlich 42426/kl statt 26w985440? Darauf sollten wir einen trinken!«

- »Leute wie Sie halten diesen Staat am Laufen. Ich finde Sie toll!«

BRUDER/SCHWESTER

- »Hallo, ich bin's! Na, ich! ICH! Deine Schwester!«

- »Lange nichts gehört …«

- »Was macht euer drittes Kind?/Das zweite Studium?/Die Surfkünste?«

- »Du, ich bin Ende des Monats bei dir in der Nähe/hab gerade meine Doktorarbeit abgeschlossen/heirate meinen Arzt.«

- »Schon gehört, Mama kriegt bald ihr erstes Hüftgelenk/ihre dritten Zähne/hat gerade ihren zweiten Frühling.«

- »Nicht vergessen, nächste Woche ist Muttertag/hat Mama Geburtstag/ist die Beerdigung von Mama.«

- »Was macht ihr Weihnachten/Ostern/in den Sommerferien?«

- »Könnt ihr vielleicht den Hund/die Kinder/Mama für ein paar Tage nehmen?«

- »Nein, es macht mir nichts aus, wenn du dir deinen Erbteil vorzeitig auszahlen lassen willst ... Wie viel denn genau?«

- »Hast du eigentlich die alten Super-8-Filme/dänischen Möbel/ Papas Jazzsammlung bei dir im Keller? Was willst du denn damit in Künzelsau/Donaueschingen?«

- »Habe ich dir eigentlich je dafür gedankt, dass du für mich damals Martin Schlünzer aus der 8b verhauen/ein Alibi vor Mami beschafft hast?«

- »Wir sollten uns dringend mal wieder sehen.«

KLASSENLEHRERIN DES KINDES

- »Hallo, Frau Reimers!«

- »Bitte erzählen Sie mir doch mal aus Ihrer Sicht, wo bei Lisa/ Julius/bei Ihnen/im System das Problem liegt!«

- »Das ist doch bestimmt nur eine Phase/die schlechte Gesellschaft/ein Hormonstau.«

- »Könnten Sie bitte mal ganz genau definieren, was das heißt: ›Er stört den Unterricht‹?«

- »Sind andere Lehrer auch dieser Meinung oder ist das immer nur bei Ihnen so?«

- »Aber der andere hat ihn doch provoziert!«

- »Ja, natürlich denke ich auch, dass Deutsch/Sport/Religion zu den wichtigsten Fächern gehört! Das sind doch Kernkompetenzen!«

- »Brauchen Sie noch Verstärkung bei der Durchführung der nächsten Bundesjugendspiele/Projektwoche/in der Kantine?«

- »*Die Wodkaflaschen auf der letzten Klassenreise haben ihm doch die Mädchen untergeschmuggelt! Er ist eben keine Petze.*«

- »*Das kann ich doch wohl als seine Mutter besser beurteilen. Seit wann, sagten Sie, sind Sie noch mal mit dem Referendariat fertig? Ach!*«

- »*Wann ist der nächste Elternabend? Mein Mann und ich würden sehr gerne kommen!*«

- »*Ich finde, Sie sind eine sehr gute Lehrerin.*«

VERKRACHTE FREUNDIN

- »*Oh, Ähm, Hallo? Hallo? Ach, Hallo…*«

- »*Ich dachte, ich melde mich mal wieder/dachte, du meldest dich mal wieder!?*«

- »*Wie geht es dir? Ich habe viel an dich gedacht/dich oft verflucht/vermisst.*«

- »*Sollten wir nicht mal wieder einen Kaffee trinken gehen/ein paar Kerle aufreißen/ein paar Dinge besprechen?*«

- »*Hast du noch das Buch, das ich dir geliehen habe/den Mann, den du mir weggeschnappt hast/deine lustigen Geschichten auf Lager, die würd ich gerne mal wieder hören?*«

- »*Weißt du noch, wie wir Luftgitarre zu Guns'n Roses gespielt haben/SATC geguckt/per Interrail nach Griechenland gefahren sind?*«

- »*Komm doch mal vorbei, ich hab alte Fotos/Klamotten/Briefe von dir gefunden.*«

- »*Bist du noch sauer auf mich?*«

- »*Ich bin nicht mehr sauer auf dich.*«

- »*Warum haben wir uns eigentlich damals gestritten?*«

- »*Ach, ist jetzt eigentlich auch egal. Mir jedenfalls.*«

- »*Wann hast du Zeit?*«

OMA

- »*Grüß dich, Omi.*«

- »*Wo kriegst du eigentlich immer das coole Danziger Goldwasser/Klosterfrau Melissengeist her?*«

- »*Mein neuer Freund könnte deinen Lifta-Treppenlift tunen!*«

- »*Was gibt's eigentlich bei der Caroline von Monaco Neues?*«

- »*Wollen wir zusammen das große Fest der Volksmusik gucken? Ich finde den Florian Silbereisen ja auch total süß!*«

- »*Wie viel Geld hast du zuletzt bei deiner Pokerrunde gewonnen?*«

- »*Mensch Oma, die D-Mark gibt's doch schon lange nicht mehr!*«

- »*Hast du's gut – ich wünschte, ich könnte auch betreut wohnen.*«

- »*Wie, du hast der Pflegeleiterin eine Vollmacht unterschrieben?*«

- »*Stimmt, solche Kerle wie Heinz Rühmann werden heute nicht mehr gemacht.*«

- »*Danke für den Zehner, den du mir in den Weinbrandbohnen versteckt hattest.*«

- »*Wie krieg ich eigentlich Läuse von den Pelargonien?*«

- »*Erzähl mir doch noch mal eine Geschichte, als Mama noch klein war…*«

- »*Du hast recht: So ein Bohnenkaffee schmeckt durch einen Porzellanfilter handaufgegossen doch gleich viel besser.*«

- »*Omi, du bist die Beste!*«

HEIMISCHES DROGENDEZERNAT
WER SUCHT VERMUTET, DER FINDET

Wenn Kinder zu Teenagern werden, lauern schlimmere Gefahren als schlechte Schulnoten, Endlostelefonate und miese Ernährungsgewohnheiten. Ungewollte Schwangerschaft! Alkohol! Drogen! Nun müssen Eltern besonders wachsam sein. Da Ihr Jugendlicher sowieso kaum noch mit Ihnen redet, sind Sie auf Beobachtungen und Indizien angewiesen. Benimmt er sich merkwürdig? Riecht er komisch? Ziehen Sie die richtigen Schlüsse aus seinem Verhalten!

Ihr pubertäres Kind hat wahrscheinlich Drogen oder sonstige Substanzen zu sich genommen, wenn es …

… plötzlich auffällig zärtlich und fröhlich ist, sogar den Arm um Sie legt: Verdacht auf **Ecstasy**. Fragen Sie, ob er Sie mal mit zum Tanzen nimmt. Sagen Sie aber nicht »abhotten« (siehe Kapitel »Verbales Lifting«).

… alle Aufräum-, und Hausaufgaben doppelt so schnell wie sonst schafft: Verdacht auf **Speed**. Ein Tipp, damit er sich und Sie nicht finanziell ruiniert: gibt's bei ADS auch auf Rezept.

… oft die Nase hochzieht, Anzeichen von Größenwahn zeigt, die über das in der Pubertät übliche Maß hinausgehen, dazu endlos redet: Verdacht auf **Kokain**. Geben Sie ihm vielleicht zu viel Taschengeld?

… eine SMS aus einem Gefängnis in Thailand erhält: gesicherter Verdacht auf **Heroin**. Ziehen Sie sofort in eine Wohnung, die nicht in der Nähe des Hauptbahnhofs liegt und auch keine direkten U-Bahn-Verbindungen dazu hat. Vertauschen Sie sein Handy mit einer iPhone-Attrappe, die keine Verbindung hat.

… stark verzögerte Reaktionszeiten hat und noch wirreres Zeug als sonst erzählt: Verdacht auf **Marihuana**. Sie sollten sich den

Geruch mal im Selbstversuch einprägen, damit Sie ihn nicht für das neue Prada-Parfum mit harziger Kopfnote halten.

… sich beim Heimkommen vor der Haustür übergibt und am nächsten Tag bis zum Abend durchschläft: Verdacht auf **Alkohol**. Gehen Sie mit ihm noch mal die Prozentrechnung durch, wenn die Kopfschmerzen vorbei sind.

… Muskeln, Masse und eine tiefergelegte Stimmlage bekommt, auch bei Mädchen: Verdacht auf **Clenbuterol** oder **Anabolika**. Geben Sie alle Hustensäfte, die nicht auf Spitzwegerich basieren, sofort auf dem nächsten Polizeirevier ab. Sortieren Sie alle Arnold-Schwarzenegger- und Jean-Claude van-Damme-DVDs aus.

… vor sich hindröhnt, auch ohne iPod-Stöpsel: Verdacht auf **Valium**. Checken Sie Ihren Vorrat, und stellen Sie ihn auf Baldrian und Kamillentee um.

… plötzlich wieder »Ich sehe was, was du nicht siehst« mit Ihnen spielt: Verdacht auf **psilocybine Pilze** oder **LSD**. Downloaden Sie ihm einen psychedelisch animierten Screensaver für seinen Computer.

… auffällig oft nach einer neuen Tube Uhu für die Schule verlangt: Verdacht auf **Schnüffeln**. Versuchen Sie es mit lösemittelfreiem Pritt-Stift oder doppelseitigem Klebeband.

… sich mittelalterlich kostümiert, bis nachts um zwei am Rechner sitzt und nur noch mit »Geryndalf, der weise Schmied« angesprochen werden möchte: Verdacht auf **Computer-Rollenspiele**. Setzen Sie einen Familien-Spieleabend mit Malefiz, Scrabble und Charade an. Kaufen Sie Geryndalf außerdem ein schönes Schwert, dann kann er damit im Garten Hecken schneiden (und die Nachbarin, diesen Drachen, auf Abstand halten; deren Mann, den Zwerg, auch).

MAMA ALLEIN ZU HAUSE

LEERES NEST?
VORSICHT, RÜCKFALLE!

Da hat man sie jahrzehntelang hochgepäppelt, ihre Windeln gewechselt, getröstet, gefüttert, gecoacht, geliebt, in kinderärztlichen Wartezimmern, auf Schulkorridoren, an Fußballfeldern gewartet, sie von Reitställen, Nachhilfelehrern und dubiosen Diskotheken abgeholt, stets auf gesunde Ernährung, saubere Kleidung, die richtigen Freunde und authentische Vermittlung eines gutes Wertesystems geachtet – und dann das: Die undankbaren Kinder werden groß, kommen in die Pubertät, sind mit der Schule fertig und bald darauf auch mit ihrem Elternhaus. Zumindest räumlich.

Dass jeder Teenager irgendwann einmal eigene Wege geht, ist unvermeidbar und übrigens Sinn der ganzen Sache. Vermeiden können Sie aber, was danach kommt: dass Sie alleine (mit oder ohne Partner) zu Hause auf dem Sofa sitzen und sinnlos die Wände anstarren. Da gilt es, sich rechtzeitig zu wappnen und mit der neuen Kinderlosigkeit emotional vertraut zu machen.

Wir listen die größten Fallen auf, in die verlassene Mütter – in der modernen Soziologie auch als »empty nesters« geführt – tappen:

Die Schrein-Falle

Symptome: aus dem Kinderzimmer ein Museum machen, in dem seit dem Auszug des Kindes nichts verändert wird. Fotoalben der Kinder dauernd hervorholen und betrachten (»War sie da nicht süß? Ach ja, das war der Urlaub auf Korsika …«). Oft damit einhergehend, erwachsene Kinder durch Briefe, dauernde Anrufe (bevorzugt vormittags, wenn sie noch im Bett liegen), Gier nach schmutziger Wäsche und Spontanbesuche zu nerven. Typischer Satz am Telefon: »Komm doch mal wieder vorbei, ich hab neulich deine alten Kinderbücher und deinen Kuschelhasen, den Floppi, gefunden.« Typischer Satz beim Besuch: »Also, dein Zimmer zu Hause war irgendwie gemütlicher. Und deutlich aufgeräumter.« Gefahr: angewiderte Entfremdung, Kinder als Abstandhalter.

Die Makramee-Falle

Bestätigung und Zuflucht in Handarbeit suchen. Stricken, Häkeln, Knüpfen, Töpfern, Filzen und Sticken füllt die Zeit, die Sie sonst mit Wäschewaschen, Kochen und Besorgt-hinter-der-Gardine-Stehen zugebracht haben. Gefahr: Eigenes Haus und die sämtlicher Bekannter wuchern nach kurzer Zeit mit Selfmade-Textil zu. Ebenfalls wuchernder Widerwille im Freundeskreis aus Furcht vor selbstgemachten Mitbringseln. Ausnahme: selbst eingemachte Konfitüren mit hübschen karierten Stoffdeckchen. Die nehmen Ihnen auch Ihre großen Kleinen gerne ab, solange Sie dafür nicht automatisch an deren Frühstückstisch sitzen wollen.

Die Golf-Falle

Die Segnungen des Golfsports sind allgemein bekannt: viel Bewegung an der frischen Luft, körperliche Betätigung, nette soziale Kontakte. Daher bestens geeignet für Senioren und alle, die schon bettreif dafür sind (»Spielen Sie Golf?« – »Nein, wir haben noch Sex!«). Die Gefahren (von Erkältungen, karierten Bundfaltenhosen und weißen Schuhen mit Fransen mal abgesehen): Zählen Sie mal, wie viele Freunde Sie noch haben, wenn Sie dauernd Einladungen absagen: »Samstag können wir nicht, da ist Golfturnier!« Weitere Handicaps: Suchterzeugend. Um sechs Uhr morgens aufstehen, als besten Freund nur noch den Greenkeeper. Ihre Kinder fahren übrigens lieber Golf, das geht schneller, und sie müssen den Wagen nicht hinter sich herziehen.

Die Kaffeeklatsch-Falle

Ein Phänomen, das man noch aus der Zeit kennt, als die Kinder in der Krabbelgruppe waren oder im Kindergarten: sich in der Freizeit mit Gleichgesinnten zum Kaffee treffen. Ohne Kevin allein zu Hause, dafür mit Törtchen, Kuchen und Small-Talk-

Themen. Gefahr: Hörsturz und Tinnitus durch Dauerjammern, Speckrollen durch Dauergebäck. Shoppingmöglichkeiten werden auf Boutiquen für Übergrößen begrenzt, der Cholesterinspiegel steigt. Bei Kuchenfans zudem drohende Gefahr, sich im Internet auf Koch-Websites zu verwirklichen und sich dort als Heavy-Userin in Chats und durch Upload von Fotos gebackener Kunstwerke zu profiterollieren. Unterlassen Sie es, Ihren Kindern die jeweiligen Links zu schicken und um das Verfassen begeisterter Kommentare zu bitten.

Die Home-Shopping-Falle

Geht meist einher mit lethargischem Zustand und leichten Depressionen. Nur noch auf dem Sofa abhängen und auf allen Shopping Channels, die das moderne Satellitenfernsehen hergibt, wertlosen Schmuck (»Zauberhaftes Collier Diana mit Zirkonia und sehr fein gearbeitetem und zisliertem rhodinierten Silber – schauen Sie mal, wie traumhaft das glitzert«) und sinnlose Haushaltshelfer bestellen (»Ist es nicht ein Wahnsinn, wie schnell diese Zwiebeln mit dem Hackeblitz gehackt werden? Und völlig geruchlos! – Greifen Sie schnell zu, nur noch neun Stück, nein, was?!, nur noch sieben sind auf Lager!«) Gefahr: Ebbe auf dem Konto, sozialer Abstieg, breiter Hintern, flaches Hirn, schräge Blicke vom Postboten. Und Kinder, die entsetzt abwehren, wenn Sie ihnen einen blitzhackenden Hackeblitz schenken wollen.

Die Guru-Falle

Fängt harmlos an – ein bisschen Yoga zum emotionalen Ausgleich hier, eine in der Wohnung aufgestellte Buddhastatue dort. Ein Vortrag von Sri Sri Ravi Shankar, zu dem Sie eine Freundin mitgenommen hat. Sind die Kinder aus dem Haus, machen sich esoterisch Anfällige dann endgültig auf die Suche nach dem Sinn des Lebens, buchen wahlweise einen Ayurveda-Urlaub auf Sri Lanka oder einen Yoga-Intensivkurs in Kerala. Mantras beten statt Mittagessen kochen. Gefahr: nach erfolgter Erleuchtung den Bezug zur Realität völlig zu verlieren, zum Beispiel Entfremdung vom

Partner (»Schatz, mein Guru hat gesagt, dass Ärger seelisches Ama verursacht!«) sowie von den Kindern (»Nein, ich kann am Donnerstag nicht mit euch essen gehen, pittatechnisch gesehen muss ich meine letzte Mahlzeit um fünf zu mir nehmen. (Siehe hierzu Kapitel »Sinnsuche«.)

Die Kirchengemeinden-Falle

Sinnsuche bei wohltätiger Arbeit. Gefahr: am Wochenende nur noch auf Kirchenbasaren anzutreffen. Sie fallen sowohl Freund, Mann, Bekannten als auch wildfremden Leuten durch passioniertes und endloses Gerede über Ihr karitatives Engagement auf den Wecker (»Unser neues Projekt in Nicaragua ist wirklich toll, die stellen da ihre eigene Fair-Trade-Schokolade her, und wir unterstützen das – im Sommer fahre ich hin und helfe bei der Kakaoernte«), tragen Faltenröcke und dunkelblaue Pullis mit »vernünftigen Schuhen«, sammeln Altkleiderspenden und werden überall schnell als spinnerte Langweilerin abgestempelt. Und, ja, auch von Ihren Kindern.

Die Ich-bin-doch-selber-noch-jung-Falle

Als hätten Sie nicht gemerkt, dass inzwischen 20 Jahre vergangen sind, machen Sie sich daran, die an die Kinder verlorene Zeit nachzuholen. Fängt mit »peppiger« Frisur an, geht weiter mit farbenfrohen kurzen Röcken, endet in Clubs, die man »Disco« nennt, und im Cluburlaub auf Ibiza; Sie kehren mit einem Fußkettchen und zwei Piercings zurück, hören »Lucy Jordan« von Marianne Faithfull und fangen eine Affäre mit dem ehemaligen Gitarrenlehrer der Tochter an, die jetzt in Göttingen studiert. Gefahr: Peinlichkeitsfaktor im Bekanntenkreis und bei den eigenen Kindern steigt (»Ach, nennt mich doch einfach nur Katrin« – »Ja, Frau Frings«). Image- und Respektverlust Ihrer sorgsam aufgebauten und bisher beliebten Persönlichkeit. Und, nein, Ihre Kinder wollen nach 20 Jahren nun auch nicht mehr anfangen, »Katrin« anstatt Mama zu Ihnen zu sagen.

STUBENHOCKER

WIE MAN SITZENBLEIBER AUS
DEM HOTEL MAMA WIRFT

Wenn man nach zwanzig Jahren denkt, man habe die Kinder großgezogen und lange genug seine Mutterpflicht getan, droht ein weiterer Krisenherd: Sprösslinge, die sich am heimischen Kühlschrank festkrallen, ihr Bett umklammern und sich weigern, das elterliche Nest zu verlassen. Wer will es den Neuwählern verübeln – das Leben draußen ist hart, die Verantwortung lastet schwer. Finanzielle Unsicherheit, längere Ausbildungszeiten und höhere Leistungsanforderungen wirken so attraktiv wie eine nächtliche Bergbesteigung in Puschen. Schön, wenn als Basislager zumindest Haushaltslogistik und emotionale Infrastruktur sicher sind. Es ist ja so bequem, wenn Mami allen weiter die Wäsche macht, das Essen auf den Tisch stellt und Miete, Telefonrechnungen, Computeranschluss von MamiundPapi Inc. gesponsort werden.

Dass moderne Eltern stolz auf ihr superduftes, unhierarchisches Verhältnis zu ihren Kindern sind, ja gar auf Facebook miteinander befreundet, wird ihnen nun zum Verhängnis. Sich räumlich zu trennen (»Ihr seid so spießig! Ich muss hier raus!«), ist heute leider keine Voraussetzung mehr, um sich abzunabeln. Übernachtungsbesuch dürfen die Kleinen liberalerweise seit Jahren mitbringen, der bekommt morgens von Mama auch noch Frühstück serviert. Wer will das schon gegen Toilettenputzdienst in einer WG eintauschen?

Schlechte Nachrichten für Eltern: Die heimische Hausbesetzung ist ein Trend! 1972 lebten nur etwa ein Fünftel der 25-Jährigen in Westdeutschland noch bei den Eltern – 30 Jahre später waren es schon fast ein Drittel (29 Prozent). Tendenz steigend. Völlig verständlich, dass auch Ihre Tendenz zu verzweifeln steigt, wenn Sie weiter den Kühlschrank mit Riesensteaks, Bier und Joghurts füllen und dazu noch jahrelang Hemden, Hosen und

Sweatshirts in Konfektionsgröße 52 (XL) waschen sollen. Und die Slips!

Anders als bei einer Geburt, die nach neun Monaten notfalls eingeleitet und der uterale Untermieter zwangsgeräumt wird, ist ein Rausschmiss für erwachsene Nesthocker schwer durchziehbar.

Helfen Sie beim Durchtrennen der emotionalen Nabelschnur ein bisschen nach. Irgendwann sollte doch mal Ihr Leben nach den Kindern anfangen, oder? Sie wollen für Ihr Kind doch das Beste? Dann sehen Sie zu, dass es endlich selbstständig wird, verdammt noch mal. Bleiben Sie hart, das schaffen Sie!

Phase 1: Komfortfaktor deutlich reduzieren

Drehen Sie die Heizung ab und entsorgen Sie Fernseher und Computer. Offizielle Begründung: »Energiesparen!«, »Elektrosmog!« Halten Sie nur noch veganes, makrobiotisches Essen vorrätig: »Unsere Tierfreunde essen wir nicht, gell, Andreas?« Zu trinken gibt es nur noch Leitungswasser und organischen Weizengrassaft. Führen Sie Sperrzeiten ein. Kurz: Machen Sie aus dem gewohnten Fünf-Sterne-Hotel Mama eine Mischung aus Guantanamo Bay und Billig-Jugendherberge mit esoterisch versponnener Bewirtung.

Phase 2: Das Nest zur Hölle machen

Wenn große Kinder eine Sache traumatisch finden, dann die, ihre Eltern nackt zu sehen. Entdecken Sie also Ihre Liebe zur FKK! Schütteln Sie beim Tanzen Ihren Speck. Verstärken Sie den Gruseleffekt durch klimpernde Meditationsmusik im schnellen Wechsel mit Heavy Metal. Headbangen Sie nackt. Kochen Sie nur mit Schürze bekleidet! Steigerung für Single-Mütter: Lassen Sie sich von wechselnden Liebhabern besuchen (notfalls tun's auch gute Freunde), die ebenfalls nackt herumschlackern. Tragen Sie dabei nichts als einen einschneidend engen G-String aus schweinerosa Tüll. Vergessen Sie allerdings nicht, die Heizung anzudrehen, oder starten Sie die Aktion im Hochsommer. Räuchern Sie den Nesthocker mit Stäbchen aus, besprühen Sie sich und sein Zimmer mit Patschuliöl. Benehmen Sie sich pubertär, und werden Sie berufsjugendlich. Bis zum Herbst sollten Sie idealerweise wieder an- und das Kind ausgezogen sein.

Phase 3: das Nest leerwohnen lassen
Vermieten Sie Ihre Wohnung spontan unter, am besten an eine arme Familie mit zahlreicher Kinderschar. Oder sorgen Sie per Wohnungstausch für Dauervermietung Ihrer vier Wände an nette und vertrauenswürdige Menschen aus dem Ausland (da lassen wir notfalls auch Nürnberg gelten, wenn kein anderer Interesse hat). In der Zwischenzeit ziehen Sie in deren leere Wohnung ein, und machen Sie so preiswert Urlaub in Amsterdam, Rom, Rio oder … na ja, Nürnberg. Wenn Sie nach drei Monaten wieder zurückkommen, wird Ihr Kind dann mal weg sein. Eventuell zwar mit der anderen Familie, aber Ihr Ziel haben Sie erreicht. Gut gemacht! Und nun genießen Sie Ihr selbstbestimmtes Leben in Ihrem aufgeräumten Zuhause. Und, bitte, fallen Sie nicht plötzlich in die Leere-Nest-Krise.

HOTLINE FÜR SENIOREN
TELEFONISCHE ALTERSVORSORGE

Wohnen Ihre Eltern schon bei Ihnen, oder leben Sie noch? Mit der Generation 75plus im Haus gestaltet sich der Alltag völlig neu. Wenn Sie dazu auch noch Kinder zu versorgen haben – unser Beileid. Allerdings macht das die Dinge auch wieder einfacher, schließlich regredieren ältere Menschen irgendwann und treffen sich bestenfalls mit den Enkeln auf gleicher Entwicklungsstufe. Wissen Sie noch, als Ihr Fünfjähriger immer das gleiche Bilderbuch vorgelesen bekommen wollte? So kann es Ihnen mit Opa und dem Hörbuch in Dauerschleife passieren. Oder als Ihre Zweijährige ihr Spielzeug nie hergeben wollte? Bei Omas hartnäckigem Festhalten an der Fernbedienung werden Sie vielleicht wehmütig daran erinnert. Von den finanziellen Entbehrungen mal ganz zu schweigen. Tut uns leid, da müssen Sie jetzt durch … Denken Sie immer daran, dass Ihre Eltern Ihnen einst auch viel geopfert haben. Zeit also, etwas davon zurückzugeben. Falls der Wohnraum begrenzt ist, dürfen Sie, um Oma oder Opa zu pflegen, auch noch einen Anbau oder Umzug vornehmen.

Bereiten Sie sich auf das Generationen-Durcheinander unter einem Dach auf jeden Fall gut vor! Wenn Sie das klaustrophobe Gefühl haben, von den Kleinen und den Alten gleichzeitig angesabbert zu werden, wird es höchste Zeit für eigene Erholungspausen.

Anbei eine Liste nützlicher Telefonnummern und Websites, die das Leben im Krisengebiet der Seniorentellerminen ungemein erleichtern. In GROSSEN BUCHSTABEN ausfüllen und neben das Telefon hängen.

WICHTIGE TELEFONNUMMERN

Polizeiwache in der Nachbarschaft (falls Opa mal wieder verloren geht)

Feuerwehr (falls Opa oder Oma mal wieder den Herd oder das Bügeleisen angelassen haben)

Kukident Hotline

Pizza-Lieferservice

Apotheken-Lieferservice

Sitzplatzreservierung für Lieblingsbank

Anlageberater der Deutschen Bank

Handynummer vom hübschen Zivi

Garage für Rollator-Pimping und Reparaturen

Seniorenhotline der Krankenkasse

Pilzfundberatung beim Gesundheitsamt

Notarzt

Apotheken-Notdienst

Kreisverband grauer Panther

Gemeindehaus

Pfarrer

städtische Beschwerde-Hotline

Zeitansage

Escort-Service »Silver Aphrodite« oder »Geroticon«

Volkshochschule

Kinoprogramm

Videothek um die Ecke

Friedhofsverwaltung

Krankenhaus Notaufnahme

Essen auf Rädern

Sanitätshaus

Sozialdienst

Senioren-Theatergruppe

Samariter

Notar

Hotline der Haftpflichtversicherung

Baudezernat (wegen Anbau)

Dealer

WEBSITES, DIE SIE BOOKMARKEN SOLLTEN

- Info-Website der städtischen Parkanlagen und Botanischen Gärten

- Nordic-Walking-Gruppentreffen für Senioren

- Kursangebot der städtischen Volkshochschule

- *Stadtbücherei*

- *Online-Drogerie zum Bestellen von Inkontinenzeinlagen etc.*

- *Online-Versandhaus für Nachtwäsche, Angorahüftwärmer etc.*

- *Altersresidenz »Sonnenruh« – falls Sie nicht mehr können; es gibt auch Tagesbetreuung*

- *Versandbuchhandlung, spezialisiert auf Hörbücher*

- *DVD-Leihservice mit großem Angebot an alten Schwarz-Weiß-Filmen*

- *Miss Marple und Mr. Stringer zum Beispiel*

- *www.tvtoday.de – mit personalisiertem Fernsehprogramm*

- *Patience, Bingo, Rommé, Bridge oder Schach*

- *www.vital.de*

- *www.netdoktor.de*

- *www.flora.de – für Hobbygärtner; oder andere Websites, die sich um Omas oder Opas Hobbys (Taubenzüchten? Zinnsoldaten? Sex?) drehen, zum Beispiel www.playboy.de*

- *Kreuzfahrt-Websites – für die nächste Urlaubsplanung. Checken Sie, welcher Kapitän notfalls auch Seebestattungen vornimmt.*

HIGHTECH FOR OLD SCHOOL

Erfindungen, die in Serienproduktion gehen sollten, da sie das Leben mit älteren Menschen ungemein erleichtern würden:

- *Brillen- und Schlüsseldetektor – nie wieder suchen!*

- *per Fernbedienung heimlich steuerbares Hörgerät mit Fadeout-Funktion für Gespräche, die von Großeltern unbelauscht bleiben sollen*

- *elektronische Abschmeckhilfe beim Kochen – einstellbar auf verschiedene Intensitätsstufen von »fad« über »verdauungsfördernd« zu »komplett überwürzt«*

- *Keypad-Handy – mit wenigen Speed-Dial-Tasten (Notruf, Tochter, Enkel) in Schreibmaschinentastaturgröße*

- *GPS-gesteuertes Detektor-Badge – als Brosche oder Taschenuhr getarnt, ortet ver(w)irrte Oldies*

- *Inkontinenzwindelwechselmaschine – ermöglicht leichtes Wechseln, schon in der Horizontalen, dank Roll-over-Prinzip; lässt die Angehörigen ruhig weiterschlafen*

- *transportables Rollband zum Zurücklegen von nächtlichen Wegstrecken wie Bett–WC–Bett*

- *Krückenaufhebhilfe – dank aufrollbarer Reißleine und Klettverschluss am Handgelenk nie wieder bücken*

- *Rollator mit ausfahrbarer Leiter – damit Senioren im Supermarkt auch alleine an höhere Regale kommen*

- *Power-Stopper für Klein-Elektronik wie Bügeleisen – Sensor schaltet nach fünf Minuten ohne Aktivität eigenständig ab*

- *Toupet-Tufting-Maschine – ausgefallenes Echthaar rein, naturgetreues Toupet wieder raus*

OLDIES HOBBYTHEK
ZU ALT FÜR LANGEWEILE

Lassen Sie es nicht zur Freizeitkrise kommen, wenn Oma oder Opa bei Ihnen wohnen. Sahnetorten-Schaufeln und Musikantenstadl-Schunkeln waren gestern: Heute gibt es fast so viele individualisierte Freizeitangebote für die ältere Generation wie Vitaminkombinationen in der Apotheke. Generationsübergreifend unterhaltsam sind natürlich Nintendo und Wii mit Fitnessprogrammen für Gehirn und Balance. Aber auch ohne elektronische Spielkonsole, nur mit ein bisschen Einfallsreichtum, können Sie stimulierende Hobbys anbieten, die Ihre altersmäßig Herausgeforderten nicht nur zu Hause ausüben können. Besonders schön für das soziale Miteinander, wenn der moderne Zeitvertreib nicht nur die Umwelt, sondern sogar die Enkelgeneration mit einbezieht! Das bedeutet für Sie selbst auch mehr Zeit und Ruhe. KK hat für Sie ein paar trendgerechte und integrative Hobbies für Senioren entwickelt:

Rollator-Cruising:
Statt Radfahren. Bringen Sie an dem Gefährt Rückspiegel, Blinker, Rallyestreifen und eine laute, coole Klingel an. Recherchieren Sie sichere Parks, und fahren Sie ein paar Rundwege Probe. Achten Sie stichprobenartig darauf, mit wem Oma dort später ihre Runden dreht – vor älteren Herren mit wehendem Fuchsschwanz am Gefährt sei gewarnt!

Lifta-Gliding:
Die schönsten Treppenlift-Trips der Welt, wenn die Beine nicht mehr so mitmachen oder das Wetter zu schlecht ist. Tapezieren Sie den Treppenaufgang mit einer Fototapete der Alpen, legen Sie dazu Jodelmusik auf – Opa wird sich wie auf der Skihütte fühlen. Für Auf- und Abfahrten mit wechselnden Aussichten projizieren Sie unterschiedliche Szenarien aus aller Welt an die Wand.

Parkbank-Extremsitting:
Beim meditativen Chillen von Sonnenauf- bis -untergang lernen verwitwete Oldies vielleicht auch noch einen neuen Lebensgefährten kennen, während sie frische Luft, zwitschernde Amseln und blühende Rosen genießen. Tipp für Wohlhabende: Erkundigen Sie sich beim Ordnungsamt, ob Sie eine ganze Bank spenden können. Dann ist immer ein Platz auf Ihren Namen reserviert.

Neighbourhood-Watching:
Platzieren Sie Ihren Recht-und-Ordnungs-liebenden Oldie mit Schreibblock, Malkasten und einem dicken Kissen auf dem Fensterbrett. Geben Sie ihm die Aufgabe, die Nachbarschaft zu bewachen und bei Auffälligkeiten sofort ein Protokoll anzufertigen und eine Personenbeschreibung von Verdächtigen in Öl zu skizzieren.

Stock-Fighting:
Wieso immer nur Spazierengehen mit den teuren Gehhilfen? Stöcke eignen sich hervorragend zum Workout-Duell im Park. Viel lustiger als Tai Chi, vor allem für die Zuschauer. Je nach Vorliebe und Fitnessgrad sind sogar verschiedene asiatische Kampfsportdisziplinen wie Aikido möglich. Falls kein Duellpartner aufzutreiben ist, kann Opa erst mal üben, nervige Pitbulls per Stock-Fight zu verscheuchen. Das regt den Kreislauf an!

Power-Ärgering:
Dieses Hobby kann wunderbar bei jedem Spaziergang praktiziert werden. Laut schimpfen und gestikulieren, wenn Fahrradfahrer auf der falschen Straßenseite fahren, Erwachsene bei Rot über Ampeln gehen oder Teenies öffentlich herumknutschen. Nicht nur attraktiv für Bluthochdruckpatienten und austrainierte Choleriker (diesen am besten das Blutdruckmessgerät mitgeben). Auch Senioren mit niedrigem Blutdruck kommen so wieder auf Touren. Weiterer Vorteil: angeregte Tiefenatmung und Tischunterhaltung dank aktuellem Gesprächsstoff.

Freestyle-Murmeling:
Das Brabbeln inkoherenter Halbsätze und energische Ausstoßen unverständlicher Silben gehört zum muttersprachlichen Repertoire fast jeden Seniors. Auf diesem Level treffen sie sich perfekt mit dem logopädisch herausgeforderten Nachwuchs! Ermutigen Sie beide Generationen zu einem Slow-Poetry-Slam und lassen das Gegenüber jeweils raten, was gesagt wurde. Schärft das Gehör, die Aussprache, fördert Kreativität und Aufmerksamkeitsspanne.

Volkslied-Vertuning:
Auch hier wird wieder das Zusammenspiel der Generationen gepflegt. Enkel bringt Opa Rappen und Beatboxen bei, was dem Freestyle-Murmeling sehr ähnelt (»Opa, sag einfach immer ganz schnell hintereinander PIZZAKATZEPIZZAKATZEPIZZA-KATZE!«). Oder die beiden pimpen tote Lieder zu »Hoch auf dem geilen Wagen«-Hits. Dann schicken Sie Ihr Volk-Duo zum Geldverdienen in die Fußgängerzone.

Im Heimstudio sind vom Kamm bis zur Melodica alle verfügbaren Instrumente erlaubt. Opa darf im Keller endlich mal wieder seine alten Kriegslieder anstimmen, und die Kinder lernen, dass »Das Wandern ist des Müllers Lust« zwar null Sinn, aber sogar viele Strophen hat. Die Gesangsübungen wirken den üblichen Depressionen bei Pubertierenden (Hardcore-Mauling) und Senioren (Alters-Starring) durch vermehrte Ausschüttung der Glückshormone Dopamin und Serotonin entgegen. Krass!

Hardcore-Häkeling und Speed-Stricking:
In diesen Disziplinen kann die Großmutter ihrer Enkelin noch so richtig was vormachen. Zumindest technisch, denn modisch brauchen Omas Socken, Mützen und Pullunder dringend ein Update. Unter sanfter, aber bestimmter Fashionführung der Enkelin strickt oder häkelt sie behände flauschige Maxi-Cardigans und XXL-Musterschals in Missoni-Farben, die dann im Internet bei www.oma-strickt-es-dir.de und www.etsy.com oder auf dem Schulhof zu Bestsellern werden. Eine tolle Masche, um Taschengeld und Rente 50:50 aufzubessern. Bei den Sessions kann Oma außerdem aus dem Nähkästchen plaudern und erzählen, wie sie einst Opa umgarnte. Nie war Großmutter so wertvoll wie heute! Das polstert auch die Psyche auf.

Bett-Flüchting:
In den frühsten Morgenstunden treffen sich heimkehrende, durchgefeierte Enkelkinder mit hellwachen, blasenschwachen Großeltern vor dem Kühlschrank. Ein idealer Meetingpoint, um

Anekdoten über wilde Nächte und bestandene Frauenabenteuer ebenso auszutauschen wie den letzten Karton Milch.

Foto-Flipping:
Gemeinsam mit Oma in ihren alten Fotoalben mit vergilbtem Spinnweb-Pergament zu blättern, ist nett – aber dank aktueller Technik können Sie den Nostalgietrip auf ein komplett neues Kunstlevel hieven! Wenn computerversierte Enkel die Schwarz-Weiß-Fotos mit den Mausezahnrändern einscannen und mit digitalen Familienfotos von heute abmischen, entstehen spannende Multimediashows (auf Wunsch mit Soft-Überblendungen und musikalischer Untermalung). So landen Omas Jugendbilder im Badeanzug bei der Kur noch zusammen mit »Rehab« von Amy Winehouse auf youtube. Wer einen Beamer hat, ersetzt mit abendlichen Vorführungen sogar das Fernsehprogramm. Ideal auch, um am Schirm durch Rastern und Übereinanderlegen alter und aktueller Porträts genetische Ähnlichkeiten oder uneheliche Kinder in der Familie nachzuweisen. Dank Photoshop lassen sich hässliche oder in Ungnade gefallene Familienmitglieder auf alten Fotos genauso schmerzlos eliminieren wie unerwünschte Falten. (»Wo war eigentlich Onkel Herbert bei meiner Taufe?«) Das wird nicht nur Oma begeistern!

SINN, PSYCHE & KÖRPER

MAIL AN GOTT

MODERNE KONTAKTAUFNAHME
MIT HÖHEREN MÄCHTEN

An: Gott
Kopie: Jesus Christus, Der heilige Geist
Blindkopie: Allah, Manitu, Krishna, Buddha, Thor, Zeus, Vishnu,
Jahwe, Google
Stufe: Dringend!
Betreff: Stoßgebet wegen Karmaverstopfung

Lieber Gott,

ich bin's, wer immer das momentan auch sein mag, aber Du musst mich doch erkennen, oder?! Weißt Du noch – das zweite Schaf von rechts im Krippenspiel, als ich sechs Jahre alt war? Das musst Du doch schon von Berufs wegen gesehen haben! Na ja, egal. Also: Lieber Gott, in meinem Leben läuft aktuell eine Menge schief.

Wieso nur? Warum ich? Ich bin so gut, wie ich kann, versprochen! Es gibt doch bestimmt viel bösere Menschen als mich. Ich will ja nicht petzen, aber … Der Vater von Michael Jackson zum Beispiel. Japanische Walfänger. Und etliche afrikanische Diktatoren.

Lieber Gott, ich habe bisher erfolglos versucht, die Botschaft zu verstehen, die du mir durch mein geklautes Fahrrad, den ausgeschlagenen Zahn, den Blechschaden, meine Kündigung und den Laufpass, den Thomas mir gegeben hat, zukommen lassen willst – aber sorry, ich bin auch nur ein Mensch. Also: Wenn die beschissenen Dinge, die mir in letzter Zeit immer wieder passieren, einen erzieherischen Grund haben sollten, wäre ich dir dankbar für einen klaren, unverschlüsselten Hinweis, wo das Problem liegt! Vielleicht in der früher üblichen Form einer klassischen Flammenschrift an der Wand, in einer der mir bekannten Sprachen. Mein Vermieter wär davon zwar sicher nicht begeistert, aber das ist mir die Sache wert.

Alle meine Freunde, also zumindest die schon mal in Indien waren, sagen, ich hätte eine Art Karmaverstopfung, und sie wollen nicht mehr in meiner Nähe sein. Aber wenn das wirklich Karmaverstopfung ist, wo ist dann bitte das Domestos, der Holy-Shit-Saugpümpel?

Ich hab schon versucht, mir einen zu kaufen: habe meine Eltern übers Wochenende besucht, vier Bettlern je fünf Euro gegeben, 20 Euro für die SOS-Kinderdörfer gespendet. Ist das der Rückweg zum Glück? Leider konnte ich bisher keine Besserung erkennen. Dass ich zum Yogaurlaub gefahren bin und mir neulich mal den Dalai Lama angeguckt habe, als der gerade in der Stadt war, das nimmst du mir doch hoffentlich nicht übel? Du stehst doch über den Dingen …

Bitte lass die Götterdämmerung noch nicht über mich kommen! Ich sehe durchaus ein, dass im Leben nicht immer alles glatt laufen kann, zumal ich ja auch in letzter Zeit nicht mehr so oft in der Kirche war, aber ganz vom Glauben abgefallen bin ich noch nicht … ich wollte eigentlich noch heiraten, Kinder kriegen, diesen tollen Job in München, ach ja, und diese superteuren Louboutin-Schuhe im Ausverkauf zum halben Preis.

Also, auch wenn ich mit meinen Problemen auf Deiner To-do-Liste etwa auf Platz 3 896 543 liegen sollte – bitte, bitte hilf mir! Und entschuldige, ich finde es auch ziemlich jämmerlich, nur dann zu beten, wenn man deine Hilfe will. Aber irgendwie ist es doch auch ein Vertrauenbeweis, oder? Könntest Du nun bitte meinen Antrag auf sofortige Shit-Verschonung einfach mal schnell und unbürokratisch abzeichnen? Sag Ja und Amen! Ich glaube an dich! Zusammen schaffen wir das!

Amen, mit bestem Dank im Voraus und herzlichen Grüßen, auch an Deinen Sohn, den heiligen Geist, die heilige Mutter Maria und meine Oma Frieda, hochachtungs- und hoffnungsvoll, Deine Dich liebende Kreatur,

Emilia Lenneberg

GLAUBENS-CHECK
STELLEN SIE DIE VERTRAUENSFRAGE

Wem kann man heute noch glauben? Worauf vertrauen? Auf wessen Hilfe bauen? Früher war das leichter. Da vertraute man auf Gott, den Bundeskanzler, die Tagesschau, seine Eltern, die Deutsche Bank, die Renten, Bausparkassen und unsere harte D-Mark. Arbeitsplätze waren meist lebenslänglich. Als Wertesysteme konnte man sich zwischen dem Kapitalismus und dem Kommunismus entscheiden (na gut, bei Letzterem vielleicht nicht ganz frei).

Wem sollten Sie heute glauben? Den Politikern? Der EU? Dem olympischen Komitee? Oder gar den Banken, die durch ihre Gier die Finanzkrise verschuldet haben? Wenn die Verwirrung größer wird als die Schuldenberge der EU und die Orientierung so nebulös wie die Finanzpolitik der Bundesregierung, sollten Sie wissen, an wen Sie sich sonst noch wenden können. Wer und was gibt in Krisenzeiten die beste Orientierung?

Krisenkönigin hat diverse Sinnquellen dem Vertrauens-Check unterzogen:

Papst

In jedem managementgeführten Unternehmen wäre der Mann schon achtmal hochkantig gefeuert worden. Oder seit zwanzig Jahren in Rente. Außerdem hat er gerade selbst genug unselige Krisenherde zu beobachten. Vielleicht kann er Ihnen ja weiterhelfen, nachdem er mit den irischen Messdienern und der AIDS-Thematik in Afrika fertig ist: also nie. Beten Sie lieber ohne seine Unterstützung im stillen Kämmerlein. Oder schlagen Sie stattdessen lieber unsere Hilfsseite zum Thema Karmaverstopfung auf.

Statistiken

Statistiken geben einem das Gefühl, alle Dinge und Risiken wären berechenbar. Jede zweite Ehe wird geschieden (»Meine gehört zu den anderen 50 Prozent«). Jede dritte Frau bekommt Brustkrebs

(»Zu dem Drittel gehöre ich auf keinen Fall«). Für Rationalistinnen sind Statistiken wie intravenöses Morphium: nervenberuhigend. Doch jede Statistik ist nur so gut wie ihre Gegenstichprobe. Und wie die Intention desjenigen, der sie in Auftrag gab ... zu wessen Nutzen? Also, statistisch gesehen ...äh ... Vergessen Sie's, wenn Sie nicht Nobelpreisträgerin der Mathematik sind. Wir lassen die Statistiker beim Zahlenfrisieren unter sich und gehen woanders hin. Mit den Quantenphysikern einen trinken.

Mama/Mami/Mutti/Mutter

Egal, wie dreckig es Ihnen geht, ob Sie mit Drogen am Flughafen erwischt oder schwanger sitzen gelassen wurden: Mutti ist immer noch die Beste und steht Ihnen immer und auf jeden Fall bei. Aber aufpassen, das kann auch zusätzlich stressen. Je nach Verhältnis, das Sie zu ihr haben, wird sie Ihren Tiraden entweder zu sehr beipflichten (»Ich hab ja immer schon gesagt, der Kerl taugt nix!!«), zu sehr lamentieren (»Ich hab schon immer geahnt, dass Du mal in Schwierigkeiten kommst! Ach, so ein Unglück!«) oder zu wenig Ahnung haben (Drogen, Sex). Mommy dearest ist bei letzteren Themen ungefähr so hilfreich wie Heidi Kabel beim Installieren eines DSL-Zugangs. Aufgrund von Befangenheit und Altertum ihren Rat also lieber gegen den der besten Freundin eintauschen.

Horoskop

Die Sterne sind auch nicht immer die Hellsten. Allerdings, es soll ja tatsächlich was dran sein, es sei denn, der Volontär der Billigzeitschrift hat das Horoskop im Copy-and-paste-Verfahren zusammengeschustert. Schon Pharaonen und Zarinnen ließen sich und ihre Entscheidungen von der Deutung ihrer Hausastrologen beherrschen. Damit verdienen sich einschlägige Astro-Websites heute noch goldene Sterntaler. Wenn Sie als leichtgläubiger Fisch mit Aszendent Krebs sich wirklich daran orientieren wollen und Mars gerade günstig steht, suchen Sie sich eine vertrauenswürdige Quelle mit profunder Erfahrung. Jemanden, der Saturn nicht für einen Elektronikmarkt hält.

Scientology

Ach, bitte! Konnte man jemals einer Organisation glauben, die das Werk eines gescheiterten, unwiderruflich gestorbenen Science-Fiction-Schundromanschriftstellers (L. Ron Hubbard) ist? Und ihre Mitglieder zum Zahlen, Dauersaunieren und Schweigen verdonnert? Das Schrägste an Scientology: Was genau die Glaubensinhalte sind, wird nicht veröffentlicht. Geheim! Kein Wunder, da es dabei um so abstruse Dinge zu gehen scheint wie die Entführung durch Außerirdische oder Tom Cruise und der Weltherrschaft.

Dalai Lama

Diesen Mann muss man einfach lieben. Dieses warme, milde Lächeln! Diese Weisheit! Macht sich irgendwie gut, so ein mit Würde getragenes Exilantenschicksal. Die orangefarbene Kluft geht auch modisch mehr mit der Zeit als das Papst-Outfit. Vertrauenerweckend, dass er in jeder Klimazone trotz nackter Schulter nie zu frieren scheint: der Triumph des Glaubens über die Gänsehaut. Dazu als Werte prinzipielle Gerechtigkeit, Friedfertigkeit, Gewaltlosigkeit und Toleranz gegenüber anderen Glaubensrichtungen, Nationen und Geschlechtern ... vorbildlich! Follow Captain Future! Das Mindeste was man für seine Heiligkeit tun kann: nicht mehr zum Chinesen zu gehen. Die tibetische Küche ist allerdings ziemlich fettreich.

Coach

Bei einem Stundensatz von bis zu 200 Euro dafür, dass jemand Ihr Leben für Sie in geordnete Bahnen lenkt, dürfen Sie davon ausgehen, dass der Mann/die Frau neutral ist und Ihnen die Wahrheit ins Gesicht sagen wird. Aber nett, bitte. Und anschließend konkrete Analysen und Handlungsanweisungen anbietet. Anders als bei einem Bettpartner gilt hier: Klären Sie vorher die Technik, die der Coach anwenden wird. Vermeiden Sie Nervtöter, die jede Ihrer Fragen mit einem sanften: »Ja, was meinst du denn, was du da machen solltest?« bequem auf Sie zurückwerfen. Verbitten Sie sich Platitüden wie »Wo stehst du, wohin gehst du?«. Das soll der Ihnen ja schließlich verraten.

Tageszeitung

»Das stand in der Zeitung« gilt bei vielen immer noch als Synonym für die unverrückbare Wahrheit. Schwarz auf weiß klingt solide, intellektuelle Nüchternheit als sichere Fakteninsel in der reißerischen, bunten Informationsflut. Und tatsächlich: Im Gegensatz zum Internet schreiben bei diesen unverrückbaren Pfeilern der seriösen Berichterstattung noch Journalisten, die tatsächlich gründlich recherchiert und nicht nur gegoogelt haben. Meistens jedenfalls. Achten Sie auch auf kleingedruckte Gegendarstellungen.

Sorgen Sie dafür, dass das weiter so bleibt, und kaufen Sie ab und zu mal eine Zeitung. Noch besser: Abonnieren Sie sie. Leider sind raschelnde, echte Zeitungen vom Aussterben mindestens so sehr bedroht wie die Buckelwale.

Internet

Ach, ist das schön: In Sekundenschnelle sind Sie über alles und jeden im Bilde. Aber auch richtig? Hier gilt das Gleiche wie beim Mineralwasser, das Sie trinken: Auf die Quelle kommt es an. Blogger-News stehen hier gleichberechtigt und unzensiert neben seriösen Websites von ARD, CNN und FAZ, konspirative Theorien florieren und stimmen oft noch weniger mit der Realität überein als die Bildunterschriften mit den Bildern. Krankheitsdiagnosen sollten Sie lieber dem Arzt Ihres Vertrauens überlassen, statt Ihrer mitleidenden Peergroup aus dem Mediforum. Guter Indikator für Solidität ist durchaus der Standard der Rechtschreibung, der den Grad der Bildung des Ratgebers verrät. Also zweimal hingucken! In Blogs, Community-Foren und Chats treibt die Rechtschreibung schlimme Stilblüten, von Leuten wie »muckipuppi76« oder »zuckerlady« herangezüchtet.

Runen

Versteinertes um Rat zu fragen, ist irgendwie komisch, da könnten Sie ja gleich Johannes Heesters um Auskunft bitten. Den Germanen waren ihre geritzten Runen allerdings Schriftzeichen und magische Hinweise zugleich. Tja, wenn Sie zu Wotan und Odin einen besseren Draht haben als zu Jesus – warum nicht?

Wahrsagerin

Für Fans von lustigen Verkleidungen, pittoresken Wohnzimmereinrichtungen, Accessoires wie Tarotkarten oder Pendel und vagen Aussagen zum Thema Liebe und Familienplanung (»Iech sähe eine Mann und drei Kindär, werde Sie treffen baaald … machen große Raise überrs Määr …«) eine unterhaltsame Methode. Auf jeden Fall besser, als zu Hause die Wand anzustarren und in den Kratern der Rauhfasertapete Antworten zu suchen. Sicher gibt es auch in dieser Branche Profis, die eine Hotline zu höheren Mächten haben, von der Wahrsagerinnen-Innung nach langwierigem Studium mit Diplom zugelassen wurden, das zweite Gesicht schon von der Urururgroßmutter geerbt haben und … na ja, Sie müssen einfach dran glauben. Und dürfen keine Angst haben, falls Ihnen »schräääckliche Errraignisse« oder eine kurze Lebenslinie prophezeit werden.

Beste Freundin

Was könnten wir Ihnen sagen, was Sie noch nicht wüssten? Ihre beste Freundin ist unersetzlich. Niemand kennt Sie so gut und kann deshalb so passgenaue Ratschläge und Hilfestellungen geben. Gratis! Dabei können Sie darauf vertrauen, dass sie für Sie nur das Beste will. Und Ihnen hilft, es vom Zweitbesten oder gar Schlechtem zu unterscheiden. Wenn das Leben sich oft zickig aufführt und seine Hauptdarsteller durchzudrehen scheinen, verlassen Sie sich darauf, dass sie immer an und auf Ihrer Seite steht. Glauben Sie's ruhig: You'll never walk alone.

DOGMA-DETOX

ENTGIFTEN SIE IHR WELTBILD!

Auf Ihrem Weg zum Glück stehen Ihnen Dogmen, Glaubenssätze, Sinnsprüche und Lebensweisheiten im Weg, die Sie weder bestellt noch je selbst gedacht hätten. Wer unreflektiert versucht, danach zu leben, muss sich nicht wundern, dass diese mit seinen wahren Bedürfnissen dauernd im Bürgerkrieg liegen. Zeit für unseren Dogma-Detox! Versuchen Sie, als moralisches Reset alle Ansichten in Ihrem Kopf zu formulieren, zu überprüfen – und schicken Sie dann die unzutreffenden und besonders hinderlichen postwendend an ihren Ursprung oder Absender zurück. Dies ist besonders sinnvoll, wenn Sie eigene Kinder haben, denn Eltern geben erfahrungsgemäß auch Glaubenssätze weiter, unter denen sie selbst schon leiden mussten – eine besonders hässliche Form der Familientradition.

Nach erfolgreichem Exorzismus können Sie erleichtert ein deutlich zufriedeneres und selbstbestimmteres Leben leben. Auch Ihr Partner – sollten Sie trotz falscher Programmierung tatsächlich den Richtigen gefunden haben – wird es Ihnen danken.

- Es gibt für alles ein Happy End.
  Zurück an: **Hollywood**

- Meine Probleme werden immer weniger, je mehr ich darüber rede.
  Zurück an: **Freud**

- Love is all you need.
  Zurück an: **Beatles**

- Je ehrgeiziger, desto besser. Liebe muss man sich verdienen.
  Zurück an: **Väter**

- Alle Männer sind Schweine.
  Zurück an: **Feminismus**

- Vor- und außerehelicher Sex ist Sünde.
  Zurück an: **Katholizismus**

- Just do it!
  Zurück an: **Nike**

- Alkohol hilft nie.
  Zurück an: **Guttempler, anonyme Alkoholiker**

- Mens sana in corpore sano.
  Zurück an: **die alten Römer und Turnvater Jahn**

- Alles wird gut.
  Zurück an: **Nina Ruge**

- Geld macht nicht glücklich.
  Zurück an: **die Armen**

- Sex kann auch nach zwanzig Jahren noch wild und leidenschaftlich sein, wenn man sich genug Mühe gibt.
  Zurück an: **Sexualtherapie und Dessousindustrie**

- »Die Wahrheit ist dem Menschen zumutbar.«
  Zurück an: **Ingeborg Bachmann**

- Dabei sein ist alles!
  Zurück an: **den Olympischen Geist**

- Frauen haben die gleichen Chancen wie Männer, wenn sie nur hart genug arbeiten.
  Zurück an: **Feminismus**

- Que sera, sera.
  Zurück an: **Doris Day**
  (Ups, Tschuldigung, das stimmt ja – behalten Sie's für den Notfall!)

- Fleisch ist ein Stück Lebenskraft.
  Zurück an: **Deutsche Fleischerinnung**

- Außen harte Schale, innen weicher Kern.
  Zurück an: **John Wayne, Clint Eastwood, Bruce Willis, Arnold Schwarzenegger, alle Westernhelden**

- Kein Mann ist gut genug für dich.
  Zurück an: **Vater**

- Kohlehydrate sind böse.
  Zurück an: **Montignac, Atkins**

- Das dritte Kind läuft so mit.
  Zurück an: **Großeltern**

- Die Renten sind sicher!
  Zurück an: **Norbert Blüm**

PUSH-UP FÜRS EGO

WIE GEIL BIN ICH DENN?

Jede Frau hat ihre Tage – an denen alles schiefgeht, nichts gelingt, sie das Falsche tut, sagt und isst und am Abend glaubt, die größte Versagerin auf Erden zu sein. Wenn Ihr Selbstwertgefühl gerade rasanter in den Keller gerauscht ist als die Immobilienpreise in Amerika, brauchen Sie ein schnell wirksames Lifting der Lebensgeister. Nein, jetzt bitte nichts Hochprozentiges!

Zahlen Sie sich lieber souverän einen emotionalen Sonderbonus aus, indem Sie alle Dinge, in denen Sie gut sind, waren oder wieder gut sein werden, vergegenwärtigen.

YES, YOU CAN!

- ☐ schnell und sicher Auto fahren
- ☐ rückwärts einparken
- ☐ drei verschiedene Kuchen backen, die hinterher sogar jemand essen will
- ☐ drei/fünf/zehn Baumsorten voneinander unterscheiden und korrekt benennen
- ☐ eine Martinslaterne basteln
- ☐ eine/drei/sieben Kräutersorten für die feine Küche verwenden
- ☐ eine gute Gastgeberin sein
- ☐ Schwimmen, Tanzen, Yoga, Federball, Tischtennis spielen
- ☐ Füße noch mit den Händen erreichen
- ☐ Füße bei durchgedrückten Knien noch mit den Händen erreichen
- ☐ guten Wein von schlechtem unterscheiden
- ☐ andere Leute zum Lachen bringen (wenn manchmal auch unfreiwillig)
- ☐ Lebensmittel so einkaufen, dass irgendwas Vernünftiges auf den Tisch kommt
- ☐ sich stilsicher und der Gelegenheit entsprechend kleiden
- ☐ Leute für etwas begeistern
- ☐ ein Bild malen, eine Karikatur zeichnen
- ☐ Schwimmen/Kraulen/einen Kopfsprung/einen Bauchklatscher/eine Arschbombe
- ☐ im Freibad vom 1/3/10-Meter Brett springen und wieder auftauchen
- ☐ ein bis drei Tage lang allein sein und es lieben
- ☐ ein Feuer im Kamin machen und am Lodern halten
- ☐ ein Zelt aufbauen
- ☐ Spaghetti al dente kochen

☐ *eine romantische Atmosphäre schaffen*

☐ *Kitsch von Kunst unterscheiden und wissen, dass manchmal beides ein und dasselbe ist*

☐ *den Kindern bei den Hausarbeiten helfen (zumindest bis Klasse 7, in Mathe bis Klasse 4)*

☐ *einen wunderschönen Blumenstrauß selbst zusammenstellen*

☐ *fünf Abstufungen von Grün kennen und in der Natur genießen können*

☐ *in Paris, New York und London nicht sofort als Deutscher auffallen*

☐ *hören, ob der Wind durch Birken, Pappeln oder Fichten rauscht*

☐ *Musikstücke nach den ersten drei Takten erkennen*

☐ *die richtige Musik zur richtigen Stimmung auflegen*

☐ *sich gesund ernähren, wenn auch nur theoretisch*

☐ *immer mal spontan grundlos glücklich sein*

☐ *schöne Fotos von unten schießen, auf denen langbeinige Menschen mit allen Körperteilen zu sehen sind*

☐ *Scrabble, Monopoly, Schach, Memory spielen*

☐ *bei Mensch ärgere dich nicht ohne einen öffentlichen Wutanfall verlieren*

☐ *im eleganten Parallelschwung auf Skiern den Berg runterkommen*

☐ *selber tanken*

☐ *sich sicher und diskret in sozialen Netzen bewegen*

☐ *die Hoffnung am Leben halten*

☐ *Heizöl bestellen*

☐ *unangenehme Wahrheiten verkraften*

☐ *einen Brief vom Finanzamt öffnen, statt zu hoffen, er würde sich in der Schublade dematerialisieren*

☐ *für jeden das richtige Geschenk finden. Und es schön verpacken.*

- eine/zwei/drei/vier Fremdsprachen sprechen
- mit Tieren reden
- einen Tisch schön decken
- lustige Träume in 3-D haben und sich morgens noch kurz daran erinnern
- den richtigen Lichtschutzfaktor auftragen
- auf dem Flohmarkt Wertvolles von Schund unterscheiden
- den Friseur zugunsten der Frisur an seiner Selbstverwirklichung hindern
- Bier aus der Flasche trinken, ohne sich daran festzusaugen
- in hohen Schuhen laufen und die richtigen Strumpfhosen anhaben
- in einem Abendkleid nach Oscar-Nacht aussehen, nicht nach Miss Wa(h)l
- mindestens drei einheimische Vogelstimmen identifizieren und imitieren
- drei deutsche (Ex-)Bundeskanzler nennen und zwei Bundespräsidenten
- passende Zitate von Goethe, Schiller, Oscar Wilde und Russ Meyer kennen
- ein Kind zur Welt bringen
- in Notsituationen die Nerven behalten
- eine Wand, ein Möbelstück selber streichen/lackieren
- Papierhut/Papierschiff/Papierkranich falten
- ein Monster verscheuchen
- blutende Schnittwunden mit einem Tampon-Druckverband versorgen
- im Herbst ein Kastanienmännchen mit Eichelpfeife basteln; dazu ein Tier mit schiefen Streichholzbeinen
- ein Steak perfekt braten

- Singen – und zwar auch die Nationalhymne und ein paar Volkslieder (»Der Mond ist aufgegangen«, »Alle Vögel sind schon da«, »Au clair de la lune«)

- einen Hund anschnauzen, der einem beim Joggen hinterherrennt

- U-Bahn fahren, umsteigen und dafür die richtige Tarifstufenkarte ziehen

- Wäsche waschen, ohne sie zu verfärben, zu schrumpfen oder zu verfilzen

- wissen, wie man ein Kondom anlegt, und sich verweigern, wenn es der neue Bettpartner verweigert

- kraft der eigenen Fantasie erholsame Kurzreisen durch Bildbände unternehmen

- Leute charmant einander vorstellen

- einen Dialekt nachmachen, ohne dass es peinlich ist

- nette Komplimente machen, ohne sich etwas zu vergeben

- ohne Kieksen/Räuspern/Ääääh eine Rede halten

- eine Party organisieren

- Fahrrad fahren und selber einen Fahrradschlauch flicken

- Glühbirnen auswechseln

- Tränen lachen, notfalls über sich selbst

- ein Loch in die Wand bohren. Na gut, manchmal werden es auch zwei. Oder drei.

- alleine Ihr Auto durch den TÜV bringen

- einem Mann einen unvergesslichen Blowjob bescheren

- Tanzen – mit Partner oder ohne, zumindest Standards wie Walzer, Foxtrott oder Cha-Cha-Cha

- Coverversionen vom Original unterscheiden

- sich in aktueller wie abseitiger Musik auskennen

- beim Computer-Super-GAU ohne Zittern die Telefonnummer des IT-Retters wählen

- [ ] *eine Hausapotheke sinnvoll bestücken und anwenden*
- [ ] *ein klassisches Konzert genießen*
- [ ] *ein Beet bepflanzen und leidlich unkrautfrei halten*
- [ ] *bei Geschäftsbriefen und E-Mails den richtigen Ton in richtigem Deutsch treffen*
- [ ] *Kegeln, Schießen, Minigolf spielen*
- [ ] *im Baumarkt souverän wirken*
- [ ] *in einem Dirndl, Lodenmantel oder mit Gummistiefeln nicht lächerlich aussehen*
- [ ] *Smokey Eyes schminken, mit denen man nicht aussieht wie ein Panda-Bär*
- [ ] *einen Flug online buchen*
- [ ] *effektive Wadenwickel machen*
- [ ] *jemanden in die stabile Seitenlage bringen, notfalls auch im Bett*
- [ ] *einen Kater in Grenzen halten und zum Verschwinden bringen*
- [ ] *rechtzeitig von einer Party verschwinden*
- [ ] *seinen Hund in Ministeck porträtieren*
- [ ] *die Wii-Spielkonsole bedienen und von einer Xbox unterscheiden*
- [ ] *Interdentalbürstchen richtig anwenden*
- [ ] *eine Mütze stricken oder häkeln*
- [ ] *mit einem Mann Schluss machen – live, nicht per SMS!*
- [ ] *eine Geburtstagskarte selber basteln*
- [ ] *eine Freundin trösten oder einfach dableiben, wenn sie untröstlich ist*
- [ ] *einen Stadtplan oder eine Landkarte lesen und als Beifahrer richtige Anweisungen geben – bestenfalls rechtzeitig*
- [ ] *sich mit Anstand und zeitnah entschuldigen können*
- [ ] *mit Stäbchen essen*

- die Haare mittels eines Bleistiftes hochstecken
- drei Witze und sechs Anekdoten erzählen
- DVDs in der Originalsprache sehen
- wissen, wann man aufhören sollte zu trinken, und es ein Glas später sogar tun
- in Tiefgaragen parken und ohne Schramme oder Vergewaltigung wieder rauskommen
- individuell ein stummes Gebet formulieren
- einen gezielten Tritt zwischen die Beine landen
- sich den gemeinen Verkaufsargumenten eines Versicherungsvertreters/einer Parfumverkäuferin/dem Verkäufer eines Obdachlosenmagazins entziehen
- Spargel/Hummer zubereiten
- den richtigen BH kaufen und wissen, wann man ihn tragen sollte
- grillen
- ein Baby/ein Kind/einen Polizisten beruhigen
- im Schlaf einen Orgasmus bekommen
- die Haare auch am Hinterkopf föhnen
- mit Tinte einen Liebesbrief schreiben
- Schmuck wieder zum Glänzen bringen
- ein Boot rudern oder segeln, ein Kanu paddeln
- einen Baum pflanzen
- Wäsche richtig aufhängen und Wäscheklammern ersatzweise als Sexspielzeug einsetzen können
- einen Umzug gut überstehen
- die eigene Mutter verstehen
- instinktiv ein paar Aktien kaufen und Gewinn machen
- Traumschlösser bauen
- auf dem Kamm blasen

- an das Gute glauben

- ein Kompliment mit Grazie entgegennehmen, ohne abzuwiegeln

- eine sehr, sehr, sehr lange Liste konzentriert bis zum Ende lesen

Was davon können Sie?

Zählen Sie alle Punkte zusammen, und lesen Sie die Auflösung. Die Sie natürlich, egal wie sie aussieht, mit Fassung tragen werden (siehe Punkt »Unangenehme Wahrheiten verkraften«).

▶ 0 bis 10

Sie sind eine junge Naive. Dieses schockierende Zeugnis Ihrer Unfähigkeit können wir uns nur dadurch erklären, dass Sie unter acht Jahren alt sind. Sollte dies nicht der Fall sein, fällt uns dazu leider auch nichts Positives ein. Jesus, wo haben Sie Ihr bisheriges Leben verbracht? Und mit wessen Hilfe?

▶ 11 bis 30

Sie sind eine Lebenskünstlerin. Ihre größte Fähigkeit ist die, durchs Leben zu kommen, ohne dazulernen zu müssen. Sie haben entweder viele Angestellte oder sind im Betreuten Wohnen zu Hause. Das Beste, was wir über Ihr Potenzial sagen können: Da ist noch jede Menge Spielraum nach oben. Und: Es gibt noch viel zu entdecken. Fangen Sie am besten gleich damit an. Sofort!

▶ 31 bis 50

Sie sind mittelmäßige Mittelklasse. Hm. Wundern Sie sich nicht, wenn das Leben Sie bei der nächsten aufregenden Beförderung aus Langeweile übergeht, denn so richtig positiv sind Sie ihm noch nicht aufgefallen. Gehen Sie bei ihm noch mal in die weiterführende Schule. Und wählen Sie für eine erfolgreiche Reifeprüfung nicht jedes Fach bei nächster Gelegenheit gleich wieder ab!

▶ 51 bis 70

Sie sind eine Klasse für sich. Ziemlich gut. Nachdem Sie hier gerade Ihr eindrucksvolles Leistungsportfolio aufgelistet gesehen haben, sollte es Ihnen mindestens großartig gehen. Stellen Sie sich vor den Spiegel und sagen Sie sich glatt ins Gesicht: »Hey, du bist phantastisch! Super! Große Klasse!« Sonnen Sie sich in dem strahlenden Lächeln, das zurückkommt. Sie können so viel! Machen Sie einfach noch mehr daraus – und wenn es erst mal nur ein stabileres Selbstbewusstsein ist.

▸ 70 bis 90
Sie sind eine Heldin des Alltags. Wow! Sie hätten wir wahnsinnig gerne als Freundin. Dann könnten wir Ihnen auch das Einzige beibringen, wovon Sie keine Ahnung haben: warum alle Männer nach kurzer Zeit vor Ihnen fliehen. Schätzchen, neben Ihnen kann kein Mann bestehen! Tun Sie doch einfach mal so, als könnten Sie keinen Nagel in die Wand hauen. Nutzt ja nix!

▸ 91 bis 100
Sie sind eine Inspiration. Clever, stilsicher, intelligent, gebildet, attraktiv, sportlich, patent, amüsant, sozial, sexy, geschickt, kosmopolitisch – Sie sind eine Wunderwaffe. Wir würden uns sehr wünschen, dass Sie unsere nächste Kanzlerin werden. Denn von Ihnen können alle noch was lernen. Bitte schicken Sie uns Ihre Autogrammpostkarte!

SCHNELLE STIMMUNGSAUFHELLER
GLÜCKS-QUICKIES SELBSTGEMACHT

Viele Leute meinen, sie müssten auf das ganz große Glück warten, dabei hat die neueste Hirnforschung erwiesen: Man kann sich selbst glücklich machen, indem man täglich aktiv möglichst viele Glücksmomente zu einem großen Wohlgefühl ansammelt. Kaschmirheizkissen im frischbezogenen Bett, sich morgens mit Lieblingsparfum besprühen, beim Radfahren den Wind im Haar spüren, alte Fotos anschauen, den ganzen Tag französische Chansons oder Metallica hören, Vanillepudding kochen und aufessen, ehe er kalt ist, Reiten lernen, mal mit der U-Bahn von einer Endhaltestelle zur anderen reisen und zwischendurch spontane Trips an die Oberfläche unternehmen, sich einen kommunikativen Hund oder ein meditatives Aquarium anschaffen – finden Sie heraus, was bei Ihnen die Endorphine zum Fließen und das Herz zum Überfließen bringt! Und stärken Sie sich damit seelisch gegen alles, was Sie unglücklicherweise nicht beeinflussen können. Hier eine Liste von bewährten Glücks-Bringern:

- *Bikini statt Unterwäsche tragen mit dem Gefühl von Sommer und Strand*

- *Riesenradfahren*

- *Licht ausschalten, Kerzen anzünden*

- *Exfreunde auf Facebook recherchieren*

- *Rosé Champagner*

- *im Sommer unter einem Baum mittagsschlafen*

- *einen Tag lang im Bett bleiben und ein Buch/Zeitschriften lesen*

- *auf einem Plattenspieler mal wieder die alte Plattensammlung anhören*

- *zu Fuß neue Wege gehen*

- *beste Freundin anrufen – oder besser: treffen*

- *einen schönen Brief mit Tinte schreiben und verschicken*

- *Konzerte besuchen, am besten Open Air*

- *ein Schnäppchen machen*

- *Picknick im Park*

- *auf youtube lustige Videos angucken*

- *Fremden Komplimente machen, etwa der Kassiererin, dem Bankangestellten*

- *Duftkerzen*
- *Naturfilmdokumentation anschauen*
- *Frühlingskartoffeln mit Butter und Salz essen*
- *schönes Papier, schöne Seifen, Geschenkbänder kaufen*
- *durch die Wohnung tanzen*
- *frische Blumen*
- *ein Zimmer komplett entrümpeln, ordnen, dekorieren, lüften*
- *Heliumluftballon am Band führen*
- *neue, farbige Unterwäsche anziehen*
- *Kekse oder Waffeln backen*
- *Waldmeisterbowle oder -Eis*
- *Kopfkurzreise per Bildband oder Reisebuch unternehmen*
- *früh am Morgen auf Flohmärkte gehen*
- *in Bahnhofsbuchhandlungen ausländische Magazine durchblättern*
- *Steine übers Wasser hüpfen und mindestens fünfmal aufditschen lassen*
- *Minigolf spielen, Kegeln, Bowling mit Freunden*
- *ein Feuer machen*
- *den nächtlichen Sternenhimmel betrachten*
- *jemanden anrufen, der weit weg wohnt und den man lange nicht mehr gesprochen hat*
- *ein sprudelndes Fußbad*

Mehr Nachhaltigkeit gewünscht? Dieses Glück hält länger vor:

- *sich für eine gute Sache engagieren – Gutes tun macht gute Gefühle*
- *eine Patenschaft übernehmen*
- *einen Garten anlegen und dort Schmetterlingsflieder pflanzen*
- *ein Kind bekommen*
- *einen Pullover stricken*
- *Etwas Neues lernen: Sprache/Sportart/ein Instrument …*
- *einen Tag in einem neuen Stadtteil verleben*
- *Nistkästen im Baum vor dem Fenster aufhängen*
- *persönliche Videothek von Lieblingsfilmen für jede Stimmung anlegen*
- *regelmäßig Yoga machen*
- *Schmuck tragen, den Mutter oder Großmutter geschenkt haben*
- *einen Reisetraum in Form einer Traumreise verwirklichen*
- *jemandem regelmäßig etwas vorlesen oder beibringen*
- *alte Schulden begleichen, sich mit Feinden aussprechen und versöhnen*
- *kochen lernen*

Achtung! Vieles, was Sie als Kind glücklich gemacht hat, kann Sie als erwachsene Frau unglücklich machen. Denn gefühltes Alter hin oder her – für manche Dinge ist man irgendwann einfach zu alt. Machen Sie sich Ihre seligen Erinnerungen nicht durch ein misslungenes Comeback kaputt. Wir warnen dringend vor:

- *Zuckerwatte, Hubbabubba, Mäusespeck (erwachsene Geschmacksnerven sind da rausgewachsen)*
- *Kettenkarrussell fahren (der anschließend benötigte Osteopath kostet 50 mal so viel wie eine Horrorfahrt)*

- *Geisterbahn fahren (weder lustig noch schön, nur schaurig)*

- *sich an Süßigkeiten überfressen (die rauschen ab einem gewissen Alter nicht einfach so durch den Körper wie früher)*

- *auf der Straße barfuß laufen (aua! – und dreckig dazu)*

- *sich mit nassem Badeanzug in der Sonne trocknen lassen (das geht an die Nieren)*

- *Streichelwiese im Zoo (ab vierzehn Jahren gibt es da dankbarere Objekte)*

- *vom 10-Meter-Brett springen (Sie werden um Jahre gealtert und mit unvorteilhaft verrutschtem Bikini wieder auftauchen; wenn überhaupt)*

- *auf Bäume klettern (hoch geht's ja noch, aber runter? nehmen Sie Ihr Handy mit; wählen Sie alternativ zum Abstieg 112)*

- *auf einer Wiese liegen (klingt super, aber pieksendes Gras, kleine Erdhügel und Insekten stören gewaltig)*

- *auf einem Grashalm kauen (schmeckt nicht mehr so toll wie früher und, um Gottes willen, die Pestizide!)*

- *Gänseblümchenkränze flechten (die Löcher in die Stiele zu machen, ohne diese zu zerfetzen oder sich die Nägel zu ruinieren, gelingt achtjährigen Mädchen einfach besser)*

SOULFOOD
STÄRKUNG FÜR LEIB UND SEELE

»Gutes Essen hält Leib und Seele zusammen«, das ist eine altbekannte, aber in unseren Zeiten der Dauerdiät oft verdrängte Wahrheit. Doch wer kann schon funktionieren oder gar freundlich bleiben, wenn der Magen knurrend eine Hungersnot signalisiert und einem der Blutzuckerspiegel um die Knöchel schlackert? PMS wird überschätzt – es erscheint fast unfair, dass Frauen unter dem Einfluss von Hormonen oder auch Wetterlagen (»Es war der Föhn!«, »Der Mistral!«) sogar von Mordvorwürfen freigesprochen werden. Dabei ist es doch viel öfter das Essen, das uns ins oder aus dem Gleichgewicht bringt.

Manchmal genügt schon der erste Löffel einer Lieblingsspeise, um Krisen zu mildern, sich selbst zu beschwichtigen und eine stressige Situation, den kräftezehrenden Alltag, nagende Sorgen oder gar das ganze Leben wieder ins Lot zu bringen. Wer zählt schon Kalorien und Kohlehydrate, wenn es in solchen Momenten um viel mehr geht: die orale Selbstbefriedigung. Nostalgie und geschmackvolle Streicheleinheiten aus einem Schlaraffenland jenseits des schlechten Gewissens. Ein weiches Kissen für die gebeutelte Seele, die sich wie eine schnurrende Katze den biochemischen Vorgängen im Körper hingibt. Glück kann so einfach sein, wenn es in Form köstlicher Nahrung in der richtigen Konsistenz auf unsere Zungen, Gaumen und Mägen trifft, um dann in Form umgewandelter Glucose unsere befriedigten Körper zu durchströmen.

Sie können sich mit Essen nicht nur selbst trösten, sondern – nicht zu unterschätzen – auch perfekte Gesprächsbedingungen bei Verhandlungen oder als Basis für Gespräche schaffen, die Sie zu Ihren Gunsten entscheiden möchten: Liebe geht durch den Magen, und ein selig-sattes Gegenüber zeigt sich schnell kooperativ. Das gilt nicht nur für den Hausgebrauch, sondern auch bei Geschäftsessen (»Dining and wining«).

Staatsbankette und politische Gipfel sind immer auch Gipfel kulinarischer Genüsse. Die einzelnen Vorlieben und Abneigungen der Teilnehmer werden vorher akribisch recherchiert – nicht dass einer den Abrüstungsvertrag vielleicht doch abserviert, weil er vorher eine verhasste Speise vorgesetzt bekam. Im Protokoll des deutschen Auswärtigen Amtes werden die gastronomischen Eigenheiten der Staatschefs seit Langem notiert. USA-Provinzler George Bush mochte nichts essen, was auf dem Teller merkwürdig aussieht. Zu den Leibspeisen von Wladimir Putin gehört dagegen ein mit Speck und Dörrpflaumen gefüllter

Truthahn. Der Queen sind Austern und Muscheln, blutiges Fleisch, Milchpudding, kalte Krustentiere, Fische mit Gräten und Aspik verhasst. Beim Anblick von Erbsensuppe mit Minzsauce sowie rheinischem Sauerbraten zeigt sie sich dagegen very amused. Von Nicolas Sarkozy heißt es, er schätze gehobene französische Bürgerküche in überschaubaren Portionen.

Schwedens Königin Sylvia isst gerne Fisch und trinkt dazu deutschen Riesling. Frankreichs ehemaliger Präsident Jacques Chirac lästerte einst, die englische Küche sei nach der finnischen die schlechteste in Europa, um süffisant nachzutreten, dass man Menschen, die derart schlecht kochen, nicht trauen könne.

Also – sorgen Sie mit dem kulinarischen Geheimwissen der Krisenkönigin dafür, dass die Vertrauensfrage an Ihrem Esstisch positiv beantwortet wird! Wer funktioniert mit welchem Treibstoff vom Teller am besten? Wir haben weder Kosten, Mühen noch zusätzliche Kilos bei der Durchführung der Testreihen gescheut. Hier ist das Ergebnis: für verschiedene Zielgruppen, ob Männer, Großeltern oder Kinder. Willkommen im Traumland des Soulfoods!

KULINARISCHE KRISENGEGENMITTEL

FRAUEN

→ *Hühnerfrikassee*

→ *Bienenstich mit Vanillecremefüllung*

→ *Hühnerbrühe mit Zitronengras*

→ *Sushi*

→ *frisches Krustenbrot mit Butter*

→ *Kartoffeln mit Spinat und Spiegelei*

→ *Speiseeis*

→ *Vollmilchschokolade/Mousse au chocolat*

→ *Grießbrei mit Zimtzucker und zerlaufener Butter*

→ *Meeresfrüchte wie Scampis, Krabben und Hummer*

→ Thai-Suppe mit Zitronengras, dazu Basmatireis

→ Spargel mit Sauce Hollandaise

→ Erdbeeren und Himbeeren

→ warmer Vanillepudding

→ Trüffelkäse

→ Kaviar mit Champagner

Kontraindikation:
Salat. Macht Frauen unglücklich und aggressiv, vor allem abends.

MÄNNER

→ übergroßes Steak

→ Schinkenbrot mit Spiegeleiern und saurer Gurke

→ Frikadelle

→ Spare Ribs

→ Bier

→ Braten

→ gebratene Leber mit braunen Zwiebelringen

→ Kartoffelpüree

→ Alles, was in Sauce (Männer sagen SOSSE) schwimmt

→ Currywurst mit Pommes

→ Roast Beef mit Bratkartoffeln

→ Grillwürstchen

→ Milchreis

→ Pommes Frites

→ Wiener Schnitzel (ohne Kapern und Sardellen)

Kontraindikation:
Spinat, Salate, Gemüsesuppe, Nouvelle Cuisine, Molekularküche,

geschnitzte und gedrechselte Arrangements auf Tellern, Meeresfrüchte, bei denen man lange für ein bisschen Fleisch pulen muss.

VEGETARIER

→ *frischgepresster Frucht- oder Gemüsesaft*

→ *Auflauf, mit ganz viel veganem Käse überbacken*

→ *Dinkelkekse*

→ *Tofubratwürstchen*

→ *Linsensuppe mit Kokosmilch*

→ *Antipasti*

→ *Minestrone*

→ *frisches Vollkornbrot mit Shiitake-Pilz-Aufstrich*

→ *Rote-Beete-Carpaccio mit Rettichsprossen*

→ *Dhal (indisches Linsengericht) mit Basmatireis*

→ *warmes Ingwerwasser mit Honig*

→ *Oliven*

→ *Erdbeeren*

Kontraindikation:
Schweinshaxe, Schlachterplatte und Innereien.

ROCKSTARS

Hier gibt es zwei Schulen:
Die selbstzerstörerische Ernährungsweise, früher häufiger verbreitet, heute noch von wenigen jüngeren Rockstars wie Pete Doherty propagiert, die neben Drogen ansonsten nur Folgendes brauchen:

→ *ein Katerfrühstück mit Eiern und Speck*

→ *kalte Pizza*

→ Whisky

→ Wodka

→ Bier

→ Zigaretten ohne Filter

Und dann wäre da noch die Schule der gesunden jüngeren oder geläuterten alten Rockstars – »Anthony-Kiedis-Style«, die entweder immer schon gesund lebten oder zu makrobiotischen Entgiftern geworden sind. Diesen serviere man:

→ bei Vollmond abgefülltes »Heiliges Wasser«

→ vegane Kost

→ Wheatgrass Juice

→ alles, was der hochbezahlte Ernährungsberater gerade empfiehlt

Kontraindikation:
ein Glas Milch (macht den Rockstar in jedem Fall unglücklich).

KINDER UND JUGENDLICHE

→ Pizza mit viel Käse

→ Pommes mit Mayo

→ Hamburger

→ Döner

→ Milchshake

→ Energy-Drink

→ Chips

→ alles mit Natriumglutamat

→ Eistee

→ Cola

→   *Pudding*

→   *Bärchen-Fleischwurst*

→   *Milchreis*

→   *grüne Waldmeister-Götterspeise*

→   *Hähnchen, vor allem die knusprige Haut*

→   *Pfannkuchen in Smiley-Form*

→   *Zimttoast*

→   *Russisches Brot (Kekse in Buchstabenform)*

Kontraindikation:
Rote Beete und Spargel. Außerdem ein beliebter Aufschrei von kleinen Kindern: »Hilfe, etwas Grünes hat mein Essen berührt!«

HANDWERKER

→   *halbe Mettbrötchen mit Zwiebeln*

→   *kalte oder heiße Würstchen*

→   *Frikadellen*

→   *Kartoffelsalat (ohne Joghurt und Süßstoff!)*

→   *Fleischkonserven mit kaltem Corned Beef etc.*

→   *Fischkonserven mit Graubrot*

→   *viel Bier zum Runterspülen*

→   *Cola oder Sprite*

→   *Schmalz- und Leberwurstbrote*

Kontraindikation:
Grünzeug wie Tabouleh, Sushi, Fingerfood wie Saté-Spießchen und »zickige« Salate machen den Blaumann unglücklich und schmälern seine Arbeitsleistung.

MODELS

- → *Wasser ohne Sprudel*
- → *Wasser mit wenig Sprudel*
- → *Wasser mit viel Sprudel*
- → *natriumarmes Wasser*
- → *aromatisiertes Wasser*
- → *Wodka*
- → *Champagner*
- → *Kokain*
- → *Petersilie, Rucola, roher Sellerie, rohe Möhren*
- → *gedünsteter Fisch*
- → *gekochtes Hühnchenfleisch ohne Haut*
- → *Salat*
- → *Zigaretten*
- → *Süßigkeiten*

Kontraindikation:
Alles, was gerade nicht in die jeweilige Diät passt. Macht den Booker unglücklich: Schokolade, Fleisch, Bier, Pizza, Pommes frites.

BAYERN

- → *Kalbshaxe*
- → *Kalbsbries*
- → *Weißbier*
- → *Brez'n mit Butter*
- → *Obatzda*
- → *Weißwurst mit süßem Senf*
- → *Knödel*

→ *Gänsebraten*

→ *rote Grütze mit Vanillesauce*

Kontraindikation: Labskaus, Porridge.

HAMBURGER

→ *salzige Lakritze*

→ *Aalbrot*

→ *Pannfisch*

→ *Labskaus*

→ *Astra- oder Holsten-Bier aus der Flasche*

→ *Fischbrötchen*

→ *Sülze mit Bratkartoffeln*

→ *Alsterwasser*

→ *Finkenwerder Scholle mit Krabben*

→ *Heringssalate*

Kontraindikation:
Innereien, geräucherte Zunge.

SENIOREN

→ *Klosterfrau-Melissengeist-Parfait*

→ *Königsberger Klopse mit vielen Kapern*

→ *Schwarzwälder Kirschtorte*

→ *Lübecker Nußtorte*

→ *Sachertorte*

→ *Kirschwasser*

→ *Danziger Goldwasser*

→ jeder weichfaserige Braten mit brauner Soße

→ Jägerschnitzel

→ Zigeunerschnitzel

→ Knödel

→ Pralinen

→ Weinbrandbohnen

→ Schmelzkäse

→ breiige Substanzen in lebensmittelartiger Formgebung

→ Fürst-Pückler-Rolle

→ eingeweichte Pflaumen mit Leinsamen

Kontraindikation:

Sushi, Rohkost, scharfe Gerichte (indisch oder Thai), exotische Früchte wie Lychees, Papaya, Kiwi, Karambolfrucht. Ausnahme: Ananasringe aus der Dose.

SPORTLER

→ sehr, sehr große Steaks

→ Schokolade-Eiweiß-Shake

→ Orangensaft oder große Apfelschorle

→ leichte Hähnchenbrust

→ Bananen

→ Riesenteller Vollkornnudeln ohne Käse

→ Salate mit Sojasprossen

→ gedünsteter Fisch

→ Fisch aus dem Backofen

→ Magnesiumsprudeldrink statt Digestif

→ Gemüseplatte

→ Olympia-Schnitte oder Ritter Sport »Olympia«

→   *Traubenzucker Dextro-Energen*

→   *Müsli*

→   *Nüsse*

Kontraindikation:
alles, was schwer im Magen liegt. Alkohol.

Ein gutes Schnittmengenmenü, das mehrere Gruppen glücklich macht, bestünde zum Beispiel aus einem kleinen Salat, einem zarten Wiener Schnitzel ohne Sardelle, einem Kartoffelgratin und zum Nachtisch einem Eisb(r)echer.

ALPTRAUM-CHECK

MODERNE TRAUMDEUTUNG ZWISCHEN FREUD UND LEID

Träumen tut jeder. Männer verschlafen dieses nächtliche Filmprogramm allerdings gerne und behaupten am Morgen danach, sie könnten sich – wie so oft – an nichts erinnern. Falls doch, verdrängen sie es so schnell wie möglich.

Doch Frauen sind Meisterinnen darin, sich mit ihren (Alp-) Träumen und darin versteckten Botschaften auseinanderzusetzen. Sie schaffen es, sich noch bis zum Nachmittagstee mit allen farbigen Details zu beschäftigen. Was hat das alles zu bedeuten? Was will ich mir bloß damit sagen? Warum kann mir das Unterbewusstsein nicht einfach eine unverschlüsselte E-Mail schicken? Gerade in Krisenzeiten könnte man so entscheidende Hinweise verpassen! Frustrierend, wenn auch die beste Freundin nur bedingt dolmetschen kann.

Die Deutungsmöglichkeiten, die uns seit Sigmund Freud angeboten werden, sind freudlos, unoriginell und in der Post-Sex-and-the-City-Ära wenig hilfreich. Sie bieten hauptsächlich unmoderne Vergleiche wie Bananen, Gurken, Schlangen, Füllfederhalter = Penis, ausfallende Zähne = Tod. Meist läuft alles auf Sex, keinen Sex, Angst, Angst vor Sex, Tod oder Angst vor Tod hinaus. Während unsereins heutzutage dabei eher daran denkt, mal wieder Obstsalat zum Frühstück zu essen, einer guten Freundin einen handgeschriebenen Brief zu schicken, den nächsten Vorsorgetermin beim Zahnarzt zu vereinbaren oder eine gute Paradontose-Zahncreme zu besorgen.

Auch die moderne Traumdeutung lässt einen im Stich. Sucht man unter dem Buchstaben »Y«, wird einem auf www.traumdeuter.ch beispielsweise Folgendes angeboten:

Yacht, Yamwurzel, Yankee (Spottname für Amerikaner), Yard (englisches und amerikanisches Maß), Yatagan (Schwert), Yellowwood (Gelbholz), Yeti, Yin/Yang, Yoga, Yogi, Ysop, Yttrium (Metall), Yucatán, Yuccapalme

Jetzt mal Hand aufs Herz: Wann haben Sie zum letzten Mal von Yards geträumt, die laut offizieller Deutung ein Geschenk verheißen sollen?

TOP TEN VORKOMMENDER TRAUMSYMBOLE NACH FREUD:

1. Banane	6. Gurke
2. Pferd	7. Jaguar E-Type
3. fallen	8. Hirsch, röhrend
4. fliegen	9. Zähne, ausfallend
5. Schlange	10. Treppe

Und hier unsere aktualisierte, heutigen Träumen angepasste Top Ten, nach ermüdenden nächtlichen Recherchen zwischen Sonnenunter- und -aufgang.

1. DER TRAUM:

Sie sind mit Bill Kaulitz von Tokio Hotel zusammen und müssen sich sowohl um seine sexuellen (!) als auch um seine Management-Belange kümmern.

Die Deutung: Sie scheinen sich bei Ihrem Partner um alles kümmern zu müssen. Suchen Sie sich einen neuen Mann, der selbstständiger und älter ist und dem Sie kein Haarspray kaufen müssen.

2. DER TRAUM:

Sie haben Ihr Blackberry/iPhone verloren.

Die Deutung: Na, ist doch wohl klar, was das heißt. Sie haben Angst, alleine und isoliert dazustehen und selbst für gute Nachrichten unerreichbar zu sein. Tipp: Die wichtigsten Telefonnummern kennen Sie auswendig. Machen Sie regelmäßig ein Back-up. Notieren Sie die Adressen und Telefonnummern in einem hübschen Büchlein, und legen Sie es unter Ihr Kopfkissen.

3. DER TRAUM:

Sie möchten Ihren Freunden stolz Ihre Apps zeigen, doch Letztere sind alle weg. Die Freunde dann auch ganz schnell.

Die Deutung: Sie haben Angst vor dem Alter, davor, technisch nicht mithalten zu können, Ihrer Fähigkeiten beraubt zu werden. Machen Sie heimlich einen Kurs. Freunden Sie sich mit einem Crack aus dem nächstgelegenen Computergeschäft an. Und glauben Sie an sich.

4. DER TRAUM:

Sie verpassen das Flugzeug, weil ein isländischer Vulkan ausgebrochen ist. Alles steht still. Sie freuen sich.

Die Deutung: Suchen Sie sich einen neuen Job, in dem Sie nicht fliegen müssen, sondern alles mit dem Fahrrad erreichen können.

Kann auch Sehnsucht nach Ruhe bedeuten. Oder: Kaufen Sie sich weder Lufthansa-Aktien noch die nächste Björk-CD. Vorsichtshalber auch kein Islandpony.

5. DER TRAUM:
In der Öffentlichkeit fällt Ihnen plötzlich auf, dass Sie nackt sind.

Die Deutung: Angst, bloßgestellt zu werden? Ach was. Bewerben Sie sich sofort beim Playboy als Playmate. Oder: Ihr Kleiderschrank bräuchte mal wieder eine Auffrischung. Gehen Sie so bald wie möglich shoppen.

6. DER TRAUM:
Oligarch Roman Abramowitsch hat Sie auf seine Superjacht eingeladen. Multi-Milliardär Richard Branson hat Sie auf die Virgin Islands eingeladen.

Die Deutung: Sie haben Angst vor Sex mit Zwergen. Schauen Sie öfters mal Spiele der mexikanischen Fußball-Nationalelf, um Ihre Aversionen abzulegen. Oder machen Sie's Frankreichs First Lady Carla Bruni-Sarkozy nach. Steigen Sie von High Heels auf Ballerinas um, und und entdecken Sie Ihre Vorliebe für Kleinigkeiten.

7. DER TRAUM:
Sie verlieren ständig einen Ohrring.

Die Deutung: Ernstfall! Ihr Mann will sich scheiden lassen. Vergessen Sie den Ohrring, suchen Sie sich sofort einen guten Anwalt.

8. DER TRAUM:
Irgendwas mit Penissen.

Die Deutung: Sie sorgen sich wegen der EU-Bestimmung zur Gurkenkrümmung. Kann natürlich auch bedeuten, dass Sie sich um das finanziell impotente Griechenland sorgen, und darüber, ob Deutschland nicht ohne den Euro besser dran wäre. Legen Sie sich einen Doppelnamen zu, und treten Sie in die Lokalpolitik ein. Und essen Sie auf jeden Fall mehr Bananen.

9. DER TRAUM:

Sie bekommen einen Oscar verliehen und müssen auf der Bühne erkennen, dass Ihrer nur aus Silber ist.

Die Deutung: Sie haben Angst, dass Sie, obwohl Sie sich stets über alle Maße anstrengen, immer nur das Zweitbeste dafür bekommen. Arbeiten Sie an Ihrem Selbstbewusstsein! Sollte Ihr Mann Oscar heißen, scheinen Sie an seinen Qualitäten zu zweifeln.

10. DER TRAUM:

Ihre Kinder sind ganz lieb, streiten nie, räumen auf und kommen fröhlich mit lauter Einsen aus der Schule nach Hause.

Die Deutung: Sie haben Angst, dass Aliens Ihre echten Kinder entführen und durch Klone ersetzen (klassisch-historisches Wechselbalg-Motiv). Schauen Sie abends sicherheitshalber mehrmals nach, ob sie wirklich in ihren Betten liegen. Im Zweifelsfall wecken Sie sie. Werden Sie deswegen angeknurrt, ist alles in Ordnung.

BITTE SCHWEIGEN SIE JETZT!

RUHIGE MOMENTE FÜR RUHIGE NERVEN

»Wie ist die Welt so stille ...« Seit Matthias Claudius sein Lied vom aufgegangenen Mond dichtete, hat sich einiges geändert. Nicht alles zum Besseren. Die akkustisch verschmutzte Welt hält heute nur noch selten still. Musikanlagen, Autoverkehr, Kriege, Flugzeuge, dazu Gelärm, Geschrei und Gebrabbel sind wahrscheinlich noch bis zur Milchstraße hörbar. Dabei sind Ohren besonders schutzlose und -bedürftige Sinnesorgane, sicherheitshalber nicht abschließbar wie Augen und somit ständig auf Empfang, selbst im Schlaf. Die sensiblen Naturen leiden still. Immer mehr Städter überstehen ihre Tage mit Hilfe von Ohropax. Friede den Ohren und der Seele!

Dauerlärm versetzt den Körper in einen Alarmzustand. Das Wort »Lärm« leitet sich vom italienischen Ausruf »all'arma« ab: »Zu den Waffen!« Keine Bange, dieser Ruf war vor allem in den Kriegen des 16. und 17. Jahrhunderts gebräuchlich. Welche Waffen kann man auch heute noch benutzen, ohne dass die Polizei einen gleich darauf mit dem Gesicht nach unten auf den Boden presst? Und wie sollte das für Ruhe sorgen? Empfindsamen gab deshalb schon Kierkegaard als erste Hilfe den Tipp: »Wenn ich Arzt wäre und man mich fragte: Was rätst du? Ich würde antworten: Schaffe Schweigen.« Schweigen schaffen ohne Waffen?

Die letzten Ruheorte sind Meditationsstunden oder, für den unerleuchteten Hausgebrauch, Schweigeminuten. Wir finden: Es gibt keinen Grund, den Mund nur dann zu halten, wenn dies staatlich verordnet wird. Führen Sie Ihre täglichen persönlichen Schweigeminuten ein! Ein niedrigschwelliges, hochwirksames und unterschätztes Ritual, nicht nur zur Geräuschhygiene. Erlegen Sie auch Ihrem Umfeld die Schweigepflicht auf, schon aus Respekt vor Ihren Gefühlen.

Schalten Sie Telefon, Handy und Radio aus. Hören Sie nach innen. Betrauern Sie dann den Tod Ihres Goldfischs, das Scheitern einer Geschäftsidee, die Tatsache, dass Sie nicht in den Tennisclub aufgenommen wurden oder dass Ihre letzte Liebesgeschichte mit einem riesigen Knall zu Ende ging. Und dann lassen Sie das alles ziehen. Entspannen Sie sich. Und denken stattdessen etwas Schönes herbei. Denken Sie an die guten Dinge, die Ihnen geschehen sind und künftig geschehen werden.

Sie werden sehen: Nach dem bewussten Innehalten sind Kopf und Seele klarer. Frei von unverarbeiteten Gefühlsverwirrungen können Sie nun mit frisch aufgeladenem Nerven-Akku wieder zur turbulenten Tagesordnung übergehen.

Also, Ruhe jetzt!

KLEINE FLUCHTEN, GROSSE FLUCHTEN

PANIC ROOMS FÜR ALLE BEDÜRFNISSE

Vorsicht! Nervliche Hochspannungsgefahr! Bedrohungen ihrer Contenance sind auch Krisenköniginnen dauernd ausgesetzt. Ob nun durch Viren, PMS, Stress im Job oder bei leerer Süßigkeitenschublade, ob durch Männermacken, die fordernde Familie, oder aufgrund von innen- und außenpolitischen Gefahrenherden. Schlimmstenfalls kommt alles zusammen.

Schrillen Ihre Alarmglocken und wird das Krisengefühl deutlich stärker als Sie, brauchen Sie schnell einen Schutzraum. Der rettet Sie und manchmal auch Ihre (momentan gerade nicht so) Lieben. Hier sind Sie in emotionaler Sicherheit – Last Exit Flucht. Drücken Sie die Escape-Taste!

Lassen Sie alles stehen und liegen, halten Sie die Welt kurz an, springen Sie ab, und retten Sie sich in eine persönliche Komfortzone. Eintritt strengstens verboten. Ansprechen auch. Anfassen sowieso. Das Prinzip »Auszeit« ist viel zu kostbar, um es mit der Reglementierung von Kindern zu verschwenden! Nach einer Stunde hat sich die gefühlte Bedrohung meistens so weit minimiert, dass man sich wieder dem Leben stellen könnte. Wenn man wollte.

Unsere Empfehlung: Halten Sie lieber noch ein paar Stunden Sicherheitsabstand.

ERSTE HILFE

→ *Augen zu, Finger in die Ohren stecken und laut ein fröhliches Lied summen.*

→ *Schlafzimmertür zuschließen, im Jogginganzug ab ins Bett und unter die Decke kriechen.*

→ *Für Musikfans: im Sessel vor die Stereoanlage setzen, Kopfhörer aufstülpen, laute Musik anmachen. Unansprechbarkeit sig-*

nalisieren, indem Sie ins Leere starren und mit dem Kopf im Takt wippen. Optional dazu: Schlaf- oder Kühlmaske. Bei verweinten Augen besonders zu empfehlen.

→ In der Küche (Vorratslager) verschanzen, Tür mit Besenstil verbarrikadieren, große Kanne beruhigenden Kräutertee kochen und in kleinen Schlucken austrinken. Zwischendurch tief atmen. Dann lange nachgucken, was im Kühlschrank ist. Tut erhitztem Kopf und Gemüt gut. Krise – wisch und weg!

→ Tisch mit Decken verhängen. Boden darunter mit Kissen polstern und darauf Ihr Lieblingsparfum versprühen. Rollen Sie sich in Embryonalhaltung zusammen, eventuell mit Kuschel- oder Haustier. Proviant mitnehmen, zum Beispiel Schokolade, Kaugummi, Zwieback oder Knäckebrot. Kauen beruhigt.

→ Ins Badezimmer rennen, Tür abschließen. Kaltes Wasser über Handgelenke und Ellenbogen laufen lassen. Sich dann mit Handtüchern eine Höhle in der Badewanne bauen. Duftkerze anzünden. Gesichtsmaske auflegen. In Bad und WC ist alles ok!

→ Sich mit einem dicken Buch und Taschenlampe im (begehbaren) Schrank, Wäschekammer etc. verstecken und tief darin abtauchen. Je kleiner der Raum, desto gefühlt besser! Nehmen Sie Scheuklappen und Gasmaske gegen die eventuelle Bedrohung durch Wollmäuse, Staubmilben etc. mit.

ZWEITE HAUT

→ Falls es nicht gerade tiefster Winter ist: ein Einpersonenzelt im Garten oder Vorgarten (Flucht nach vorn!) aufschlagen. Survival zwischen Stauden und Wacholderbüschen. ›Walden oder Leben in den Wäldern‹ von Thoreau mitnehmen. Zelt mit Taschenlampe, Buch, Pullover, Daunenschlafsack, Handy, Wasservorrat, zwei Bierflaschen und etwas Proviant nach Geschmack möblieren. Kleidung in Tarnfarben wählen.

→ *Ein eigenes, abschließbares Zimmer. Ausstattung: gemütliches Einzelbett, Computer, DVDs, Handy, dicke Vorhänge. Getränke und Speisevorräte nach Vorlieben. Bestenfalls nageln Sie leere Eierkartons an die Innenseiten von Tür und Wänden, oder Sie lehnen eine schalldämpfende Matratze von innen dagegen. Regression in die Pubertät erlaubt: Hängen Sie statt eines zivilisierten »Do not disturb« das Schild »Eintritt 10 Euro/10 Tritte 1 Euro« von außen an die Tür.*

DRITTER KRIEG

→ *My home is my castle: Machen Sie Ihre gesamte Wohnung zum Hochsicherheitstrakt. Wichtig: Vorher alle/alles aussperren, was in Ihrem momentanen Wellnessbereich stört. »Frauen hinter Gittern« als selbstbestimmte Solovorstellung – und Sie müssen nicht einmal Angst haben, wenn Sie sich in der Dusche nach der Seife bücken. Zu trinken und sanitäre Anlagen haben Sie auch unbegrenzt verfügbar. Ziehen Sie alle Rollos oder Vorhänge zu, stöpseln Sie den Festnetzanschluss aus, und machen Sie auf keinen Fall auf, wenn es an der Tür klingelt. Auch nicht, wenn jemand dazu »Polizei, machen Sie sofort die Tür auf!« brüllt. Das ist ein ganz alter Trick, den mittlerweile sogar Ihr Mann kennen dürfte.*

→ *In Ihrem Kellerraum lagern nur alte Möbel, Schlittschuhe, Papiere, Dekoration? Verschwendung! Gerade in Altbauten sind die dicken Wände absolut schuss- und schallsicher. Räumen Sie den Raum komplett aus und machen Sie einen gemütlichen Bunker daraus. (Achten Sie aber auf die Nähe zu einer Toilette, oder installieren Sie eine Camping-Toilette im Raum.) Legen Sie sich ein kleines Neurosen- und Waffenarsenal an. Bevorraten Sie sich für vier Wochen mit Wasser, Haferflocken, Vitamintabletten, Konservendosen, Büchsenöffner, Spielen, Büchern, Müll-*

säcken, Batterien, einer Hausapotheke, einer ABC-Gasmaske
und genug Trockenshampoo. Nehmen Sie Ihren Goldschmuck
als eiserne Reserve mit. Ein Kurbelradio oder Funkgerät hält Sie
über die Vorgänge in der Außenwelt auf dem Laufenden. Wich-
tig: Schwenken Sie die weiße Flagge erst, wenn Sie meinen, dass
Sie so weit sind, es mit der Welt, dem Feind und Ihrer Familie
wieder erfolgreich aufnehmen zu können.

DEPRESSIONSMONITOR

SEELENFINSTERNISSE ERKENNEN
UND BEHANDELN

Die Hölle, das wissen wir seit Sartre, sind eigentlich die anderen.
Aber wenn die dunkelgraue Wolke Sie einhüllt, sind Sie selbst Ihr
größter Feind. Bleierne Antriebslosigkeit führt 4:0 gegen Alltags-
müdigkeit, Tendenz steigend? Klar, jede hat so ihre düsteren Phasen. Reagiert seelisch auf Winter, Dunkelheit, Liebeskummer,
Existenzängste, Stress im Job. Wenn Sie aber wochenlang zu müde
und erschöpft sind, den Satz »Ist doch völlig normal« zu murmeln, einen Ruhepuls von 140 haben, obwohl Sie seit Tagen kaum
aufstehen, Waschen für unwichtig halten und auf die schlichte
Frage »Wie geht's Dir?« stundenlang in Tränen zerfließen, dann
haben Sie ein Problem. Ein ernstes. *Apocalypse now* statt *Good
Morning, Vietnam.*

Ach, das Leben ist schon eine Achterbahnfahrt. Hoch und runter, und wer, bitte, kann noch geradeaus schauen, wenn ein Loo-
ping einen gerade mit wahnwitziger Fliehkraft aus der Kurve
getragen hat? Versuchen Sie, trotz akuter Sinnkrise nicht starr
nach unten zu schauen. Auch als Herrin der Augenringe, mit fet-
tigen Haaren und steigendem Unwillen Staubsauger, Schrubber
oder Essen anzufassen. Einen Bleistift sollten Sie unbedingt noch
zur Hand nehmen, um unsere Checkliste durchzuarbeiten. Die

wird Ihnen helfen zu erkennen, ob Sie ernsthaft abzudriften drohen. In welcher Phase sind Sie? Schwarz, grau, blau?

Kreuzen Sie ehrlich an, was auf Sie zutrifft. Kreuzen Sie schlimmstenfalls schnellstmöglich bei einem Psychiater auf. Sie müssen da nicht alleine durch. Zack, zack! Prozac!

EINSCHLAFZEIT:

☐ 22 Uhr (A)   ☐ 3 Uhr (B)   ☐ 6 Uhr (C)   ☐ 16 Uhr (D)

NÄCHTLICHE WACHPHASE:

☐ nein (A)   ☐ nicht deutlich von Schlafphase zu unterscheiden (B)

☐ ja, viele (C)   ☐ ich bin immer hellwach (D)

WIE LANG?

☐ keine Stunde (A)   ☐ 2 Stunden (B)
☐ 3 Stunden (C)   ☐ 5 Stunden (D)

AUFSTEHZEIT:

☐ 7 Uhr (A)   ☐ 9 Uhr (B)
☐ 18.30 Uhr (C)   ☐ 5 Uhr (D)

WIE LANGE DAUERT ES, BIS SIE ANS TELEFON GEHEN?

☐ Wenn es mehrmals hintereinander geklingelt hat (A)
☐ Sofort (B)
☐ Ich lasse immer den AB antworten (C)
☐ Wozu? (D)

ÖFFNEN SIE REGELMÄSSIG IHRE POST?

☐ ja (A)   ☐ mindestens 58 Prozent der Gesamtpost (B)

☐ nur Postkarten (C)   ☐ nein (D)

SPORT

☐ ja, draußen (A)   ☐ ja, drinnen (B)
☐ schnell weglaufen, wenn es klingelt (C)
☐ Wenn Aufstehen und Zur-Toilette-Schlurfen auch gilt, ja (D)

HAUTPFLEGE / HAARPFLEGE / ZAHNPFLEGE

- ☐ ja (A)
- ☐ je nach Tagesform optional (B)
- ☐ lese lieber Nietzsche (C)
- ☐ nein, wofür (D)

WIE LANGE BRAUCHEN SIE, UM SICH ANZUZIEHEN?

- ☐ Stunde (A)
- ☐ zwei Stunden (B)
- ☐ den ganzen Tag (C)
- ☐ mehrere Tage (D)

WIE LANGE STARREN SIE TÄGLICH LÖCHER IN DIE DECKE?

- ☐ höchstens beim Sex (A)
- ☐ 2 Stunden (B)
- ☐ 6 Stunden (C)
- ☐ bis es zu dunkel wird (D)

ÖFFNEN SIE DIE TÜR, WENN ES KLINGELT?

- ☐ ja (A)
- ☐ nur einen Spalt (B)
- ☐ nein (C)
- ☐ hab die Klingel ausgeschaltet (D)

BEANTWORTEN SIE ANRUFE?

- ☐ ja (A)
- ☐ freundlich, aber kurz (B)
- ☐ nur die von der besten Freundin (C)
- ☐ auf keinen Fall (D)

SPRECHEN SIE AM TAG MIT JEMANDEM?

- ☐ ja (A)
- ☐ soviel wie nötig, so wenig wie möglich (B)
- ☐ Aber sicher doch: beim Kaffeeklatsch mit meiner toten Oma und Kurt Cobain (C)
- ☐ ich bin doch nicht verrückt (D)

FÜHREN SIE EIN SOZIALLEBEN, BEKOMMEN SIE BESUCHE?

- ☐ ja (A)
- ☐ von den Zeugen Jehovas (B)
- ☐ Wenn man das Kriseninterventionsteam dazuzählt, das gestern die Tür aufgebrochen hat (C)
- ☐ von meinen Freunden aus dem All (D)

AUSWERTUNG:

Zählen Sie zusammen, wie oft Sie A, B, C oder D geantwortet haben.

Überwiegend A:

Kann man mit der besten Freundin gut überstehen.

Überwiegend A und B:
Kann man mit zwei Bier oder einer Flasche Wein kurieren.

Überwiegend B:
Kann man alleine mit DVD-Player und Schlaf bewältigen.

Überwiegend B und C:
Kann man mit Sport und gebunkerten 100-Watt-Birnen aufhellen.

Überwiegend C:
Kann man mit dem Best-of der Pharmaindustrie therapieren.

Überwiegend D:
Kann man nur noch mit Gott/Guru/Auswandern nach Indien kurieren.

HALBWEGS SAUBER BLEIBEN!

*FUNKTIONSTÜCHTIGKEIT UNTER
DER SCHWARZEN WOLKE*

Alle Handgriffe im Alltag fallen einem schwerer, wenn man in einer Krise steckt. Depressionen und Domestos scheinen sich grundsätzlich gegenseitig auszuschließen. Welchen Sinn machen schon Abwaschen und Staubsaugen, wenn der gesamte Lebenssinn fragwürdig erscheint? Wozu oberflächlich Ordnung schaffen, wenn in einem das Gefühlschaos regiert?

Halten Sie sich jetzt an eine Devise, mit der es schon viele Männer an die Spitze von Banken, Staaten und Konzernen geschafft haben: So viel wie nötig, so wenig wie möglich. Denken Sie jetzt nicht, was Ihre Mutter wohl sagen würde, wenn sie zur Tür reinkäme. Denken Sie nur daran, was Ihnen guttut. Achten Sie allerdings darauf, sich selbst nicht ins soziale Aus zu stellen: Besuch sollte jetzt lieber bis auf Weiteres vor der Tür bleiben, Freunde können Ihnen auch am Telefon gut zureden. Körperliche Hygiene ist trotz allem ein Thema! Keiner möchte Sie riechen müssen, ehe er Sie sieht, egal, wie lieb man Sie hat.

HYGIENISCHE SICHERHEITSSTANDARDS IN ZEITEN DER SEELENFINSTERNIS

Tätigkeiten

	krankhaft gesteigerte Aktivität	normal lustlos	erschöpft
Spülen			
Saugen			
Aufräumen			
Staubwischen			
Wäsche waschen			
Kochen			
Fensterputzen			
Duschen			
Haare waschen			
Bügeln			
Bad putzen			
WC putzen			
Feucht aufwischen			

Diese Tabelle wird jetzt entsprechend handschriftlich ausgefüllt:

z. B. Spülen:
- nur die Rotweingläser
- nur die Schnapsgläser
- kann man drei Tage stehen lassen
etc.

z. B. Fensterputzen:
- welche Fenster?
- Fenster können grau bleiben, passt doch
- lassen Sie den Fensterputzer kommen, dann erhellt sich vielleicht die Laune etc.
- unbedingt selber putzen, da wird mir einiges klar!

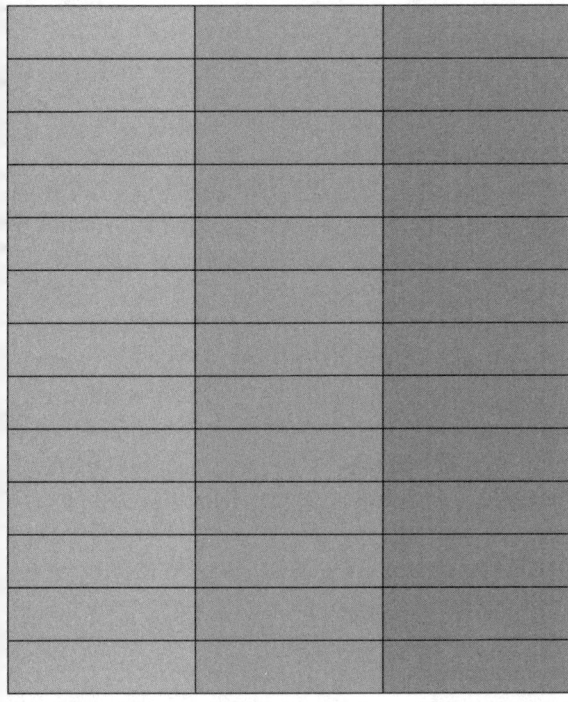

**Gefühls-
zustand**

niedergeschlagen   SEHR deprimiert   total am Ende

z.B. Aufräumen:
– leere Pizzakartons und Styropor-
  Packungen vom Chinesen entsorgen
– Zeitungen neben dem Bett weg-
  räumen, damit Sie in schlaflosen
  Nächten nicht drauf ausrutschen
– alle Winterpullover falten und
  nach Farben sortieren (für Hyper-
  aktive)
etc.

z.B. Kochen:
– kann die Pfanne nicht anheben
– zu schwer
– wozu, wenn ich's nicht herunter-
  kriege?
– hält Leib und Seele zusammen
  (siehe auch Soulfood)

213

STELLEN SIE IHRE
BIOLOGISCHE UHR UM!

NEUE ZEITEN FÜR
SCHWERE ZEITEN

Eine gängige Empfehlung bei Depressionen lautet: Tricksen Sie Ihre biologische Uhr, die ja sowieso nicht richtig tickt, aus, indem Sie möglichst ein paar Nächte bewusst gar nicht schlafen. Warum nicht mal aufs Ganze gehen und ein totales Reset der biologischen Regelkreise starten? (Warnung: Konsultieren Sie bitte Ihren Hausarzt, bevor Sie das versuchen.) Transferieren Sie sich und Ihren Alltag in ungewohnte Zeit- und Erfahrungszonen, damit der Biorhythmus einen ganz neuen Beat bekommt. Vielleicht langweilt Ihr Körper sich ja mit Ihnen? Rütteln Sie ihn auf und überraschen ihn, indem Sie ihm etwas Neues zu tun geben und ihn mit Herausforderungen konfrontieren. Vielleicht redet er ja dann wieder mit Ihnen und Ihrer Seele.

(Hinweis: Da die wenigsten Arbeitgeber es tolerieren dürften, dass Sie Ihre Arbeitszeiten eigenmächtig verschieben, schlagen wir vor, dass Sie sich ein Wochenende für die Durchführung Ihres »Fuck up your biological clock day« aussuchen.)

- *Beginnen Sie, indem Sie um 4 Uhr morgens aufstehen und den Tag mit einem Bummel durch die einsamen Haupteinkaufsstraßen der Stadt starten. Nach der Heimkehr: Tagebuch schreiben.*

- *Gegen 7 Uhr ein schönes Steak/Frites zum Frühstück mit einem kleinen Bierchen dazu. Da wird Ihr Magen aber Augen machen!*

- *Dann alle Schuhe putzen und ein paar Leute anrufen. Notfalls lange auf den Anrufbeantworter sprechen.*

- *Gegen 8 – erst mal in Straßenkleidung aufs Sofa legen zum Mittagsschläfchen.*

- *Um 10 den Fernseher für den DVD-Abend anschalten und zwei gute Filme oder mehrere Serienepisoden hintereinander gucken.*

- *13 Uhr – Fotos in ein Album kleben oder Kerzen gießen.*

- *14 Uhr – kleiner Snack mit Brausepulver und Lakritzschnecken.*

- *15 Uhr – lange baden, Pyjama anziehen und schlafen gehen; alles verdunkeln.*

- *17 Uhr – aufstehen, ein Kleid anziehen, leichtes Make-up.*

- *18 Uhr –Mittagessen im Restaurant, etwas Salat und Tagessuppe; dabei Micky-Maus-Heft lesen.*

- *20 Uhr – Lebensmittel einkaufen gehen; notfalls Antidepressivum oder Johanniskrauttabletten aus Apotheke mitbringen.*

- *21 Uhr – schickes Sportoutfit anziehen.*

- *22 Uhr – auf einer Parkbank sitzen und Tauben füttern.*

- *23 Uhr – Sport treiben, etwa mit Taschenlampe joggen gehen; anschließend hundert Sit-ups, hundert Liegestütze, hundert Hampelmänner.*

- *24 Uhr – ein paar Geschäftstelefonate führen und Mails schreiben.*

- *1 Uhr – Silber putzen, Staubsaugen, Wohnung umräumen.*

- *3 Uhr – Online-Patiencen legen und sich über die Weltlage informieren, Telefonseelsorge oder Hotline der Krankenkasse anrufen.*

- *4 Uhr – starken Kaffee trinken; mit dem Auto über die leere Autobahn rasen.*

- *5 Uhr – auf dem nächsten Rastplatz halten und ein kurzes Nickerchen machen, dann den Sonnenaufgang bewundern und schlechten, schwarzen Tankstellenkaffee mit sehr viel Zucker trinken.*

- *6 Uhr morgens – ab ins Bett; bis 10 Uhr.*

Wenn Sie das alles so durchgezogen und überlebt haben, wird Ihr verwirrter Körper so dankbar sein, zu seinen normalen Essens- und Schlafenszeiten zurückkehren zu dürfen, dass Sie ab jetzt auf seine volle Kooperation zählen können!

DOCTOR HOUSE

THERAPIEN SELBSTGEMACHT

Sie bräuchten in Ihrer momentanen Lebensschieflage eigentlich einen Therapeuten. Hilfe! Nur, von wem? Wer blickt schon mit klarem Kopf durch das Wirrwarr der angebotenen Therapieformen? Und: Wovon und warum einem Fremden 65 bis 200 Euro pro 51-Minuten-Stunde dafür bezahlen, dass er Sie durch einen Tunnel kriechen oder einen Klumpen Lehm modellieren lässt?! Wer führt dabei eigentlich Aufsicht und behält den Überblick? Gerade in der Therapeutenszene praktizieren viele schräge Typen, die man beim ersten Blick selber als Härtefall für einen guten Therapeuten einstufen würde (auf den zweiten Blick erst recht). Die meisten Psychologiestudenten studieren übrigens Psychologie, um besser mit sich selbst klarzukommen.

Unser kostengünstiger Einsteigertipp: Finden Sie erst mal im Heimversuch heraus, ob die jeweilige Methode überhaupt für Sie geeignet ist und wie Sie darauf ansprechen. Etliche beliebte Therapieformen lassen sich nämlich mit Bordmitteln in der vertrauten Atmosphäre Ihrer vier Wände in Eigenregie umsetzen. Warnung: Nur im Krisenfall, nicht in klinischen Fällen!

Familienaufstellung

Durch die Methode nach Bert Hellinger soll man durch bloßes Aufstellen von »Stellvertretern«, also anderen Menschen oder Gegenständen, verworrene Beziehungsgeflechte innerhalb der Familie und anderen Gruppen dechiffrieren. Vom Unterbewussten endlich ins Bewusstsein gehievt, sollen sich die Funkstörungen durch Neugruppierung und gesprochene Erlösungssätze auflösen (die dazugehörigen Personen leider nicht).

Do it yourself: Sie kommen auch wunderbar ohne esoterische Profimoderation vor Publikum aus. Einfach ein paar skandinavische Holzreiher/Playmobilfiguren/Barbies/Kissen/Gästeseifen oder Ähnliches aufstellen. Ihr Vater ist dann der große Reiher, die Barbie Ihre Schwester, Oma die Lavendelseife, Sie die Playmobilfrau und Ihr Freund das kleine braune Sofakissen. Fühlen Sie sich in die Positionen ein, und siehe da, die geheimen Strukturen und Probleme enthüllen sich fast von alleine! Heilung bringt nun die bewusste Umgruppierung, in der die Teilnehmer zu einem gesunden Geflecht umgestellt werden: Ihre Playmobilfrau hat den Vaterreiher aus dem Dunstkreis der Lavendelseife geschoben und legt sich nun in der Nähe Ihrer Schwesterbarbie geborgen auf das kleine braune Kuschelkissen? Das fühlt sich gut an? Na, bestens! Tipp: Halten Sie die heilende Schlussaufstellung per Digitalkamera fest, um sie zu verinnerlichen und bei Bedarf immer wieder abrufen zu können.

Klangtherapie

Geht davon aus, dass eine körperliche Störung verstopfte Energie ist. Durch Klänge versucht man den Körper feinstofflich in seine gesunde Schwingung zurückzuversetzen, um wieder in Einklang mit ihm zu leben (wer immer er auch sein mag). Krankheit oder Unwohlsein werden als »Verstimmung« betrachtet, ausgelöst durch das Fehlen bestimmter Frequenzen, die man dem Körper in Form von Klängen wieder zuführt: C-Dur statt Vitamin C.

Do it yourself: Endlich wissen Sie, was Sie mit der Klangschale aus dem Tibet-Shop anfangen sollen, die Ihnen eine esoterische Bekannte vor Jahren zum Geburtstag geschenkt hat! Bisher lagen da nur Hausschlüssel und Kleingeld drin. Rufen Sie nun eine gute Freundin an (für Esoterikanfänger: per Telefon), lassen Sie sich von ihr die Klangschale auf Ihren Körper setzen und durch sanftes Anschlagen in Schwingung versetzen. Doooooooo-ohhhooooong – good vibrations? Nachspüren, mitsummen. Tief atmen. Blockade gelöst? Fantastisch.

Sollte es nicht klappen, können Sie auch auf andere Instrumente ausweichen. Klangtherapeuten arbeiten gerne mit schrägen Instrumentarien, die nicht unbedingt zur Standardausstattung eines deutschen Haushalts gehören. Aber vielleicht hat ja einer Ihrer Bekannten noch eine Zimbel, eine Glocke, ein Didgeridoo aus dem letzten Australienurlaub, einen Gong, ein Alphorn oder eine Stimmgabel zur Hand? Sollten Sie ein Auge auf den Musiklehrer Ihres Sohnes geworfen haben, bitten Sie den doch, Ihnen etwas auszuleihen. Ohne Elektroverstärker! Sonst sind Sie hinterher überspannter denn je.

Tipp: Die Meditations-CD, die seit geraumer Zeit bei Ihnen in der Ecke verstaubt, könnte auch schon Ihre Symptome verbessern. Naturgeräusche sind laut Klangtherapie ebenfalls Balsam für die Seele. Wenn nur die tibetanischen Nasenflötensolos zwischendurch nicht wären.

Tanztherapie

Eine psychotherapeutische Disziplin, die besonders Körperorientierte anspricht: Tanze und lebe wild und frei, um dich, deine Gefühle und Beziehungen besser zu verstehen und ausdrücken zu können. Wurde in den 1940er-Jahren in den USA entwickelt. Steigert angeblich Körper- und Selbstwahrnehmung, führt zu einer Erweiterung des Bewegungsrepertoires und soll den »authentischen Ausdruck durch die Integration des Unbewussten« fördern. Für diesen Wow-Effekt reicht natürlich kein flotter Disco-Fox oder Cha-Cha-Cha bei nächster Gelegenheit, sondern nur frei improvisierte, selbst empfundene und erfundene Tanzeinlagen. Nicht abgucken! Folgen Sie Ihrem Unterbewussten – aber lieber nicht überallhin, es könnte Sie schnell zum Orthopäden führen.

<u>Do it yourself:</u> Darf ich mich bitten? Entscheiden Sie als Erstes, welcher Variation Sie folgen wollen: Improvisation oder Nachah-

mung? Mit beidem sollen Sie sich und Ihren Gefühlen angeblich besser auf die Schliche kommen. Einfachste Bewegungen wie Gesten, Hüpfer, kleine Bewegungsspiele und simple Drehungen auf dem Psychoparkett bringen Sie hier minimalinvasiv zum Goldenen Tanzabzeichen. Körpermuttersprache und Stimme zählen auch. Sie sollen sich frei und kreativ ausdrücken, nicht die schönsten Szenen aus *Dirty Dancing* oder *Flash Dance* imitieren. Dafür gibt es den Kurs »Clip Dance Moves« in Ihrem Fitnessstudio.

Ihr Körper will nicht unter zwei Augen mit Ihnen reden? Dann versuchen Sie es mit der Nachahmungsmethode. Für die brauchen Sie allerdings einen Partner. Dieser macht Ihnen was vor (was, das kennen Sie schon? ach so, aber wir meinen es hier wörtlich), und Sie wiederholen die Bewegungsabläufe (möglichst keinen Break Dance!). Achten Sie darauf, dass keiner mitfilmt und Sie damit erpresst, das Filmchen bei youtube zu veröffentlichen, denn die Außenwirkung Ihrer Darstellung sollte Ihnen, wie beim Sex, egal sein. Als Innenwirkung sollten sich dafür Nähe, Klarheit und Harmonie einstellen.

Tipp: Sorgen Sie wegen spontaner Fehltritte für ausreichend Platz im Wohnzimmer. Nicht, dass der Sprung zur Erleuchtung oder die Wendung und Drehung eines Problems bereits am Couchtisch scheitert.

Kunsttherapie

Eine Untergattung der Gestalttherapie. Hier geht es darum, innere Szenen, Gefühle und Phantasien kreativ abzubilden. Dieses Sichtbarmachen soll bei der Bewältigung negativer Gefühle oder Traumata helfen und das Freilegen eigener Ressourcen und positiver Gefühle fördern. Mit dem Pinsel wird die Psyche erst gestreichelt, dann frisch gestrichen.

Do it yourself: Nein, Sie müssen kein künstlerisches Talent haben. Malen nach Qualen braucht nur ein bisschen Mut, Farbe und einen Zeichenblock. Stellen Sie sich eine Aufgabe: Bringen Sie einen Traum, eine Phantasie, einen Zustand zu Papier. Kennen Sie

»Der Schrei« von Edvard Munch? So etwas wär' jetzt schön. Sie können nicht erkennen, was Ihr Bild darstellen soll – Hund, Katze, Maus, Tier?! Egal, Sie drücken bloß Ihre Gefühlswelt per Kreide, Öl oder Wasserfarbe aus. Hm, und was will Ihnen nun dieser große schwarze Fleck auf dem Aquarellpapier sagen? Das weiß vielleicht Mick Jagger, der große Musiktherapeut: »I saw a red door and I want to paint it black …«

Im Zweifelsfall ziehen Sie noch eine gute Freundin oder Ihre Mutter zur Analyse hinzu. Für alle, die dem schöpferischen Prozess schon physisch etwas abgewinnen wollen, empfiehlt sich eher plastisches Arbeiten: Hach, schön, beidhändig in Ton oder Fimo herummatschen wie zuletzt im Kindergarten und dann irgendwelche Gestalten erschaffen. Form follows feelings.

Tipp: Wenn Sie Ihre Kunst ganz passabel finden, planen Sie doch eine Ausstellung, sobald es Ihnen besser geht. Denken Sie daran, die Titel Ihrer Arbeiten gleich den Anforderungen des zeitgenössischen internationalen Kunstmarktes anzupassen. Titel: »Darkness – now. Charcoal on paper, 2010«. Oder: »Grey spots on abstract shapes. Oil on canvas, 2010«. Bei »Twenty shades of yellow. Watercolor, 2011« machen wir uns um Ihren Seelenzustand keine Sorgen mehr.

Expositionstherapie

Ein Verfahren der Verhaltenstherapie, das zur Entstörung von Phobien eingesetzt wird: Angst vor bestimmten Tieren, Agoraphobie, Klaustrophobie, Höhenangst, Flugangst. Der Betroffene wird dabei gezielt den Situationen oder Dingen ausgesetzt, bei denen er durchdreht. Durch die Konfrontation kann er erfahren, dass er mit der gefürchteten Situation umgehen kann und die Angst sich abbaut. (Niemand hat die Energie, mehr als eine gute halbe Stunde durchzudrehen.)

Entweder wird der Betroffene schockartig mit der schwierigsten Situation konfrontiert (Flooding) oder nähert sich schrittweise der heiklen Situation an (Habituationstraining). Für den Hausgebrauch empfehlen wir Letzteres.

<u>Do it yourself</u>: Eine gute Freundin ruft Sie immer nachts an, damit Sie Spinnen aus ihrem Schlafzimmer jagen (»Aber tu ihr dabei nicht weh!«)? Ihr Freund will wegen seiner Flugangst immer nur an die Ostsee reisen? Laden Sie Ihre liebsten Spinner zur Expositionstherapie ein. Sammeln Sie für Ihre Freundin ein paar harmlose Spinnen, erklären Sie ihr, was Sie vorhaben, und sperren Sie sie dann zusammen mit einem großen Glas Wodka und dem größten und haarigsten Exemplar aus Ihrem therapeutischen Terrarium im Badezimmer ein. Stellen Sie den Küchenwecker zunächst auf fünf Minuten. Wiederholen und verlängern Sie den Vorgang in regelmäßigen Abständen (erst zehn, dann zwanzig, dann 35 Minuten etc.). Trinken Sie für Ihre Nerven zwischendurch selbst einen und bieten auch den aufgeregten Nachbarn etwas an, die denken könnten, dass in Ihrer Dusche jemand abgestochen wird.

Bei Flugangst: Zur Einstimmung gehen Sie häufiger in kleine Schachtelkinos in Bahnhofsnähe. Frühstücken Sie zusammen im Flughafenrestaurant. Im Ernstfall fliegen Sie dann gleich nach L.A., statt nur von Hamburg nach Frankfurt (»Flooding«). Als therapeutischer Begleiter sollten Sie kräftig genug sein, die Öffnung eines Airbus-Fensters in elf Kilometern Flughöhe zu verhindern.

Bei Klaustrophobie: Den Patienten mit zum nächsten Massenkonzert seiner Lieblingsband in die Riesenarena mitnehmen. Ihm notfalls vorher erzählen, es gäbe da genau vor der Bühne geräumige, nummerierte Sitzplätze. Harhar! Überraschung!

Tipp: Jede Expositionstherapie kann gerade bei der ersten Sitzung starke Hysterie oder Tränenfluten auslösen. Rechnen Sie damit, wahlweise Taschentuch, Schulter oder Bett zum Ausweinen bieten zu müssen. Und: Hören Sie sich präventiv nach einem guten Anwalt um, falls Sie noch keinen haben – nur für den Fall, dass man Sie anschließend verklagen will oder Schmerzensgeld verlangt.

Reinkarnationstherapie

Eine eher esoterische und parapsychologische Therapieform. These: Der Schlüssel zu unseren Problemen liegt in unserem früheren Leben. Ziemlich blöd, dass man ihn damals wohl vergessen hatte! Aber Moment – vergessen wir nicht auch heute noch häufig unsere Schlüssel? (Ein kühler Luftzug durchweht den Raum.) Da hätten wir's: Durch das Erkennen und Wiedererleben auslösender Ereignisse aus unseren vorherigen Daseinsstufen sollen die Probleme sich in Luft auflösen. Dafür wird man in so genannten »Rückführungen« wieder an (hoffentlich!) exakt diesen Punkt gebeamt. Entweder durch leichte Trance oder Hypnose, in die man sich beispielsweise durch hyperventilierendes Atmen versenkt (Rebirthing-Technik). Oder mittels geistiger Versenkung und Meditation, um die inneren Bilder und Gedanken aus den Vorleben heraufzubeschwören. Der Therapeut fragt oft erst nach Erinnerungen aus dem jetzigen Leben, geht dann zurück zu Geburt und Schwangerschaft und tastet sich dann durch den Geburtskanal zurück zu früheren »Inkarnationen«. Anfängerfehler: Verwechseln Sie Szenen aus Ihrem Vorleben nicht mit solchen aus irgendwelchen RTL-Filmen, die Sie mal im Halbschlaf gesehen haben.

Do it yourself: Hypnose- und New-Age-Fans können sich hier mal so richtig austoben! Die Zeitmaschine stellen wir diesmal auf Ihre Geburt. Sie brauchen eine Vertrauensperson, die Sie von 100 rückwärts zählen lässt. Bei Zero starten Sie die Reise in ein Land vor Ihrer Lebenzeit. Na, wie war das noch gleich in Mamis Gebärmutter? Es mag Ihnen so gar keine Vorstellung kommen? Dann ist eine realistischere Simulation vielleicht das Richtige für Sie. Einfach einen roten Ikea-Kinder-Krabbeltunnel aus Nylon besorgen und die eine Öffnung von außen mit einer Lichtquelle bescheinen – fertig ist der Geburtskanal 2.0 mit uteralem Wohlfühlfaktor. Kriechen Sie nackt an einem Tunnelende rein (Angst vor Tunneln? Siehe Expositionstherapie), und dann kommt hoffentlich bald der Kreißsaal-Flashback. Spüren Sie das Pressen … Pressen …?!

Tipp: Auch per Kaiserschnitt Geborene können ihre Geburt ganz einfach simulieren. Ein flach auf dem Boden ausgebreitetes

Campingzelt ersetzt den Krabbeltunnel. Nackt eng ins Zelt einrollen, Decke drauflegen und Lichtquelle wie oben beschrieben von außen setzen. Nun strampeln und mit den Zeltwänden kämpfen. Für den Geburtsmoment sollte die Hobbytherapeutin Ihres Vertrauens dann den Zeltreißverschluss ruckartig aufreißen. Sie sind da! Wo? Na, das müssen Sie dann schon selbst wissen. Nehmen Sie vorsichtshalber ein Navigationsgerät mit.

Therapeutisches Basis-Investment für die heimwerkende Therapeutin: Kleenexbox, Klangschale, Kissen, Couch oder Chaiselongue, Flasche Wodka, (Plastik-)Spinnen, warme Decke, Krabbeltunnel, Farben, Papier. (Siehe auch Kapitel »Stellen Sie Ihre biologische Uhr um!« als Therapieform bei Depressionen.)

AUSWANDERN – ABER WOHIN?
LÄNDER-CHECK FÜR
EIN BESSERES LEBEN

Manchmal ist eine Depression ein wertvoller Hinweis auf eine lebenswichtige Veränderung. Einfach alles hinschmeißen, die Perspektive mit dem Standort wechseln – wer hätte nicht schon einmal daran gedacht? Machen Sie den Traum doch wahr, wenn die nächste Existenzkrise Sie schüttelt! Damit liegen Sie im Trend: 2008 war ein neues Auswanderungs-Rekordjahr: 175 000 Deutsche gingen offiziell ins Ausland, gab das Statistische Bundesamt bekannt. Das waren 14 000 mehr als in 2007. Und insgesamt werden es noch deutlich mehr gewesen sein, denn viele kehren Deutschland den Rücken, ohne sich offiziell abzumelden.

Warum auch verbissen in Deutschland fertigleben und bestenfalls zum Italiener essen gehen, wenn man hier ohne Perspektive bei miesem Wetter auf der Stelle tritt und zwischen Steuerreform, Rechtschreibreform und Reformstau hin- und herschleudert? Auswandern kann aus Ihnen einen neuen Menschen machen –

mit neuen Freunden, einem neuen Job, neuen Nachbarn und einem komplett neuen Lebensgefühl.

Auch wenn die Welt inzwischen zum Global Village geworden ist, sollten Sie darauf achten, das für Sie richtige Land zu finden. In dem Sie nicht nur krisensicher weiterleben können, sondern das so perfekt zu Ihnen passt wie der richtige Lebensabschnittspartner. Im Gegensatz zur Armee nehmen die meisten Länder allerdings auch nicht jeden: Je qualifizierter, vielsprachiger und attraktiver Sie sind, desto mehr Auswahl gibt es. Sie machen das garantiert besser als die Doku-Familien in den beliebten »Wir wandern aus«-TV-Formaten, die berstend vor Idealismus, aber ohne jede Englischkenntnisse und Sonnenschutz plötzlich in Australien stehen und sich wundern, dass am Strand von Sydney keiner auf einen Landschaftspfleger gewartet hat.

Tipp für Singles: Suchen Sie sich eine Nation, in der die Männer Ihrem Beuteschema entsprechen. Mexiko ist schön, aber nichts für Frauen, die auf große nordische Typen stehen. Uruguay hat da schon mehr zu bieten: Dort finden Sie Männer sowohl europäischer als auch lateinamerikanischer Abstammung.

Mit dieser weltbewegenden Übersicht hilft Krisenkönigin Ihnen dabei, das richtige Land für Ihren nächsten, glücklicheren Lebensabschnitt zu finden. Ein bisschen Abenteuerlust setzen wir natürlich voraus. Na, wo fängt bei Ihnen das Herz vor lauter Landliebe an, schneller zu schlagen? Wo können Sie sicher anlegen? Wer spricht Ihre Sprache? Und was spricht Sie besonders an? Abflug!

FLUCHTPUNKTE
Jersey
Guter Grund, dahin auszuwandern: Mildes Klima, ideale Lage im Ärmelkanal, üppige Vegetation, Best of Britain (Natur) und Frankreich (Küche). Und die niedrigen Steuern!

Was man wissen sollte: dass die Immobilienpreise für ein reizendes Cottage hoch sind und die Idee, ein Bed & Breakfast aufzumachen, nicht neu. Sie können Jersey-Kühe und Blumen züchten (aber nicht auf demselben Grundstück, Sie Anfängerin!).

Womit man rechnen sollte: damit, beim Golfen oder im Yachthafen einen Millionär zu treffen. Das Steuerparadies im Ärmelkanal, das eine britische »crown dependency« ist und zum Vereinigten Königreich gehört, zog schon immer Gutbetuchte an. Kein Wunder, denn hier zahlen Reiche weniger Steuern als Arme. Sogar im Kabinett der Insel sind sechs von zehn Mitgliedern Millionäre. Das Bruttoinlandsprodukt pro Kopf ist weltweit das dritthöchste. Merken Sie sich zur Kontaktaufnahme Vokabeln wie »Offshore Company« und »Hedgefonds«.

Wie sicher ist es da? Sehr. Auf die Insel kommt keiner so schnell rauf oder runter, es sei denn per Schiff oder Helikopter. Man kennt sich, das macht das Leben friedlich. Kriminalität: kaum vorhanden. Naturkatastrophen oder fiese Tiere: Fehlanzeige. Politische Lage: stabil. Idylle: hoch.

Sprachen: Englisch, Französisch, ansonsten Patois.

Guter Beruf zum Einwandern: Schriftstellerin, Piratin (moderne Variante: Steuerhinterzieherin), reiche Erbin, Rechtsanwaltsgehilfin oder Wirtschaftsprüferin mit englischer Ausbildung.

Uruguay

Guter Grund, dahin auszuwandern: Nordeuropäisches Flair in lateinamerikanischem Klima. Gute Krankenversorgung. Niedrige Lebenshaltungskosten. An Uruguays Küste sieht es streckenweise aus wie in Schleswig-Holstein – im Luxusresort Punta del Este gibt es preiswerte reetgedeckte Häuser. Willkommen daheim!

Was man wissen sollte: dass man lange die schmucken Schätze suchen kann, nach denen der Río de la Plata – Silberfluss – benannt wurde. Reich wurde das Land nämlich nicht mit Silberminen, sondern mit den Rinderherden in der Pampa.

Womit man rechnen sollte: an Gewicht zuzunehmen. Die Nationalküche Uruguays ist nichts für Figurbewusste! Das Nationalgericht Uruguays ist Asado, Rindfleisch, das über einem offenen Holzfeuer geröstet und mit vielen Beilagen serviert wird. Zum Nachtisch ist Dulce de leche, eine Art Crème Caramel, der Hüftgoldstandard. Trinken Sie lieber viel Mate-Tee.

Wie sicher ist es da? Sehr. Keine Politik-, Klima-, Umwelt- oder Naturkatastrophen in Sicht. Das Sozialklima könnte allerdings durch Alt-Nazis in der Nachbarschaft belastet sein.

Sprachen: Spanisch. Die uruguayische Aussprache ist allerdings etwas weicher als das iberische Spanisch.

Guter Beruf zum Einwandern: Fitnesstrainerin (siehe: Nationalküche). Cowgirl. Oder Inneneinrichterin von Friesenküchen (siehe: Luxusresort und Reetdachhäuser).

Schweden

Guter Grund, dahin auszuwandern: Sechs Buchstaben – H&M, Ikea. Das kann doch nicht verkehrt sein. Außerdem hat Schweden immer noch eins der besten Sozialsysteme Europas. Und die meisten Seen. Ach ja, und eine deutschstämmige Königin. Der gefällt es da ja auch schon lange.

Was man wissen sollte: So reich wie ABBA braucht man zwar nicht zu sein, wenn man einwandern will, aber der Staat prüft bei allen Immigranten das Eigenkapital. Die ersten drei Monate müssen Sie mindestens in der Lage sein, sich selbst zu versorgen.

Womit man rechnen sollte: Ihre umfangreiche Schuhsammlung können Sie in Deutschland lassen: Wenn man bei Schweden eingeladen ist, ist es üblich, die Schuhe an der Eingangstür auszuziehen. Investieren Sie in lochfreie Socken.

Wie sicher ist es da? Abgesehen von den Elchen: sehr. Es sei denn, Sie legen sich an einem heißen Sommertag an einen schwedischen See, dann werden Sie bei lebendigem Leibe von Mücken aufgefressen. Auch als Birkenpollenallergiker sind Sie im Frühjahr Ihres Lebens nur im Atemschutz von Unmengen Antihistaminika sicher.

Sprachen: Schwedisch! Und das sollten Sie schnell lernen und beherrschen, vor allem, wenn Sie im Arbeitsleben Fuß fassen wollen. Die meisten Schweden sprechen zwar hervorragend englisch, schätzen es aber, wenn man ihre Sprache spricht. Üben Sie Ihre Aussprache an Elchen. Hier schon mal was vorab zur Motivation: »Jag älskar dig« heißt »Ich liebe dich«.

Guter Beruf zum Einwandern: H&M-Verkäuferin? Nun wirklich nicht. Schwedens Arbeitsmarkt schwächelt zwar etwas, trotzdem stehen hier viele Jobs zur Verfügung, die bei uns eher schon überbesetzt sind: handwerklich orientierte Berufe, Ärzte und Pflegepersonal. Entdecke die Möglichkeiten.

Schweiz

Guter Grund, dahin auszuwandern: Was hat ein Land wie aus dem Bilderbuch schon zu bieten? Eine Bilderbuchidylle! Ruhe. Blitzblanke Städte. Berge zum Skifahren und Seen zum Schwimmen. Viele Banken. Das perfekte Land für Sicherheitsorientierte und alle, die schon an die Zeit nach sechzig denken.

Was man wissen sollte: Dass zum Glück nicht alle Männer hier aussehen wie DJ Bobo. Und: Auch ein Klischee-Land wie die Schweiz hält noch Überraschungen parat. Oder wussten Sie, dass es hervorragende Schweizer Weine vom Genfer See gibt?

Womit man rechnen sollte: im deutschsprachigen Teil der Schweiz auch Schwyzerdütsch lernen zu müssen. Obwohl alle Hochdeutsch (hier Schriftdeutsch genannt) verstehen – beliebt ist es nicht, und viele Deutschschweizer weigern sich, es zu sprechen.

Wie sicher ist es da? Hallo? Politische Neutralität! Legendäre Bank-Tresorräume! In Bergmassiven versteckte Tunnel! Die Schweizer Armee! Schweizer Taschenmesser! Und dazu fast unter jedem Haus ein privater Bunker. Nächste Frage!

Sprachen: Deutsch (na ja, fast), Französisch Italienisch, Rätoromanisch.

Guter Beruf zum Einwandern: alle Jobs aus der Gastronomie, Tourismus- oder Hotelbranche. Wellnesstrainerin. Journalistin. Bankerin. Jobs in der Luxusgüterindustrie (Uhren, Kosmetik). Millionärin.

Monaco

Guter Grund, dahin auszuwandern: Die letzte Steuererklärung, verbunden mit einer Sehnsucht nach Sonne, Luxus und mediterranem Lebensgefühl in einem sehr überschaubaren Kleinstaat.

Was man wissen sollte: Einmal im Jahr fegt die Rallye Monte Carlo quer durch die Stadt. Sollten Sie ein Penthouse an der Strecke haben, können Sie an diesem Tag die Miete fürs halbe Jahr wieder reinholen, indem Sie den Balkon vermieten.

Womit man rechnen sollte: mit hohen Lebenshaltungskosten. Monaco ist einer der teuersten Wohnorte in Europa. Der hohe optische Standard (das Auto, die Luxushandtasche, das Lifting) könnte Sie ebenfalls unter Druck bringen. Zudem hatte fast jeder Mann hier schon mal was mit Stephanie von Monaco.

Wie sicher ist es da? Solange Sie sich im Casino an die Kleidungs- und Spielregeln halten und nicht so scharf über die Serpentinenstraßen brettern, kann Ihnen im Fürstentum wenig passieren.

Sprachen: Französisch. Wichtigster Satz für den Casinobesuch: »Rien ne va plus.«

Guter Beruf zum Einwandern: Croupier, Zirkuskünstlerin, Restaurantbesitzerin, Inneneinrichterin, Formel-Eins-Boxenluder, Immobilienmaklerin.

Neuseeland

Guter Grund, dahin auszuwandern: Am anderen Ende der Welt sind die Arbeitsmarktbedingungen fast so traumhaft wie die verwunschene Landschaft in *Herr der Ringe* und *Das Piano*.

Gut zu wissen: Hier wird Leistung noch belohnt! Neuseeland wählt Einwanderer nicht nach Quoten pro Herkunftsland aus, sondern nach Qualifikation. Für »High Potentials« ist in der blühenden Economy des Landes immer genug Platz. Und das im wahrsten Sinne des Wortes: auf einen Quadratkilometer kommen hier gerade mal fünfzehn Menschen.

Womit man rechnen sollte: damit, so fern der Heimat doch einige Landsleute zu treffen: Kiwi Country ist nach wie vor das

Traumziel deutscher Auswanderer. Zum Glück verteilen die sich in dem großen Land etwas.

Wie sicher ist es da? Sehr. Keine Naturkatastrophen, keine gemeinen oder giftigen Tiere. Sie brauchen auch keine Angst vor Orks zu haben. Die gibt es wirklich nur im Film. Elben leider auch.

Sprachen: Englisch (gewöhnen Sie sich an den leichten Kiwi-Einschlag!), Maori.

Guter Beruf zum Einwandern: Solange Sie gute Qualifikationen mitbringen, eignet sich jeder Job. Eine positive Beziehung zu Schafen ist hilfreich. Beruhigend, dass in Neuseeland mit einer Arbeitslosenquote von nur drei Prozent fast Vollbeschäftigung herrscht.

Polen

Guter Grund, dahin auszuwandern: Nein, die Sprache ist es nicht. Eher das wirtschaftliche Wachstum, die pulsierenden Städte Krakau und Warschau, oder die Sehnsucht nach dem Leben auf dem Lande (zum Beispiel Masuren, Pommern). Und die Nähe zu Deutschland.

Was man wissen sollte: Polen rangiert in der Auswanderungsstatistik unter den Top drei der beliebtesten Länder. Dabei ist es nichts für Schnäppchenjägerinnen: Wer auf der Suche nach einem günstigen Leben ist, wird sich wundern, dass die Lebenshaltungskosten teilweise fast so hoch sind wie in Deutschland. Ausnahme: Immobilien.

Womit man rechnen sollte: Sie werden sich über Ihre Fähigkeit wundern, Wörter mit geballten Konsonanten schon nach kurzer Zeit glatt über die Lippen zu bekommen; zum Beispiel: »Zloty« und Städtenamen wie Gdansk, Lodz, Sopot und Gdynia. Positiv: Ihre Kleidungsstücke von 1999 sind dort immer noch topmodisch, das spart Anschaffungskosten.

Wie sicher ist es da? Sie dürfen Ihr eigenes Auto mitnehmen (müssen es nach sechs Monaten im Land ummelden), aber wenn es ein schneller BMW, Porsche etc. ist, kann er Ihnen auch schnell abhanden kommen. Ansonsten ist es friedlich.

Sprachen: Polnisch, aber viele Polen sprechen auch gut deutsch. *Gute Berufe zum Einwandern:* Ärztin, Krankenschwester, Ingenieurin, Deutschlehrerin.

Kanada

Guter Grund, dahin auszuwandern: Abgesehen von Platz 7 auf der Auswanderungs-Top-Ten: Kanada gehört weltweit zu den Ländern mit der höchsten Lebensqualität. Dazu noch der Romantiktraum von atemberaubender Natur und Männern wie Naturereignissen (Holzfäller, Jazz-Musiker, Eishockeyspieler). Brauchen Sie noch mehr Gründe?

Was man wissen sollte: Sie sollten mit genügend Dollars anreisen, um die ersten Monate gut überleben zu können. Und machen Sie sich drauf gefasst, vor der Einwanderung auf Herz und Nieren überprüft zu werden. In Kanada existiert ein Punktesystem für »Skilled Worker and Professionals«, mit dem Kategorien wie Sprachkenntnisse, beruflicher Lebenslauf, Alter des Antragstellers, familiärer Hintergrund etc. geprüft werden.

Womit man rechnen sollte: Ohne fließendes Englisch oder Französisch kommen Sie nicht weit. Prüfen und verbessern Sie vorher Ihre Sprachkenntnisse kritisch. Was hieß noch mal gleich Aufenthaltserlaubnis? Mietkaution? Oder »Ist dieser Bär wohl hungrig?« Na?

Wie sicher ist es da? Kommt drauf an, wo Sie leben. In einer Millionen-Metropole wie Toronto ist es genauso sicher oder unsicher wie in jeder europäischen Großstadt; in Vancouver (Tor zu Asien) gibt es Beschaffungskriminalität in Sachen Drogen ... das Übliche halt. In den Wäldern haben Sie höchstens einen Grizzly zu befürchten. Stellen Sie sich prinzipiell tot.

Sprachen: Es gibt zwei Amtssprachen (Englisch, Französisch); ohne alltagstaugliches Englisch sind Sie aufgeschmissen. Und damit meinen wir nicht Urlaubs-Englisch. Im Berufsleben gelten andere Parameter.

Guter Beruf zum Einwandern: alles, in dem Sie richtig gut sind. Mit hoch qualifizierten Fähigkeiten kommt man am weitesten.

Da bevorzugt Kanada diejenigen Jobs, die gerade im Interesse des Landes liegen. Machen Sie sich schlau, was gerade gefragt ist.

Lettland, Estland

Guter Grund, dahin auszuwandern: Ausgeprägte Liebe zur Natur und zu niedrigen Steuern (Flat Tax). Die Perlen des Baltikums locken mit kilometerlangen menschenleeren Sandstränden und mit unberührter Natur, in der Adler, Elche, Wildschweine, Kraniche leben. Ein Paradies für äh ... na ja, Naturliebhaber.

Was man wissen sollte: Lettland wird vor allem durch Nordeuropa beeinflusst (früher gehörten seine Städte zur Hanse). Das lettische kühl-gemäßigte Klima mit Wintertemperaturen unter dem Gefrierpunkt ist eh nichts für Mittelmeertypen. Selbst im Sommer werden es hier durchschnittlich nur zwischen 16 und 17 Grad. Vom Regen in den Eisbach: Die Jahresdurchschnittstemperatur von Riga liegt bei sechs Grad Celsius. Frohe Nachrichten gibt's aber auch: Lettland hat dafür 1850 Sonnenstunden pro Jahr, das sind 185 Stunden mehr Solarenergie als in Deutschland.

Womit man rechnen sollte: Damit, für eine Wohnung in Riga genauso viel hinblättern zu müssen wie für eine in Berlin. Und damit, dass an den Namen eines jeden Kindes, das hier geboren wird, ein »s« gehängt wird. Sollten Sie Ihr Baby Paul nennen, schreibt der Beamte »Pauls« in die Geburtsurkunde. (Zum Glück ignoriert die deutsche Botschaft das dann wieder.)

Wie sicher ist es da? Sehr. Durch die praktische Flat Tax (ein praktisches, steuerliches Egalisierungsmodell, bei dem jede Steuererklärung auf einen Bierdeckel passt) sind die Menschen so ehrlich, dass sie nicht einmal bei der Steuererklärung schwindeln. Liebenswert!

Sprachen: Lettisch, Estnisch.

Guter Beruf zum Einwandern: Das Baltikum eignet sich eher als Altersruhesitz. Für Frauen ist es nicht so leicht, einen Job zu finden, es sei denn als Bauers- oder Förstersfrau ... Oder Sie arbeiten an der Deutschen Botschaft oder am Goethe-Institut und werden dorthin versetzt. Gesucht werden Spezialisten für Abwasserwirt-

schaft, Trinkwasserversorgung, Energieversorgung und Holzver-
arbeitung. Nix für Sie? Dachten wir uns.

Vergangenheit
Guter Grund, dahin auszuwandern: Weil es das Nonplusultra des
Eskapismus ist. Da lebt es sich garantiert schöner, sorgenfreier
und schlanker als im Hier und Jetzt! Und vielleicht sogar mit dem
Traummann, der jetzt dummerweise mit einer anderen verheira-
tet ist.

Was man wissen sollte: dass der süße David-Hamilton-artige
Weichzeichner einen schweren Zuckerschock verursachen kann.
Nichts für Realisten, die nicht auf rosarote Brillen stehen.

Womit man rechnen sollte: Sie werden sich vielleicht sehr darüber wundern, dass Sie in der Realo-Parallelwelt plötzlich doch
noch Miete und Strom bezahlen sollen.

Wie sicher ist es da? Absolut. Solange Sie auf diesem Trip sind,
kann Ihnen keiner was anhaben.

Sprache: Ihre. Allerdings: Je nachdem, wie lange Sie auf der
Zeitachse zurückliegen, kann diese etwas dämlich in Ihren Ohren
klingen – Sie waren ja nicht immer so klug und eloquent wie
heute. Tipp: Synchronisieren Sie sich selbst und mixen Sie Ihren
Körper von früher mit dem Wissen von heute. Sagenhaft!

Guter Beruf zum Einwandern: Träumerin.

AUSWANDERUNGS-HOW-TO
Fakten und Kosten: Was Sie wissen sollten, wenn Sie vorhaben,
hier die Zelte abzubrechen:

Umzug und Kosten: Der Posten ist nicht zu unterschätzen. Innerhalb der EU kann ein Umzug (mit komplettem Hausrat und Flü-
gen) bis zu 10 000 Euro kosten. Teurer wird es bei Fernzielen, zum
Beispiel Uruguay. Wenn's dahin geht und alles mitkommen soll,
müssen Sie mit 15 000 Euro rechnen, vor allem, wenn Möbel ver-
schifft werden. Hinzu kommen Gebühren fürs Visum, diverse
Anträge wie Gesundheits- oder polizeiliches Führungszeugnis

(zwischen 800 und 2000 Euro). Die Papiere müssen in die Sprache des Ziellandes übersetzt werden – Extrakosten.

Tipp: Werfen Sie Ballast ab, und lösen Sie Ihren Hausrat auf! Rigoros ausmisten spart Kosten beim Umzug, am besten alle Möbel vor der Abreise verkaufen. Wer es schafft, mit nur drei Koffern einzureisen, hat auch symbolisch Abstand zwischen sich und sein neues Leben gebracht.

Krankenversicherung: Als Privatversicherte sollten Sie auf jeden Fall Ihre Krankenkasse kündigen und lieber im Zielland einen neuen Vertrag abschließen (das ist in vielen Ländern billiger). Als gesetzlich Versicherte sollten Sie sich bei der Kasse eine Bestätigung über weltweit gültigen Versicherungsschutz besorgen, notfalls Zusatzversicherungen abschließen. Auf jeden Fall gut informieren.

Rente: Kommt aufs Alter an. Sind Sie über vierzig und haben schon länger in die deutsche Rentenkasse eingezahlt, behalten Sie am besten die Rentenanwartschaft in Deutschland bei und zahlen weiter den Minimalbetrag ein. Sind Sie jünger, ist es günstiger, wenn Sie sich in der neuen Heimat (je nach Möglichkeiten) um Ihre Altersvorsorge kümmern.

Steuern: Informieren Sie auf jeden Fall vor dem geplanten Umzug Ihr zuständiges Finanzamt. Gut zu wissen: Wer mehr als 185 Tage im Jahr außerhalb Deutschlands lebt, muss hier keine Steuern zahlen. Das sollten Sie nutzen.

Finanzen: Sprechen Sie vor dem Umzug mit Ihrer Bank, prüfen Sie alle Dauerüberweisungen, und kündigen Sie sie gegebenenfalls. Sorgen Sie für genügend Kontodeckung, wenn weiter etwas von Ihrem Komto abgebucht wird (zum Beispiel Miete, Strom, Wasser, falls Sie Ihre hiesige Wohnung nur untervermietet haben). Checken Sie die Kreditkartenverträge – vielleicht gibt es im Zielland günstigere oder welche, die im Land weiter verbreitet sind –

und Versicherungen. Und benennen Sie eine Vertrauensperson hier in Deutschland, die notfalls hiesige Anrufe bei Behörden oder Bankgeschäfte für Sie erledigen kann.

Haustiere: Die lassen Sie besser zu Hause! In vielen Ländern müssen Tiere vor oder bei der Einreise erst in Quarantäne, und das kostet Zeit, Geld, Nerven. Legen Sie sich besser einen neuen Spielkameraden in der neuen Heimat zu.

BONJOUR, TRISTESSE

DAS ALLERLETZTE:
DER TOD ALS FINALE KRISE

Der zwangsweise Tod aller Lebensformen ist die ultimative Beleidigung unseres modernen, so selbstbestimmten, durchoptimierten Daseins. Den möchte keiner im Lebenlauf haben. So wird das endliche Thema bis zuletzt verdrängt, Trauer umgangen. Zu uncool, zu unproduktiv, zu unpassend, zu unlustig … ja, einfach zu todtraurig, verdammt! Diesem Gefühl kommen Sie nicht mit coolem Zynismus bei, oder mit positivem Denken. Es lässt einen für eine unüberschaubare Weile hilf- und trostlos zurück. Womöglich arbeits- und funktionsunfähig. Also vergräbt man es erst einmal so tief wie möglich in Aktionismus.

Moderne Menschen warten lieber auf ein mediales Großereignis wie die Beerdigung von Robert Enke oder Lady Di und weinen dabei plötzlich drei Tage durch, obwohl sie weder die Leute kannten, noch Fußball- oder Monarchie-Fans waren. Lassen Sie es nicht so weit kommen.

Setzen Sie sich damit auseinander, wenn absehbar ist, dass jemand aus Ihrem Freundes- oder Familienkreis in nächster Zeit sterben und dann mal eben eine Ewigkeit weg sein wird. Seien Sie für denjenigen da, egal, wie schwer das für Sie sein mag. Noch schwerer wiegen nämlich die lebenslangen Selbstvorwürfe, die Sie sich sonst nach dessen Tod machen werden. Sprechen Sie sich aus, wenn möglich – solange es möglich ist. Wenn Sie denjenigen lieben, sagen Sie es ihm! Warten Sie nicht, wie vielleicht schon den Rest Ihres gemeinsamen Lebens, dass er/sie es zuerst tut. Und: Geht es um die Eltern, sollte man (Patienten-)Verfügungen und Testament bestenfalls besprochen haben, ehe der Ernstfall eintritt.

Nun noch ein paar Tipps, wie Sie schlimmes Danebenbenehmen vermeiden, wenn das Schlimmste eingetreten ist. Viele Menschen sind, bar jeder früher selbstverständlichen Verhaltensvorschrift, komplett hilflos, wenn ein Freund oder Bekannter einen Todesfall betrauert. Dabei sind die Hinterbliebenen gerade jetzt hypersensibel und verletzlich. Die haben es seelisch schwer genug, da brauchen sie nicht auch noch Platitüden wie »74? Aber das ist doch echt ein gutes Alter«, »Sie hatte aber ein erfülltes Leben« oder »Es geht immer weiter«. Beweisen Sie stattdessen Takt und Stil, und zeigen Sie Ihr Mitgefühl mit Fingerspitzengefühl:

BEERDIGUNGS-ETIKETTE

Die Einladung kommt per Post in Form der Todesanzeige. Hier steht drauf, wo und wann die Beerdigung stattfindet. Entscheiden Sie, ob Sie hingehen wollen. U.A.w.g. steht nicht darunter, anders als bei einer Party. Setzen Sie sich trotzdem mit den Hinterbliebenen in Verbindung.

Schreiben Sie in jedem Fall sofort eine geschmackvolle, hochwertige Kondolenzkarte an die Traueradresse – auch wenn Sie für fünf Sätze drei Stunden auf dem Füllfederhalter kauen müssen. Versuchen Sie bloß nicht, beim Texten vor Hilflosigkeit originell zu werden (»Alles hat ein Ende, nur die Wurst hat zwei!«). Ein klassisches »Ich bin sehr traurig, denke in diesen schweren Stunden viel an dich/euch und wünsche dir/euch viel Kraft für diese Zeit« ist immer angemessen. Wer kann, schenkt den Hinterbliebenen dazu noch eine persönliche Geschichte, die man mit dem Verstorbenen zusammen erlebt hat. Als schöne Erinnerung.

DO'S BEI DER BEERDIGUNG – SANFTE RUHE

■ *Seien Sie pünktlich!*

■ *Erkundigen Sie sich, wer wann wozu eingeladen ist. Lesen Sie die Todesanzeige genau, und interpretieren Sie sie richtig. Bei einigen Beerdigungen ist nur die engste Familie zur Beisetzung/Verbrennung erwünscht, in der Kirche aber eine größere Trauergemeinde. Manche verbitten sich Blumenspenden, andere wünschen eine wohltätige Spende im Namen des Verstorbenen.*

■ *Kondolieren Sie anständig, und sprechen Sie den Hinterbliebenen persönlich Ihr Beileid aus, auch wenn Sie schon geschrieben oder angerufen hatten: »Wenn ich irgendetwas für euch tun kann, lasst es mich wissen.« Sonnenbrille dabei absetzen!*

■ *Sagen Sie etwas Nettes über das Restaurant/die Kirche/den Grabstein/den Friedhof/die Rede des Pastors.*

■ *Denken Sie an Taschentücher, Papiertüte, Rescue- oder Augentropfen – für den Eigengebrauch, oder um sie zu zücken, wenn jemand anders weint oder hyperventiliert.*

■ *Tragen Sie wasserfestes Mascara auf, und halten Sie eine große Sonnenbrille bereit.*

■ *Wenn Sie dem Trauernden nahestehen, nehmen Sie ihm Verantwortung und Arbeit ab. Fragen Sie vorher, ob und wie Sie helfen können: die/den Trauernden irgendwo hinfahren, absetzen, vor der Kirche auf den Küster warten, damit aufgeschlossen wird, ins Restaurant vorfahren, um zu sehen, ob die Tische korrekt eingedeckt sind oder die Küche informiert wird, wann die Trauergemeinde ankommt, etc.*

DON'TS BEI DER BEERDIGUNG – SOZIALE TODESSTRAFE

- Erscheinen Sie nicht in Weiß zur Beerdigung, nur »weil in Asien ja Weiß die Trauerfarbe ist«.

- Fragen Sie nicht, wann es endlich zum Leichenschmaus geht oder etwas zu trinken gibt.

- Machen Sie der Trauernden keine Komplimente über das Outfit, um die Stimmung zu heben: »Hey, scharfer Hut, von wem ist der denn?« oder »Toll, deine schwarzen Lackpumps! Prada? Hast DU ein Glück! Die hab ich letzte Saison ÜBERALL gesucht!«.

- Werfen Sie sich den Blumenkranz nicht kuriertaschenartig über die Schulter, und – schlimmer – überreichen Sie ihn nicht wie einen Blumenstrauß! Kränze lässt man vorher anliefern.

- Drehen Sie nicht nervös auf und erzählen dabei ein paar peinliche Anekdoten über den Toten, nur damit mal ein bisschen Leben in die triste Veranstaltung kommt.

- Dauerbelagern Sie die/den Trauernde/n nicht, nur weil Sie doch extra von weit her angereist sind und nun auch was von ihr/ihm haben wollen. Seien Sie nicht egoistisch! Es wird ihr/ihm genug bedeuten, dass Sie überhaupt da sind.

- Legen Sie nicht den großen Diva-Auftritt in extravagantem schwarzem Outift mit Riesenhut hin und ziehen damit alle Aufmerksamkeit auf sich.

- Unterlassen Sie es, auf dem Friedhof schon mit dem Begleiter zu fummeln, weil Tod immer so lebenshungrig auf Sex macht (siehe Kapitel »Oh ja! Gute Gründe für Sex«).

- Rezensieren Sie die Beerdigung hinterher nicht aus Verlegenheit wie eine popkulturelle Veranstaltung (besonders die Musikauswahl) oder streuen besserwisserisch Infohäppchen über ›Death Cab for Cutie‹ oder den ›Tod in Venedig‹ ein. Drop Dead!

LETZTE VORSTELLUNG
TIME TO SAY GOOD BYE

Sie können es durch die beste Vorsorge nicht verhindern, früher oder später das Zeitliche zu segnen. Leider können Sie auch nicht planen, wie. Aber Sie können dafür sorgen, dass Planung und Ablauf der eigenen Trauerfeier oder Beerdigung nicht dem Zufall oder – schlimmer noch – den Überlebenden überlassen werden! Wer schon zu Lebzeiten immer genaue Vorstellungen hatte, sollte dafür sorgen, dass auch dieses große Finale stilvoll und passend zu seiner Persönlichkeit begangen wird und Ihres Lebens auf dieser Erde würdig ist!

Einst hatten Sie personalisiertes Briefpapier, Sonderausstattung beim Auto, eine Wohnung, auf deren Inneneinrichtung Sie immer so stolz waren – und dann eine 08/15 Sargablage? Dazu noch eine hässliche Frakturschrift auf dem Grabstein? (Ja, dieses Mal werden Sie wohl Ihr richtiges Geburtsdatum angeben müssen …) Nie und nimmer, bis in alle Ewigkeit! Der Trend, so Deutschlands Bestatter, geht zum Maßgeschneiderten. Beim Sarg, bei der Bestattung, bei der Trauerfeier. Und sogar Grabsteine haben sich schon beinahe überlebt: Heute sorgen digitale »Grabsteine«, auf denen Botschaften, Lebensstationen und Fotos des Verstorbenen elektronisch wechseln, dafür, dass das Leben des Verstorbenen auch visuell und akustisch geehrt wird. Film ab. Planen Sie also Ihre letzte Party nicht von der Stange, sondern Haute Couture. Tröstender Nebeneffekt: So vermeiden Sie, dass Hinterbliebene nach Ihrem Ableben mit vielen kleinen Entscheidungen (»Hätte sie das gut gefunden?«) überfordert werden. Neben dem Testament also unbedingt auch dieses Formular hinterlegen. R.I.P.!

IM FALLE MEINES TODES BITTE FOLGENDES VERANLASSEN

Ich möchte beerdigt werden ☐

Material des Sargs
- ☐ Mahagoni
- ☐ Walnuss
- ☐ deutsche Eiche
- ☐ rostfreier Stahl
- ☐ Palisander
- ☐ Kiefer
- ☐ Wengé
- ☐ Titan
- ☐ MDF-Platte, lackiert
- ☐ Recycling-Pappe

Stil des Sargs
- ☐ schlicht
- ☐ geschmackvoll dekoriert mit
  - ☐ a) Schnitzereien
  - ☐ b) Gravur
  - ☐ c) Airbrush-Kunstwerk
  - ☐ d) Typographie
  - ☐ e) anderes Dekor
    (z. B. Fotoprint, Blumenmuster, Tapetenmuster, Marmoreffekt)
- ☐ verschnörkelt und prunkvoll, mit Stoff gefüttert
  (Farbe: ....)
- ☐ Stoffmaterial:
  - ☐ Satin
  - ☐ Baumwolle
  - ☐ Wolle
  - ☐ Samt

☐ anderes: ....
in folgender Farbe:
....

Sarggriffe in
- ☐ Messing
- ☐ Gold
- ☐ Keramik
- ☐ Leder
- ☐ unsichtbar integriert wie einst in meiner Küche

Sargmarke: ....

Preis
- ☐ 100 – 500 Euro
- ☐ 500 – 1000 Euro
- ☐ 1000 – 3000 Euro
- ☐ 3000 – 5000 Euro
- ☐ 5000 – 10 000 Euro

Geld für Letzteres ist auf meinem Konto vorhanden:
☐ ja ☐ nein

Grabstein
Material: ....
Form: ....

Grabspruch
Schrift: ....
Engel/Rosen/Betende Hände:
☐ ja ☐ nein
digitale Gedenkplatte
Content: ....

Grabstelle
- ☐ In- oder Ausland
- ☐ auf einem Großstadtfriedhof
- ☐ auf einem Hügel mit Blick auf den See
- ☐ unter einem Obstbaum
- ☐ in einem Friedwald/welche Baumart?
- ☐ Alleinlage/neben meinen Angehörigen/meinen Freunden
- ☐ Mausoleum/Sarkophag:
  - ☐ ja   ☐ nein
- ☐ Bepflanzung:
  - ☐ ja   ☐ nein
  - Wenn ja, alles außer
  - ☐ Erika
  - ☐ Wacholder
  - ☐ Fleißigen Lieschen
  - ☐ grellroten Geranien
  - ☐ Cannabis
  - ☐ Unkraut

Musik bei der Trauerfeier:
- ☐ ja   ☐ nein
- Livemusik, von wem: ....
- Klassik, und zwar: ....
- Pop, und zwar: ....
- Jazz, und zwar: ....
- Ambient/Elektro, und zwar: ....
- Independent/Singer/Songwriter, und zwar: ....
- Compilation/Playlist von meinem iPod: ....

DJ: ....
andere Wünsche:
....

Trauergäste:
- ☐ ja   ☐ nein
- Bitte einladen: ....
- Bitte auf keinen Fall einladen:
....

Sargträger
- ☐ keine   ☐ 4
- ☐ 2   ☐ mehr
- Wer? ....
_____

Ich möchte eingeäschert werden! ☐

Urne bitte staubsicher aufbewahren.
- ☐ Kaminsims
- ☐ Nachttisch
- ☐ Woanders: ....

Ich möchte, dass meine Asche verstreut wird.
- ☐ Atlantik
- ☐ Pazifik
- ☐ Mittelmeer
- ☐ Indischer Ozean
- ☐ genauere Angaben (Bucht, Längengrad/Breitengrad) (Kerbe im Boot zählt nicht!)
- ☐ Ganges

- ☐ Amazonas
- ☐ Spree
- ☐ See/Fluss/Teich (spezifizie-
  ren ....

Kirche:
- ☐ ja ☐ nein
Welche: ....

Geistlicher:
- ☐ ja ☐ nein
  Konfession: ....
- ☐ ein bestimmter Geistlicher,
  und zwar: ....

Dresscode
- ☐ Black tie
- ☐ elegant
- ☐ szenig
- ☐ alle in Weiß

Länge der Trauerrede
- ☐ 5 Minuten
- ☐ 10 Minuten
- ☐ 20 Minuten

Länge der Grabrede:
...... Minuten
Wer soll noch sprechen?
....
Zitate? ....
Unbedingt Folgendes über
mich sagen: ....
Unbedingt folgende Anekdo-
ten aus meinem Leben erzäh-
len:.............................

Und diese unbedingt ver-
schweigen:........................

Grabbeigaben:
- ☐ ja ☐ nein
- ☐ bis 10 Euro
- ☐ 50 Euro
- ☐ Goldmünzen
- ☐ Knäckebrot
- ☐ Nackenstützkissen
- ☐ Handy
- ☐ mein Schmuck
- ☐ Taschenlampe
- ☐ Buch, welches? ....
- ☐ Foto meiner Lieben

Blumen:
- ☐ ja ☐ nein
- ☐ in der Kirche:..............
- ☐ auf dem Sarg: ....
- ☐ auf dem Grab: ....

Arrangements
- ☐ Bouquet
- ☐ Gesteck
- ☐ Kranz
- ☐ Freestyle
- ☐ von Freunden gebunden
Farbschema: ....
Bevorzugte Floristen: ....

Leichenschmaus
- ☐ ja ☐ nein
Wo?................................
- ☐ nur Angehörige und enge
  Freunde

☐ Freunde und Bekannte
Wie viele Leute maximal? ......
Wer auf keinen Fall? ....

Essen
☐ gesetztes Essen/Menü
☐ Buffet
☐ Kaffeetrinken/Frühstück
☐ französische Küche
☐ deutsche Küche
☐ Thai
☐ Indisch
☐ anderes
☐ vegetarisch
☐ vegan
☐ Nouvelle Cuisine

☐ Alkohol
☐ Sekt
☐ Wein
☐ Champagner
☐ Kaffee
☐ Hochprozentiges

Erwünschte generelle Stimmung bei der Feier
☐ betroffen, gedämpft
☐ zu Tode betrübt
☐ feierlich
☐ erleichtert
☐ erleuchtet
☐ fröhlich
☐ andere: ....

Weinen/Schluchzen:
☐ ja   ☐ nein
nur von
☐ den Hinterbliebenen
☐ enger Familie
☐ meinem Freund/Mann/Kindern

Es darf fotografiert/gefilmt/berichtet/gebloggt werden:
☐ ja   ☐ nein
☐ zugelassene Sender
☐ CNN
☐ ZDF
☐ BBC
☐ RTL
☐ Lokalsender
☐ Lokalzeitung
☐ Nachrichten-Websites
☐ Blogger
☐ auf keinen Fall folgende
    Medien: ....

Website in memoriam erwünscht:
☐ ja   ☐ nein
Bitte unter folgendem
Domain-Namen:
www...............................
Schon registriert:
☐ ja   ☐ nein

ALTER

GOLDENE ZEITEN FÜR GOLDEN GIRLS

BIOLOGISCHES ALTER –
FRÜHER UND HEUTE

Angst vor dem Älterwerden? Die wollen wir Ihnen hier mal ausdiskutieren! Erstens macht Angst Sorgenfalten und damit erst recht alt. Und zweitens: Was wäre denn die Alternative, bitte? Na also.

Dank technischem und medizinischem Fortschritt, der Emanzipation, verändertem Rollenbild und Freizeitverhalten gehören wir heutzutage weder mit 40 noch mit 50 oder 60 Jahren ins Abseits. Im Gegenteil: Fast alles ist besser als früher, die Generation unserer Großmütter und Mütter hatte es deutlich schwerer. Davon abgesehen, dass sie Kriege erlebten und die ganz realistische Todesangst ausstanden, nicht besonders alt zu werden, lebten sie im Land der von Männern begrenzten Möglichkeiten, und ihr Daseinszweck bestand darin, abfahrenden Zügen und verpassten Gelegenheiten nachzusehen.

Ein kurzer historischer Exkurs: Erst ab 1896 wurde die Zulassung für Frauen zum Abitur, dann um 1900 zu den Universitäten erkämpft. Im familienrechtlichen Teil des Bürgerlichen Gesetzbuches wurde aber 1896 die Statistenrolle der Frau in der Ehe erneut zementiert. Nach dem Zweiten Weltkrieg erklärte das Grundgesetz 1949, dass Männer und Frauen gleichberechtigt seien. Theoretisch. Doch andere Gesetze verhüteten das in der Praxis gleich wieder. Etwa der immer noch gültige Gehorsamsparagraf (huch!) des Bürgerlichen Gesetzbuchs aus dem Jahr 1896: »Dem Manne steht die Entscheidung in allen das gemeinschaftliche eheliche Leben betreffenden Angelegenheiten zu; er bestimmt insbesondere Wohnort und Wohnung.« Was?! Die Frau als Haustier? Igitt!

Erst 1957 wurde der Gehorsamsparagraf abgeschafft – durch das Gleichberechtigungsgesetz, das 1958 in Kraft trat. Nach dem alten Gesetz hatte der Mann das Recht, über das in die Ehe eingebrachte Vermögen der Frau zu entscheiden. Auch durfte die Frau nur dann berufstätig sein, wenn ihr Ehemann dem zustimmte. In allen Angelegenheiten besaß er ein so genanntes Letztentscheidungsrecht.

Diese Passagen wurden zwar gestrichen, doch das alte Rollenverständnis blieb auch im neu gefassten Paragrafen 1356 des Bürgerlichen Gesetzbuchs erhalten: »Die Frau führt den Haushalt in eigener Verantwortung. Sie ist berechtigt, erwerbstätig zu sein, soweit dies mit ihren Pflichten in Ehe und Familie vereinbar ist«, stand da. Oh ja, es war noch ein langer, staubiger Weg bis zum heutigen *Sex and the City*!

Also ein Hoch auf das Zeitalter, in dem wir leben. Vieles ist möglich, und die Vorgaben, was frau in einem bestimmten Alter macht (oder darf oder eben nicht mehr darf), sind elastischer denn je. Kurze Röcke oder lange Haare waren einst ab 40 Jahren untragbar, heute sind sie höchstens eine Frage des verfügbaren Materials und Stils. Hinzu kommen die Segnungen der Kosmetik … Ladies, es sieht nicht so schlecht aus!

FRÜHER/HEUTE: EIN VERGLEICHENDER ÜBERBLICK

- *Früher mit 20:* Kinder kriegen, Mutter und Hausfrau werden. Abhängigkeit. Mann muss Frau eigenes Geld und Berufstätigkeit erlauben.

  Heute: rumflippen, abhängen, studieren, interessante sexuelle Erfahrungen machen (mit Kommilitonen)

- *Früher mit 30:* Haus bauen, mit Familie an die Ostsee fahren

  Heute: Karriere machen, die Welt bereisen, interessante sexuelle Erfahrungen machen (mit Kollegen)

- *Früher mit 40:* Kinder in der Pubertät, Mann hat Affäre mit Sekretärin, Mutter hat Depression und muss Fassade wahren

  Heute: Scheidung, dann wieder interessante sexuelle Erfahrungen machen (mit Exfreunden, Kollegen und Mann der besten Freundin)

- **Früher mit 50:** *Kinder sind aus dem Haus, Kirchengemeinde, bestenfalls Tennis- oder Segelclub*
  Heute: *Große Kinder hüten das Haus. Yoga, Indienreise, erstes Lifting, neue Liebe, interessante sexuelle Erfahrungen machen (mit Guru oder Freunden der Kinder)*
- **Früher mit 60:** *Oma werden, Enkel verwöhnen*
  Heute: *Kreuzfahrt, Reisen, Chatten, Pokern, sich verwöhnen lassen, interessante sexuelle Erfahrungen machen (mit 40-jährigem Bordsteward)*
- **Früher mit 70:** *Restleben auf Fensterbank oder tot*
  Heute: *Haus in der Toskana oder Südfrankreich, interessante sexuelle Erfahrungen machen (mit italienischem Gärtner)*

JUGEND, ADE!

ALTERSINDIKATOREN ZUR SELBSTEINSCHÄTZUNG

Mag sein, dass 40 die neuen 30, 50 die neuen 35 und 60 Jahre die neuen 39 sind – durch schönheitschirurgisches Krisenmanagement sieht man einer Frau ihr biologisches Alter immer seltener an. Verräterischer sind da schon bestimmte Verhaltensweisen! Die können sich gemütlich einschleichen oder ganz plötzlich alle zusammen manifestieren. Untrügliche Zeichen sprechen dafür, dass der zweite Frühling an- oder bereits in voller Blüte steht. Wir haben sie für Sie zusammengestellt! (Merke: Etliche davon sollten Sie besser nicht zum Gegenstand des nächsten Party-Smalltalks machen. Dafür schauen Sie lieber auf unser Thema »Verbales Lifting«.) Und: Falls nichts davon auf Sie zutrifft, seien Sie froh. Von dem, was man Alter nennt, sind Sie noch Lichtjahre entfernt.

TYPISCHE ALTERSINDIKATOREN

→   *Sie treten auf Facebook der Gruppe »Too old to die young« bei.*

→   *Sie tauschen mit Ihren Freundinnen Adressen von Ärzten wie andere Panini-Sticker – Klebealbum mit Bildern berühmter Ärzte oder Ärztequartett (Joker: Christiaan Barnard), Sonderedition Schönheitschirurgen (Mang, Pitanguy)*

→   *Sie lesen die Bekanntschaftanzeigen in der Zeit.*

→   *Sie machen sich ernsthaft Gedanken über Ihre Altersvorsorge.*

→   *Sie regen sich über junge Leute auf: Wie schluffig die gehen, wie laut die sind, wie rücksichtslos und wie ordinär deren Musik. Auch Kleinkinder nerven Sie, ebenso wie deren unfähige Erziehungsberechtigte.*

→   *Sie kaufen hornhautreduzierende Fußcremes im Drogeriemarkt.*

→   *Ihnen wachsen drahtige Haare aus der Kopfhaut, die Sie sonst höchstens in der unteren Etage zu sehen bekamen.*

→   *Sie tun und sagen Dinge, die Sie bei Ihrer Mutter immer genervt haben.*

→   *Sie glauben nicht mehr, dass jede alles erreichen kann, wenn sie nur will.*

→   *Sie nehmen in der Apotheke den antioxydativen Ü-40-Vitamincocktail mit und, versteckt in einer Cosmopolitan, die Apotheker-Illu.*

→   *Sie sagen öfters mal eine Party ab, um einen gemütlichen Abend auf dem Sofa zu verbringen.*

→   *Sie fallen vom Wii-Fit-Board.*

→   *Sie haben plötzlich gesteigertes Interesse an Religion und schalten nicht mal mehr das Wort zum Sonntag weg.*

→ Sie erzählen anderen, dass es früher noch ein Testbild im Fernsehen gab und dass sich Ihr Tinnitus genauso anhört wie dieser dazugehörige Pfeifton – nur dass der junge HNO-Arzt mit dem Vergleich so gar nichts anfangen kann.

→ Wenn Sie morgens in den Spiegel gucken, erinnert Ihr Hals Sie eher an einen Pelikanhals nach dem Fischfang als an den eines Schwanes.

→ Ihre Ohrläppchen scheinen länger und schlaffer geworden zu sein.

→ Irgendwie nuscheln plötzlich so viele Leute.

→ Sie fangen an, sich für Ahnenforschung zu interessieren.

→ Ihre Sätze fangen häufig mit »Früher …« an.

→ Sie kaufen sich ballenentlastende Silikonpolster für Ihre High Heels.

→ Sie halten »Veneers!« nicht mehr für einen fröhlichen Trinkspruch.

→ Sie sind nach zwei Gläsern Wein ziemlich betrunken, und zwar für etwa drei Tage.

→ Sie haben Sehnsucht nach einem Garten.

→ Sie geben mehr Geld für Inneneinrichtung und Pflanzen aus als für Mode.

→ Sie überlegen, einem Chor beizutreten.

→ Sie finden die örtliche Mundart (Bayrisch, Plattdeutsch, Schwäbisch, Fränkisch etc.) als letzten Rückzugsort vor der Globalisierung nicht mehr furchtbar und provinziell, sondern irgendwie … gemütlich.

→ Sie sehen im Fernsehen gerne Biografien, Naturfilme, historische Dokumentationen, Live-Opernübertragungen auf 3sat, *und wenn es ganz schlimm wird, Bundestagsdebatten und Live-Übertragungen wie Urbi et Orbi oder Gottesdienste um 10.15 Uhr ohne gesteigertes Interesse. Ihr Highlight ist der Weihnachtsgottesdienst aus dem Kölner Dom.*

→ *Bis jemand sie aufklärte, hielten Sie einen Blog für etwas, woraus man kanadische Holzhütten baut.*

→ *Sie erinnern sich noch genau an den Tag, an dem Lady Diana ums Leben kam und können kaum fassen, dass das schon 13 Jahre her sein soll.*

→ *Sie müssen nicht alles sofort besitzen, was Sie schön finden.*

→ *Sie nehmen nach einer Woche harter Diät 300 Gramm ab und an einem Tag in Gesellschaft eines Schokoriegels ein Kilo zu.*

→ *Sie setzen Durchblutungsstörungen nicht mehr automatisch mit Erektionsstörung gleich.*

→ *Sie wundern sich, wieso der Mann an Ihrer Seite eigentlich so alt geworden ist.*

→ *Zu Ihren Modekriterien gehören plötzlich »sportlich-elegant«, »klassisch« oder schlimmstenfalls »wetterfest« für Kleidung, »gute Laufhöhe« für Schuh-Absätze und »flott« für Haarschnitte.*

→ *Sie sind vorsichtshalber lieber zwanzig Minuten zu früh am Bahnhof.*

→ *Sie werden ausnahmslos gesiezt, sogar auf dem alternativen Flohmarkt in Ihrem Stadtteil.*

→ *Sie laden neuerdings Freundinnen lieber zum Tee, Kaffee oder Frühstück zu sich nach Hause ein, statt abends mit ihnen um die Häuser zu ziehen.*

VERBALES LIFTING
SAGENHAFTE WORTKOSMETIK

Sagen Sie mal, lassen Sie sich etwa durch unvorsichtigen Wortge-
brauch eindeutig altersmäßig zuordnen? Sie Lauch, Sie! Unzeit-
gemäße Redensarten sind für die Sprache das, was freie Radikale
für die Haut sind: Aging-Faktoren. Entlarvend ist dabei gar nicht
mal so sehr, wie Sie reden (wahrscheinlich so, wie Sie es in Ihrem
Jahrgang typischerweise gelernt, seitdem praktiziert und selten
modernisiert haben), sondern viel öfter, WAS Sie sagen.

Vermeiden Sie Sprüche, Witze und Wörter, die Sie um Jahre
oder gar Jahrzehnte älter wirken lassen! Verjüngen und liften Sie
dezent Ihr Spracherscheinungsbild. Astrein! Geil! Krass! Voll
fett … Dezent, hatten wir gesagt! Folgende Sprüche und Wörter
lassen Sie alt aussehen:

→	*»Hier zieht es irgendwie!«*	*+ 23,4 Jahre*
→	*»Vorsicht ist besser als Nachsicht!«*	*+ 15 Jahre*
→	*»Zieh dir was Warmes an – Ausziehen kann man immer was!«*	*+ 7,5 Jahre*
→	*»Schlaf noch mal eine Nacht drüber!«*	*+ 5 Jahre*
→	*»Astrein«, »Knorke«, »Schnafte«, »Supidupi«*	*+ 17 Jahre*
→	*»Von nichts kommt nichts«*	*+/– 0 Jahre*
→	*»Meine Güte, dafür 49 Euro? Das sind ja 100 Mark!«*	*+ 18,2 Jahre*
→	*»Ich kann noch Sütterlin lesen«*	*+ 66 Jahre*
→	*»Das ist ja erste Sahne!«*	*+ 34 Jahre*
→	*»Zu meiner Zeit gab es für Schönschreiben noch Noten.«*	*+ 42 Jahre*

→	»*Seit wann spricht denn die Dagmar Berg-hoff nicht mehr die Nachrichten?!*«	+ 99 Jahre
→	»*Hey, Alter!*«	+/– 0 Jahre
→	»*Den Günter Netzer hab ich damals noch spielen sehen!*«	+ 40 Jahre
→	»*Mahlzeit.*«	+ 10 Jahre
→	»*Echt stark, diese neue Band!*«	+ 10 Jahre
→	»*Frau Maier ist zu Tisch.*«	+ 19 Jahre
→	»*Der ist mit guter Butter gebacken.*«	+ 56 Jahre
→	»*Unser letzter Jugoslawienurlaub war vielleicht toll!*«	+ 20 Jahre
→	»*Der Kaiser Wilhelm, ach, das war ein schöner Mann!*«	+ 113 Jahre
→	»*Ich weiß noch genau, wie ABBA den Grand Prix gewonnen hat mit diesem tollen Hit … äh … der hieß …*«	+ 36 Jahre
→	»*Zum Bleistift*« sagen statt »*zum Beispiel*«	+ 24 Jahre
→	»*Prösterchen!*«	+ 48 Jahre
→	»*Führen Sie Negerküsse?*«	+ 21 Jahre
→	»*Das ist doch alles Humbug!*«	+ 25 Jahre
→	»*Papperlapapp!*«	+ 25 Jahre
→	»*Lass uns doch mal wieder in die Disco gehen, abhotten!*«	+ 26 Jahre in der Großstadt, + 8 Jahre in Vor-/ Kleinstadt, +/–0 Jahre auf dem Land
→	»*So jung kommen wir nie wieder zusam-men!*«	+ 57 Jahre

Vorsicht! Neckische Witzeleien addieren prinzipiell bei allen Sprüchen noch sechs Jahre hinzu. Achtung, hoher Fremdschämfaktor bei Jugendlichen und den eigenen Kindern: Weniges ist peinlicher als alte Menschen (also alle über 30), die sich unheimlich witzig und cool vorkommen. Erst recht dann, wenn sie anfangen zu tanzen. Denn auch durch Tanzstile können Sie trotz Botox und Hyaluronspritzen blitzschnell zurückdatiert werden:

KEINE BEWEGUNG!

→	*zu »Satisfaction« in den Knien einknicken und bei »I can't get no … « rhythmisch eine Faust in die Luft stoßen*	*+ 30 Jahre*
→	*Disco-Beat (eins und zwei und Tepp)*	*+ 20 Jahre*
→	*Finger-V à la Pulp Fiction in horizontaler Linie vor dem Gesicht entlangziehen*	*+ 15 Jahre*
→	*zu »Lady Bump« Hintern, Hüfte und Schultern an die des Nachbarn stoßen*	*+ 30 Jahre*
→	*twistend die Beine nach hinten und außen werfen und die Hüfte peterkrauswärts von links auf rechts drehen*	*+ 50 Jahre*
→	*jemanden »Rock 'n' Roll!«-jauchzend anspringen*	*+ 30 Jahre*
→	*Headbanging*	*+ 10 Jahre*
→	*Headbanging im Fersensitz*	*+ 15 Jahre*
→	*Headbanging im Fersensitz mit Luftgitarrensolo und dann nicht mehr ohne Hilfe hochkommen*	*+ 25 Jahre*
→	*elektrischtechnisch zucken und stark schwitzen*	*+ 7 Jahre*
→	*Ententanz*	*+ 30 Jahre*
→	*Engtanz*	*– 15 Jahre*

→ Macarena	+ 20 Jahre
→ Polonaise Blankenese mitmachen oder – schlimmer – initiieren	+ 55 Jahre

---

SAGEN SIE JETZT LIEBER NICHTS …

Vorsicht bei der Imitation der heutigen Jugendsprache. Auch wenn Sie die richtigen Worte finden – im falschen Zusammenhang lassen sie Sie trotzdem krass alt aussehen. Peinliche Beispiele unauthentischer Äußerungen wären etwa:

- »*Die Übertragung der Lucia di Lammermoor auf 3sat war so was von fett gestern!*«

- »*Wow – die Kur in Bad Tölz hat mich total geflasht.*«

- »*Im Reformhaus haben Sie jetzt voll krasse Müslis mit Ballaststoffen. Check die mal!*«

- »*Auf dem Feuerwehrball hatte der Oberbrandmeister Hoppenstedt vielleicht coole Moves drauf!*«

- »*Du kriegst jetzt also einen Gehwagen? Wie geil ist das denn bitte?*«

LET IT BE!

Aber auch wortlos kann man noch Jahresringe ansetzen, denn dieselben Richtlinien, die für Sprache gelten, gelten auch für gewisse Verhaltensweisen. Vermeiden Sie diese Dinge, die Ihr Alter nach oben schnellen lassen wie eine Quecksilbersäule in siedendem Wasser:

- *bei einer Essenseinladung oder im Restaurant das Porzellan umdrehen, um nach der Marke zu schauen*

- *im Schlafzimmer offen elektrisches Heizkissen herumliegen lassen*

- *Ferngespräche wegen der Kosten erst nach 20 Uhr führen*
- *versuchen, jüngere Generationen für alte Audrey-Hepburn-Filme wie* Ein süßer Fratz *zu begeistern statt für* Germany's next Topmodel. *Erklären wollen, warum der Heinz Rühmann immer so rührend war*
- *Jugendliche mit Monsieur Hulot und Louis de Funès statt Brüno zum Lachen bringen wollen*
- *nur noch 3sat und Arte gucken*
- *Studienreisen buchen*
- *ein Staatsopernabonnement abschließen, pünktlich bezahlen und auch noch regelmäßig absitzen*

ZUM GLÜCK ZU ALT FÜR DUMMHEITEN

FEHLER, DIE SIE GETROST DER JUGEND ÜBERLASSEN DÜRFEN

Älter und reifer zu werden, hat auch Vorteile. Bestimmte Dinge, die Sie in Ihren Zwanzigern noch gedanken- und problemlos (mit)gemacht haben, wirken irgendwann eher abschreckend. Wer diese Liste liest, hat anschließend keine Ahnung mehr, warum die Jugend immer so glorifiziert wird.

- *bei jemand auf dem Fahrrad hintendrauf mitfahren*
- *im Frühling mit nackten Beinen auf feuchtem Rasen oder kaltem Boden sitzen*
- *im Strandkorb übernachten*
- *Nächte in verrauchten Clubs verbringen*
- *jeden Make-up-Trend ausprobieren und mitmachen, darunter die neonfarbigen Lidschatten*

- *die ganze Nacht durchmachen – dreimal hintereinander*
- *nach einer durchfeierten Nacht auf einem fremden Futon aufwachen*
- *zu Hause als Bett eine Matratze auf dem Boden liegen haben*
- *Arztbesuche aufschieben*
- *mit Wildfremden »Kurze« oder ausgegebene Tequila Shots an einer Theke trinken*
- *bei jemand ins Auto einsteigen, der schon deutlich zu viel getrunken hat*
- *trampen*
- *eine ganze XXL-Pizza alleine aufessen*
- *Poster ohne Rahmen bei sich aufhängen*
- *mit nassen Haaren aus dem Haus gehen*
- *sich spontan entscheiden, ein Tattoo oder Piercing machen zu lassen*
- *Roulette-Urlaub Last minute oder Eurorail buchen*
- *dreckiges Geschirr tagelang in der Spüle stehen lassen*
- *bei einem Open-Air-Rock-Festival drei Tage bei schwülwarmem Gewitterwetter Bands angucken und nachts auf dem Festivalgelände im Zelt schlafen*
- *ohne Kondom mit einem Fremden Sex haben*

HAPPY BIRTHDAY?

SCHÖN UND GUT –
SCHON WIEDER EIN JAHR ÄLTER

Für die einen gilt ab dem dreißigsten, die anderen ab dem vierzigsten oder für manche bereits ab dem sechsten Lebensjahr: Geburtstage sind ab einer gewissen Anzahl nichts, um sich darüber zu freuen, geschweige, sie zu feiern. Für uns eine Frage des Charakters: Während manche es lieben, im Mittelpunkt zu stehen (und deshalb auch gerne mehr als einmal heiraten), Geschenke zu bekommen und sich hochleben zu lassen, ist es anderen unangenehm bis quälend peinlich. Schon manche Kinder schließen sich in der Toilette ein, um nicht vor aller Augen den Kuchen anschneiden zu müssen oder beim Topfschlagen danebenzuhauen.

Feiern oder nicht feiern?
Soll man, darf man, muss man? Im Allgemeinen gehen Frauen davon aus, dass es ab 30 mit jedem neuen Lebensjahr weniger zu feiern gibt. Vor allem in unserer westlichen Gesellschaft, in der das Alter weder respektiert noch Lebenserfahrung und Weisheit verehrt werden wie in asiatischen, afrikanischen oder indianischen Kulturen. Leider gilt: Je mehr Sie sich optisch vom Barbie-Ideal entfernen, desto unsichtbarer werden Sie. Klar haben Sie eine Menge zu sagen – Sie finden bloß niemanden mehr, der Ihnen zuhören würde. Elisabeth Noelle-Neumann war da eine Ausnahme.

Was gibt es überhaupt zu feiern?
Samstags mit Ihren Freundinnen auszugehen und grundlos einen draufzumachen mag Ihnen vielleicht leichter fallen, als Ihren Geburtstag festlich zu begehen. Der ja oft als Jubeltag bezeichnet wird.

Vielleicht liegt das am mangelnden Bewusstsein für das Schöne, das Sie an diesem Tag zelebrieren könnten. Nehmen Sie Schillers Ode »An die Freude«: »Wer den großen Wurf errungen, eines Freundes Freund zu sein ... wer ein holdes Weib errungen, stimme seinen Jubel ein!« Wer? Na Sie! Ja, phantastisch, dass Sie Freunde haben, die sich freuen und Sie dafür feiern, dass Sie diese Welt und Ihr Leben mit ihnen teilen. Dass Sie vielleicht Kinder haben und einen Mann oder Freund, der Sie – meistens jedenfalls – liebt. Dass Sie meistens gesund sind. Dass Sie auf diesem Fleck der Erde leben, wo es zwar Guido Westerwelle gibt, aber wenigstens keine mörderischen Diktatoren, Vulkanausbrüche, Erdbeben, Hungersnöte, Bürgerkriege oder die Wehrpflicht für

Frauen. Wo Frauen wählen und sogar Bundeskanzlerin werden dürfen und es im Notfall 112, Krankenversicherungen und Hartz 4 gibt. Gratulation!

Ach ja: Und vergessen Sie nicht, an diesem Tag Ihrer Mutter zu danken, dass sie Sie zur Welt gebracht hat. Die freut sich übrigens auch über Sie.

Der kleine Geburtstags-Berater: Bilanz ziehen statt Falten zählen

Let's face it: Mit Anfang zwanzig war das Leben auch nicht der Glücksbringer. Sie sahen zwar toll aus, waren aber viel zu unerfahren, unsicher und mit Ihrer Wirkung auf die Umwelt beschäftigt, um es genießen zu können. Nora Ephron sagt in ihrem Buch *Der Hals lügt nie*: »Wenn ich alte Fotos von mir anschaue, denke ich jedesmal ... wäre ich doch damals bloß 20 Jahre lang nur im Bikini herumgelaufen!« Sie hatten Riesenansprüche und Unmengen von Energie, aber nicht die Erfahrung, diese effektiv einzusetzen. Stattdessen haben Sie sie auf die falschen Männer in den falschen Lokalen vergeudet.

Zwischen 20 und 30 ist man wahnsinnig damit beschäftigt, den richtigen Job, die passende Ausbildung und die besten Lebenspartner zu finden. Zwischen 35 und 40 damit, Kinder in die Welt zu setzen und ohne Abstürze zwischen Arbeits- und Familienleben zu balancieren. Aber dann geht es bergauf!

Frauen, freut euch aufs Alter!

Und hier kommt das schönste Geburtstagsgeschenk: The best is yet to come! Noch sein ganzes Leben vor sich zu haben, ist toll – aber auch eine große Last. So viele ungeklärte Fragen! Was soll aus mir werden? Wen soll ich heiraten? Wo wohnen? Wie soll ich mein Potenzial am besten entfalten und dabei auch noch genug Geld verdienen für die Dinge, die mir wichtig sind? Eine aktuelle große Gallup-Studie hat erwiesen, dass Glücks- und Zufriedenheitsgefühle bei Erwachsenen stetig weiter sinken, mit 50 Jahren ihren Tiefpunkt erreichen, aber dann wieder steil ansteigen. Mit

85 Jahren sind Sie bestenfalls zufriedener als mit 18! – Sehen Sie, es gibt doch noch jede Menge zu feiern.

Das Geburtsrecht auf Paaaarty! Tipps für eine glückliche Feier
Um maximal Spaß zu haben, sollten Sie dafür sorgen, dass Sie an Ihrem Geburtstag (oder, falls schon vorhanden, an dem Ihrer Kinder) an den eigenen Spaß denken. Tappen Sie nicht in die Zeitfalle, das Ganze zu einem Event hochzustilisieren, für das Sie eigentlich eine Partyplanerin anstellen müssten. Schon Kinder kommen mit Geschenktüten von Kindergeburtstagen zurück, die mehr wert sind als das Präsent, das Sie mitgebracht hatten.

Wenn Sie keine Freude an privater Gastgeberei daheim haben, verlagern Sie die Feier in ein Lokal, das Ihren finanziellen Möglichkeiten entspricht. So müssen Sie nur noch für charmante Konversation sorgen. Warmes Wetter? Gehen Sie in den nächsten Park, an den Strand von Elbe oder Isar. Bringen Sie Lampions, einen Grill, eine Gitarre oder Ukulele, guten Wein, eine Kiste Bier, kuschelige Pullover, einen dicken Blumenstrauß, hübsche Decken und Kissen mit. Bitten Sie Ihre Gäste, als Geschenk eine Köstlichkeit für das Buffet beizusteuern. Und dann genießen Sie einfach zusammen Ihr Glück. Die Magie jeder Feier entsteht letztlich immer durch die Menschen – nicht durch eine perfekte Planung oder Dekoration. Lassen Sie nicht zu, dass Ihre (Vor-)Freude an der Feier vom Perfektionswahn erdrosselt wird.

Falls Sie Angst vor Gruppenveranstaltungen haben und das Gefühl hassen, dabei nie jedem Gast gerecht werden zu können, verteilen Sie doch stattdessen »Zeitstücke«. Treffen Sie Ihre eine Freundin zum Frühstück, gehen Sie mit einer anderen in eine schöne Ausstellung, lassen Sie sich von einer befreundeten Lieblingsfamilie zum Geburtstagskaffee bei denen zu Hause einladen, machen Sie danach einen Spaziergang oder Stadtbummel mit Ihrem ältesten Freund, und gehen Sie mit Ihrer Schwester abends essen oder in Ihren Lieblingsfilm ins Kino, um danach noch ein Glas Champagner auf sich und Ihren an Erlebnissen so reichen Tag zu trinken.

Sonderfälle: Die Geburtstage mit der dicken 0 am Ende!

O-oh … der 30., 40. oder gar 50., das sind Geburtstage in extremer Ausprägung. Aber Sie sind nun wirklich alt genug, um selbst zu entscheiden, ob Sie den besonderen Tag mit einer unvergesslichen Feier begehen oder sich lieber verwöhnen wollen; mit einem Wellnesstag oder einem Wochenende in Paris. Nehmen Sie die Null symbolisch für »null Erwartungsdruck«, und lassen Sie sich nicht von all denen stressen, die schon ein halbes Jahr vorher fragen, was Sie vorhaben.

Guter Rat für Geburtstagskinder, Gäste und Gratulanten

Auch, wenn man voraussetzen sollte, dass ab einem gewissen Alter jeder weiß, wie er sich zu benehmen hat: Damit ein Ehrentag für keinen der Beteiligten zum Katastrophentag wird, sollten Sie Folgendes bitte nicht tun. Denn wenn etwas schiefgeht, dann bitte nicht heute …

ALS GAST

- *dreimal nachfragen:* »Und, wie alt bist du nun heute eigentlich geworden?«

- *Scherze wie* »So viele Kerzen passen ja gar nicht mehr auf die Torte!«

- *auf vergangene Geburtstagsfeiern hinweisen:* »Weißt Du noch, als Uschi diese Jacht gemietet hatte und den DJ einfliegen ließ! Mein Gott, wir haben die ganze Nacht getanzt!«

- *erst gehen, wenn die Gastgeberin bereits nach der Zahnbürste greift oder im Minutentakt gähnt*

- *dauernd nach Extrabedienung verlangen:* »Hast du nicht Sojamilch für den Kaffee?«; »Du weißt doch, dass ich keine Erdbeeren vertrage!«; »Kannst du nicht mal fetzige Musik auflegen?«

- *wenn ein Geburtstaglied gesungen wird, ungezwungen mitgrölen*

ALS GEBURTSTAGSKIND

- *unsouverän sein und jemanden undankbar dafür anzicken, dass er Ihnen mit Blumen etc. eine Freude machen will*

- *alle Geschenke auf einen Tisch abstellen, sie aber nicht in Anwesenheit der Schenkenden öffnen: »Das mach ich lieber morgen in Ruhe«*

- *beim fünften Blumenstrauß sagen: »Na, jetzt hab ich gar keine Vase mehr dafür« und die Blumen achtlos in der Badewanne ablegen*

- *Gäste an der Tür zwingen, ihre Schuhe auszuziehen*

- *auch in kleiner Runde nicht daran denken, diejenigen Gäste einander vorzustellen, die sich nicht kennen*

- *sich nicht zu offensichtlich fremdschämen, wenn ein Geburtstagslied angestimmt wird*

Im Job

Verheimlichen ist schwer – die Sekretärin oder Personalabteilung outet Sie sowieso als Geburtstagskind. Und Sie wollen doch nicht als geizig oder unsozial dastehen. Also: Strahlen Sie. Bedanken Sie sich für Blumen und gute Wünsche. Sagen Sie nicht: »Der Strauß ist ja mal wieder exzeptionell hässlich – weiß denn hier immer noch keiner, dass ich gelbe Blumen hasse?« Geben Sie ein bis drei gute Flaschen Prosecco aus, bitten Sie befreundete Kollegen, in der Mittagspause mit Ihnen Snacks oder Kuchen kaufen zu gehen. Laden Sie auch die zu Ihrem Umtrunk ein, die Sie nicht mögen. Lächeln Sie den grässlichen Berufsgratulanten aus der Personalabteilung an. Und stoßen Sie auch mit dem Chef an – falls er sich sehen lässt. Falls Sie abends schnell weg wollen, erwähnen Sie, dass Sie zu Hause noch Gäste erwarten, und fragen um Punkt sieben Uhr, wer Ihnen noch schnell beim Aufräumen helfen will.

ARBEIT FÜR ALLE ALTERSSTUFEN
KRISENFESTE KARRIEREN OHNE BERUFLICHES VERFALLSDATUM

Man ist so alt, wie man sich fühlt? Im harten Berufsleben gelten andere Gesetzmäßigkeiten. Hier wird die Alterssache komischerweise nicht so nebensächlich abgetan wie die globale Finanzkrise. Während Sie in einigen Branchen schon mit 40 als ältlich gelten und auf verlorenem Posten schuften, während Jüngere daran baggern, verdienen Sie sich in anderen erst dann Anerkennung und Epauletten, wenn das Lächeln gelber und die Haare dünner werden.

Unsere Kurzorientierung für Berufseinsteiger und Umsattler verrät Ihnen Berufe mit langfristiger Perspektive und bewahrt Sie vor Fehlern beim Job-Roulette. Und damit vor einer weiteren existenziellen Alterskrise, die zufällig auch mit A anfängt: Arbeitslosigkeit.

BERUFE, IN DENEN SIE GETROST ALT WERDEN KÖNNEN

Ärztin: In der eigenen Praxis lässt sich's gut herumdoktern. Aber auch als Bordärztin auf einem Traumschiff könnten Sie anheuern! Jahrzehntelange Erfahrung kommt Ihnen bei der Diagnose zugute und wird von Patienten geschätzt. Besuchen Sie regelmäßig Fortbildungen, und achten Sie darauf, dass Sie nicht immer noch vom Goldstandard Penicillin reden, wenn die Forschung schon Lichtjahre weitergewandert ist.

Hoteldirektorin: Auf jeden Fall besser als Zirkusdirektorin. Stammgäste, die seit zwanzig Jahren Ihr Haus besuchen, werden Sie lieben (solange Sie deren Namen richtig erinnern). Wichtig: Achten Sie darauf, dass das Haus, das Sie führen, in einer für ältere Menschen geeigneten Klimazone liegt.

Hausfrau: Was sollen wir sagen? Kochen, Putzen, Waschen, Bügeln – ein Riesenspaß für Jung und Alt! Und das Beste: Sie werden NIE arbeitslos sein! Lassen Sie sich nur vor Arbeitsbeginn bitte eine gute Bezahlung notariell beglaubigen.

Juristin: Wenn Ihnen Alzheimer oder Ally-McBeal-Neurosen keinen Strich durch die Aktenlage machen, kennen Sie die paar Paragrafen als alter Fuchs wahrscheinlich im Schlaf, machen den Job mit links und werden Senior-Partnerin in einer ruhigen, vollholzvertäfelten Kanzlei. Weiterer Pluspunkt: Als Richterin wirkt man ergraut sogar noch autoritärer.

Fotografin: Hinter dem Objektiv muss man zum Glück nicht so faltenfrei sein wie davor. Außerdem werden Ihnen Altersschrulligkeiten als künstlerisch wertvolle Exzentrik ausgelegt. Auch für Quereinsteiger geeignet. (Top-Fotografin Ellen von Unwerth war zum Beispiel erst Model, bevor sie hinter die Kamera wechselte.)

Künstlerin: Der Kunstmarkt wird zwar von jungem Hype bestimmt, aber im Gegensatz zu anderen Branchen steigt auch hier Ihr Marktwert analog zum Alter. Sind Sie erst einmal entdeckt, können Sie problemlos jährlich neu in die besten Schaffensjahre kommen und eine Affäre mit Ihrem Galeristen oder einem bewundernden Privatsammler anfangen. Vorbild: Meret Oppenheimer oder Louise Bourgeois, die bis ins hohe Alter von 98 ein bewegtes Leben hatten.

Regisseurin: Je älter, desto renommierter, gilt hier. Vor allem, wenn Sie schon ein paar Goldene Löwen, Bären, Oscars oder sonstige Filmtrophäen gesammelt haben. Außerdem eine gute Altersversicherung gegen das Alleinsein: Ein Stamm an Producern, Kostümbildnern, Soundtrack-Komponisten und Schauspielern gehört zu Ihrem cineastischen Gefolge. Und wie schön, dass die Filmfestspiele an so illustren Orten wie Cannes, Venedig oder San Sebastian stattfinden. Auch für Quereinsteiger aus Werbung und Fotografie geeignet. Berühmte Regisseurinnen: Jane Campion, Agnès Varda, Kathryn Bigelow, Catherine Breillat, Lina Wertmüller, Margarethe von Trotta etc.

Erbin: Sorglos altern mit dem rosigen Frischhalteeffekt, den nur ein pralles Schweizer Bankkonto erzielen kann. Nur aufpassen, dass man nicht von berechnenden Liebhabern mit Nacktfotos erpresst wird, siehe Susanne Flick? Äh, Quandt? Ach, Klatten! Und wenn schon, dann sollte der Kerl wenigstens so richtig attraktiv sein für die schönen Millionen. Lohnt sonst nicht.

Callcenter-Agentin bei einer Sex-Hotline: Der rauchig-erotische Ton wird mit den Jahren immer besser. Wie schön, dass eine Stimme keine Falten kriegen kann und niemand sieht, dass Sie als »Sexy Girl – heiß und tabulos« statt eines Strass-Tangas einen Schlüpfer in Größe 48 tragen.

Lehrerin: Ein Traum! Wenn man selbst schon lange nicht mehr jugendlich ist, kann man bis zur Pensionierung echte Jugendliche triezen. Sogar im vermeintlichen Fitnessfach Sport dürfen Sie noch in einem Alter die Vorturnerin geben, in dem Profisportler schon längst dreimal pensioniert wären. Notfalls lassen Sie eben bis zum Erbrechen mit einem Medizinball Völkerball spielen.

Politikerin: Kein Wunder, dass in der Politik viele Frauen jeglicher Couleur und Haarfarbe auftauchen. Hier können Sie wunderbar als Quereinsteigerin Fuß fassen, wenn Sie nur einen gesteigerten Selbstdarstellungsdrang und einen Doppelnamen mitbringen und sich gerne in den Medien oder auf Plakaten sehen. Vor Pressegeilheit und Erotikfotos wird allerdings gewarnt (siehe Gabriele Pauli, die schöne Landrätin. Wer? Na bitte). Suchen Sie sich beizeiten einen mächtigen Mentor!

Schriftstellerin: Dieser Job erhält Ihnen würdevoll die Privatsphäre beim Älterwerden, selbst dann noch, wenn Sie ergraut und rheumatisch am Computer sitzen (Benoit Groult, Erica Jong, Rosamunde Pilcher, Barbara Cartland). Tipp für bekannte Autorinnen über 65: Lesetouren lieber absagen und den Mythos in Form eines nie alternden Autorinnenfotos erhalten (oder im Falle von öffentlichen Auftritten darauf achten, dass das Umschlagfoto regelmäßig attraktiv mitaltert, sonst kommt es bei Lesereisen zur optischen Enttäuschung bei den Lesern).

Mutter: Ein Job auf Lebenszeit, ohne Verfallsdatum. Die Spitzenzeiten der Anspruchnahme finden hier zum Glück in einem Alter statt, in dem man noch knackig und fit ist. Danach steht die Beförderung zum nächsten Traumjob an: Oma. Süße Enkelkinder verwöhnen, verziehen, abknuddeln und samt der Verantwortung zurückgeben, wenn Sie schlafen wollen.

Bankerin: Nicht nur der Dresscode kommt hier dem fortgeschrittenen Alter entgegen. Auch das (neue) Gebot der Seriosität. Als Finanzexpertin bewegen Sie sich mit zunehmendem Alter genauso souverän und authentisch auf dem Börsenparkett wie auf der nächsten Vorstandssitzung. Und überleben wahrscheinlich noch eine Menge Ihrer meist männlichen Kollegen.

Tierpflegerin: Was schert es schon Elefanten und Affen, ob Sie auf dem neuesten Stand der Powerpoint-Präsentationstechnik sind oder Ihre Brüste und Mundwinkel hängen? Hauptsache, Sie verteilen Streicheleinheiten und Futter! Die Natur ist zwar meist hart und unerbittlich, aber in diesem Fall altersmilde.

Prinzessin: (Siehe auch Kapitel »Plötzlich Prinzessin«.)
Noch besser als im Märchen. Prinzessin können Sie nämlich sogar mit über siebzig noch sein. Prinzessin Margaret (die Schwester der Queen) hat's vorgemacht. Sie wurde 72.

BERUFE MIT ZÜGIGEM VERFALLSDATUM

- *Urlaubsanimateurin*
- *Model*
- *Fernsehmoderatorin (Ausnahme: Gesundheitssendungen)*
- *Stripperin*

- *Schülerin*

- *Balletttänzerin*

- *Luder*

- *Leihmutter*

- *Akrobatin*

- *Profisportlerin*

- *Fitnesstrainerin*

AUSSICHTEN UND ZUKUNFTSCHANCEN FÜR ERFOLGREICHE AUFSTEIGER

Viele Jobs, die auf den ersten Blick wie eine Sackgasse in Sachen Alterstauglichkeit erscheinen, bieten doch noch flexible Weiterentwicklungen. Wenn Sie richtig gut sind, erreichen Sie die nächste Karrieresstufe. Natürliche Mutationen sind zum Beispiel:

- *Yogalehrerin → Guru oder holistische Fitnessberaterin*

- *Moderedakteurin → Chefredakteurin der Vogue*

- *Werbetexterin → Kommunikationsberaterin oder Agenturinhaberin*

- *Psychologin → Coach*

- *Stewardess → Chefpurserette*

- *Kosmetikverkäuferin → Inhaberin eines Nagelstudios*

- *Schauspielerin → Diva (Steigerung: ein »die« als Präfix vor dem Nachnamen)*

Berufe, die immer gehen

Alles mit Beamtenstatus. Nie waren sie beliebter als heute!

SPURWECHSELJAHRE

SIND SIE FIT FÜR DAS NEUE?

Als Frau hat man jede Menge Abwechslung. Man wechselt täglich die Wäsche. Öfters die Frisur, die Figur, die Diät, die Anzahl der Personen im eigenen Körper, den Partner, den Look, den Familienstand oder den Job. Und schließlich kommt man auch noch offiziell in die Wechseljahre. Damit ist es wie mit Weihnachten: Man weiß, dass es irgendwann ansteht, aber richtig Gedanken macht man sich erst kurz davor. Und das bedeutet Stress.

Bereiten Sie sich jetzt schon vor! Die Menopause braucht keine unliebsame Überraschung zu werden. Es ist alles eine Frage der Einstellung und der Vorbereitung. Außerdem: Bedenken Sie die Vorteile! Hallo, Freiheit! Keine Angst mehr vor ungewollten Schwangerschaften, keine Ausfalltage mehr wegen Bauchschmerzen und PMS.

Das ganze Leben ist ein Wechselbalg. Nichts bleibt, wie es ist, und für immer. Gut so. Setzen Sie Ihr Segel nach den »Winds of change«: Zeigen Sie sich schon jetzt öfters mal flexibel, um für den hormonellen Aus ... äh ... Ernstfall gewappnet zu sein. Egal, wie weit die Umstellung noch entfernt zu sein scheint.

Für Anfänger

(Geben Sie sich bei jedem erfolgten Wechsel einen Punkt)

Wechseln Sie die Straßenseite ☐

Wechseln Sie die Haarfarbe ☐

Wechseln Sie die Bettwäsche ☐

Wechseln Sie eine Banknote ☐

Wechseln Sie vom linken auf den rechten Fuß ☐

Wechseln Sie Ihre Lieblingsschokoladensorte ☐

Wechseln Sie eine Glühbirne ☐

Wechseln Sie den Fernsehkanal ☐

Wechseln Sie die Stellung beim Sex ☐

Für Fortgeschrittene
(Geben Sie sich bei jedem erfolgten Wechsel fünf Punkte)

Wechseln Sie Ihren Provider ☐
Wechseln Sie die Joggingstrecke ☐
Wechseln Sie Ihren Stromanbieter ☐
Wechseln Sie das Motoröl für Ihr Auto ☐
Wechseln Sie die Gardinen ☐
Wechseln Sie die Schlafposition ☐
Wechseln Sie Ihr Parfum ☐
Wechseln Sie die Meinung ☐

Für Profis
(Geben Sie sich bei jedem erfolgten Wechsel zwanzig Punkte)

Wechseln Sie Ihren Handy-Tarif ☐
Wechseln Sie die Gesinnung ☐
Wechseln Sie Ihren Gynäkologen ☐
Wechseln Sie Ihre Bank ☐
Wechseln Sie die Partei (Ihre Freunde werden
Augen machen!) ☐
Wechseln Sie den Partner (Ihre Freunde werden
erst recht Augen machen!) ☐
Wechseln Sie die Religionszugehörigkeit (Ihr Expartner hat
vielleicht Augen gemacht, als Sie sagten: »Schatz, lass uns
doch mal deine erzkatholischen Verwandten aus Münster
zum nächsten Rosch ha-Schana einladen!«) ☐
Wechseln Sie die Staatszugehörigkeit
(Siehe auch Kapitel »Auswandern – aber wohin?«) ☐
Wechseln Sie die Stadt ☐

Für ganz Flexible
(Mit einem Wechsel erreichen Sie volle Punktzahl.)

Wechseln Sie Ihre Eltern ☐
Wechseln Sie die Dimension ☐
Wechseln Sie das Geschlecht (dann sind Sie
das Problem mit den Wechseljahren los, herrlich!) ☐

3 – 15 Punkte

Hm, Sie und die Menopause, das wird einmal eine unharmonische Beziehung. Wie sollen Sie fit für den neuen Lebensabschnitt werden, wenn Sie sogar Probleme haben, sich plötzlich als SPD-Anhängerin statt als Grüne vorzustellen? Sie sollten abwechselnd noch etwas üben, wenn sich der Kalk, den Ihre Knochen durch Osteoporose verlieren, nicht in Ihrem Hirn wiederfinden soll. Machen Sie vorerst weiter, indem Sie die Liste für Fortgeschrittene immer wieder abarbeiten. Und nehmen Sie auch mal ein anderes Buch zur Hand! Wenn Sie das schon überfordert: Wechseln Sie zumindest auf die nächste Seite.

16 – 60 Punkte

Leichter Wechsel scheint Ihnen nicht in die Wiege gelegt worden zu sein, das war schon so, als Sie auf Kindergeburtstagen bei der Reise nach Jerusalem immer als Erste wieder standen. Aber es wird besser! Neulich, bei der Tankstelle, hat der Ölwechsel doch schon ganz gut geklappt. Auch mit der ungewohnten Kurzhaarfrisur haben Sie gut abgeschnitten und als Manga-Comic-Spezialistin alle überrascht, die bisher Ihr Wissen über Thomas Mann bewunderten. Machen Sie weiter so. Unsere Prognose für Ihre Zukunft: wechselhaft bis sonnig.

61 – 200 Punkte

Oh, là, là, Sie waren in Ihrem Vorleben wohl ein Chamäleon? Bowie hat seinen Hit »Ch…ch…changes« doch sicher als Hommage an Sie geschrieben! Nie sind Sie zweimal an den gleichen Urlaubsort gefahren, Ihre Frisur ändern Sie alle zwei Monate, Ihren Mann und Ihr Auto alle zwei Jahre. Sich festzulegen, war Ihnen immer schon ein Greuel, das kommt Ihnen jetzt, im Trainingscamp für die Menopause, zugute. Krisenkönigin rät Ihnen … wie bitte, Sie können nicht weiterlesen, weil Sie die Kartons für Ihren nächsten Umzug packen müssen? Nur noch schnell dies: Wenn eine sich elastisch den Herausforderungen und Wendepunkten des Lebens stellen kann, dann Sie! Das bisschen Hormonentzug wird Ihnen dabei auch nichts anhaben können. Gute Reise!

AUS-
STIEG

MACHEN SIE'S GUT!
DIE KRISE IM WANDEL DER ZEIT

Wenn Sie immer noch denken, dass Sie in einer Krise stecken, dann vergleichen Sie Ihre doch mal mit den Krisen der Vergangenheit!

Es war noch nie so leicht wie heute, die Krise zu kriegen – aber auch, sie erfolgreich und mit Hilfe der modernen Zivilisation in den Griff zu bekommen. Denken Sie um, dann werden Sie erkennen, dass Sie es heute selbst in Ihren schlechtesten Zeiten fast immer noch besser haben als die meisten Frauen in den guten, alten.

Ja, seien Sie froh, das Krisenupdate 2.010 erleben zu dürfen! Die meisten Krisen von heute gab es früher zwar gar nicht – aber nur aus Mangel an Möglichkeiten! Etwa gefühlte Alterskrisen und Fragen wie »Botox: ja oder nein?«. Ebenso gab es in der Ehe, deren Basis auch nicht unbedingt Liebe war, dank klarer Rollenverteilung keinen Streit darüber, wer den Müll runterträgt. Und bei der Kindererziehung wurde statt auf nervenzehrende Pädagogik gleich auf Ohrfeige und Rohrstock gesetzt. Gegen Nervenkrisen oder Depressionen bekam man keine Tabletten und Therapien verschrieben, sondern Zwangsjacke und Elektroschocks. Und statt vieler bunter Krisen gab es in den guten alten Zeiten viele Kriege. Echte! Vor der Haustür!

Früher und heute
Untreue
früher: im Mittelalter Scheiterhaufen oder scharlachroter Buchstabe, ungewollte Schwangerschaften
heute: Therapeutencouch oder Anwaltskosten, Unterhaltszahlungen

Kinderkriegen

früher: von der Anzahl oft viel mehr, als frau verkraftete, und von
denen die meisten auch noch als Kleinkind starben; oder die Mutter starb – entweder während der Schwangerschaft, beim dilettan-
tischen Abtreibungsversuch auf dem Küchentisch, bei der Geburt
oder im Kindsbett

heute: das Recht sexueller Selbstbestimmung, Empfängnisverhütung beim Sex, PDA oder Vollnarkose bei der Geburt, Kranken-
häuser, Nachsorgehebamme, Antibiotika

Graue Haare

früher: unvermeidlich

heute: beliebig umzufärben

Zahnverlust

früher: lebenslänglich Suppe essen

heute: Implantate oder dritte Zähne

Noch immer nicht überzeugt? Hier ein paar Beispiele von Frauen,
deren Schicksal jede moderne Krise im Vergleich dazu erholsam
erscheinen lässt:

Johanna von Orleans: bekloppte Frisur, kratziges und schlecht zu
waschendes Outfit (Kettenhemd); kurzes, unsexy Leben, quälende Visionen ohne Psychopharmaka in Reichweite, ausgenutzt
und in finaler Schlacht von Männern verraten

Hildegard von Bingen: Klosterfrau, beseelt vom Melissengeist, von
misogynen Mönchen gemobbt, als Droge nur Dinkel

Anne Boleyn und Marie Antoinette: finales Facelift durch Henker

Und überhaupt: Bedenken Sie, dass Sie noch vor 160 Jahren wahrscheinlich nicht älter als 40 geworden wären. Die Lebenserwar-
tung einer Frau in Mitteleuropa beträgt heute durchschnittlich
84 Jahre. Abschließende Relativitätstheorie der Krisenkönigin:
Na also – geht doch schon viel besser!